GANDHY PIORSKI

A CRIANÇA
E AS ÁGUAS

Do ritmo,
da forma
e da transformação

Para Clara, singela, nascida numa rebentação de águas. Para sua mãe, Cacau, a hospedeira de nosso amor. Mas também outras e anteriores águas me navegaram até aqui: Janaína e sua alegria de fogo fluido, Mariana de liquidez salina desde a alma até sua arte, Maíra e seu luzir de fonte, primeira, me fez riacho com a sina de procurar infâncias só em tempos de piracema.

Sumário

Introdução	8
1. A imaginação e o elemento água	20
2. O alfaiate, o cosmo placentário e a Mãe d'Água	58
3. O repetitório, a inscrição e o corpo	124
4. Matéria da noite, fantasmagoria e cercadura do *eu*	136
5. A vida rítmica	164
6. Acalantos e sereias	216
7. Brinquedos metamórficos, linhas e o labirinto	246
8. Redemoinhos, piruetas e a bússola de marear	272
9. A lisura, os barquinhos e a flor do sal	296
10. Referências	322

Introdução

Buscar a criança em seus encontros com a energia das águas é um desafio simples. Uma simplicidade praticamente inalcançável. Uma simplicidade totalmente inconsciente. Não há, nas águas da criança, qualquer desejo de aparição, os recursos de diálogo são raros, os rastros, quase sempre, estão em vias de apagamento. A água, definitivamente, é a elementaridade do recuo, subjacente.

É pouco provável, para uma postura diretiva, estabelecer diálogo com esse elemento. Devemos nos despojar de inquirições objetivas, mesmo viciados nelas, mesmo nos vendo incapazes de manter estados de permuta. A água é um elemento de cosmicidade. Existe, subsiste, nas escalas ínfimas e macro, construindo mediação para a vida extra e intraplanetária. Perpassa e contata os sistemas siderais, os sistemas intramoleculares, o circulatório dos seres, e mora, segregada, no sistema simbólico, exalado desde as imagens da alma do mundo.

Dialogar pela cosmicidade é perceber os muitos estados da vida e a multiplicidade de seus intercâmbios. É encontrar-se na similitude e parentesco dos cosmos de vida. Os atores desse diálogo são cósmicos. Não são estados apenas humanos, nem estados apenas naturais. São estados de ser. Há ser em cada composição da vida e, junto dessa complexidade, existem, como uma porção desse sistema, os sentimentos em nós, as percepções e ações humanas.

A confluência da água (linguagem pré-consciente) com a percepção humana não estabelece relação direta, verificável, nos atributos da racionalidade, não se entrega dócil à palavra – só se doa um tanto mais ao pensamento pela comoção do sonho. Não se entrega de todo ao cognoscível, pois não se dá apenas por apreensão. Não é afim à hostilidade antropologizante das forças, aos separatismos do sujeito e objeto, da cultura e natureza, do conhecido e cognoscente.

É certo que as coisas todas – como coisa filosófica – são possíveis de conhecer. Mas o modo de conhecê-las nem sempre é apreensível. Nem sempre é o internalizado, aquilo que se representa internamente como algo capturado por nossa percepção. O conhecer nem sempre se resumirá a um produto humano, declinável às suas linguagens, aplicável às suas variadas necessidades. Mesmo a arte – caso desperte para o sublimar de sua matéria –, ela só saberá luzir uma fração muito tênue dos aspectos mais radicais do intangível.

Há um conhecer não sensório, não testemunhal do aparelho somático, só possível nas deserções de toda objetividade, só facultado quando se quedam os joelhos na relva selvagem, nas margens do lago vital, só parcialmente reconhecível se a diminuta condição humana se apascentar na incomensurável pulsação (não pensamental) do cosmos.

Talvez o elemento água, operador basal de nossa vida, tenha um modo próprio de nos habitar. Habita cumprindo uma função de selo, de véu, introito do invisível. É necessário descer à sua subjacência protossemiótica. Para tal, é preciso desenvolver escapes da colônia pensamental; nesta, não há possibilidade decolonial. Assim, só depois – tendo moderado a ânsia –, aprender a desatar, derivar, diluir, ficar de molho, até decantar, putrefar, despregar camadas, marinar, fermentar. A água é uma remota recolha diante de nossa compulsiva antropolatria, da automática fazeção (ambição) que nos conforma em humanoides. Ela cala.

A água corrente em nosso corpo tem, em suas fotointerações químicas, o sonho da morte como sonho ideal. Vive para fazer-viver-morrendo. Mantém a energia da vida através da morrência contínua. Relembra ininterruptamente às inteligências comunicantes do corpo de suas qualidades essenciais de passagem; devem passar, suceder, são transcurso para os outros, são o transcurso de si. Não podem cristalizar, se fazer ilhas. Precisam se manter ativas, ligantes, comunicativas, eletrificantes, simbiotizantes; portanto, trabalham se consumindo aos poucos, perdendo membranas e camadas, se transmutando. Fundem-se (sacrificam-se), oferecendo suas melhores qualidades, morrem naquilo que trazem de vida, se desfazem de si num outro e largam seus restos e excessos na correnteza.

A água cala e guarda em nós o mistério da morte. Na fisiologia biológica, a água é o trabalho da finitude. Vive, em sua dimensão imersional, a força do fim gerador de inícios. De tão guardada, internalizada, a água nos leva, através do sonhar (e quase só através dele), até suas foices e ferramentas de esmerilagem e ceifagem. A água, em nós, é o moinho e a própria ceifeira, a irmã Morte. O contato com a água, o contato radical, é uma morte. Tal contato mais se estabelece quanto mais sonha o mergulhador. A cocção transformativa, própria à água, é dada pelo sonhar. A consciência pensante é incauta para o transluzir dessa energia elementar.

A criança, em imersão, na dimensão subfluídica, entranhada na massa densa e intensamente movente, está sob a arquetipia do morrer. Mesmo em estado de livre brincadeira, de mergulhos em piruetas, de repouso flutuante do corpo, ela está amparada na matéria e no movimento elementar do transitório, do inestancável. Ali, algo nela, aspectos do seu brincar, sentimentos pré-conscientes, trabalham na abdicância. O brincar das águas é uma abertura para o fim, um flerte com o desconhecido profundo. Uma comoção desistente. Um saber sem ciência de algo mais abaixo, mais adentro, mais na escuridão, algo sem respostas, um convidativo que se sente desde a beira até onde dá pé, e, um pouco mais, na soltura do fundo. E só. Depois, a criança volta. De algum modo, aliviada. Pois, nas águas, o medo é um acompanhante fiel.

Mas as águas, para além desse fundamento morrente, desenvolvem tantas outras linguagens! De algum modo, todas elas contendo faces da transformação, abrangendo aspectos das energias do fim.

Nos capítulos deste estudo, procuramos demonstrar faces desses modos de existir, seus tipos e espécies de guardadouros. Dar a conhecer apenas alguns aspectos, pois os cursos de muitos outros atributos do elemento água em relação com a criança, tivemos de abandoná-los devido às suas exigências de longas e exaustivas derivas – por enquanto. Quem sabe, em trabalhos futuros.

A tarefa de trabalhar com fontes é desafiadora. O elemento água não se dá de pronto. Mesmo sendo ele a própria entrega, não está facilmente disponível para categorias utilitárias do pensamento. Nossa atitude violenta (como civilização) para com a força das águas já nos põe em mácula em relação a esse elemento. Usamos suas qualidades materiais para nossos interesses, para nossos recursos, como fonte de consumo. A água não é uma força espiritual para a humanidade, ela é um recurso natural a ser consumido, desperdiçado, economizado, tratável, potável, comerciável e eletrificável.

Relativamente às crianças, caso não mudemos nossa relação com tal correnteza elementar, caso a educação ainda queira saber dos usos da água, caso insista em descobrir para que ela serve, como melhor acondicioná-la às funções pedagógicas para fins de resultado, estaremos reafirmando condutas degenerativas com elas, maculando nosso contato com esse delicado espírito de toda a plástica vital. Estaremos dificultando a verdadeira vinculação da criança com a fluidificação de sua vida.

O que há do elemento água a ser descoberto pela criança não está nas obviedades. A água se guarda dentro como um segredo. Ela está totalmente disponível, em contínua doação, mas requer algo, convida, gera impulsos para que a criança alcance essas fontes de entrega. É necessário desenvolver devoção. Demanda sonhar com fontes. Carece se aformosear para o espiritual da água. E os educadores, esses devem aderir à corrente. E calar. Educadores sem devoção jogam lixo diariamente no rio da criança.

Nosso estudo acerca do elemento água e a criança se inicia a partir de três referenciais constantemente presentes em todo o texto. Entendemos que o ritmo, a forma e a transformação são modos da água, aportes dos segredos dessa vida elementar.

Os capítulos deste trabalho se aproximam das imagens da água por suas forças de transformação, de forma e de ritmo encontradas na cultura oral dos povos, em fragmentos das práticas das crianças ao longo do tempo, nos medos, nos combates animistas, brinquedos e brincadeiras, ritos ligados à morte de infantes, elementos de uma embriologia afetiva e camadas neurofisiológicas. A transformação, a forma e o ritmo são demonstrados como pulsações aquosas, elaborando, na criança, energias renovadoras, desobstrutivas, apaziguadoras, introceptivas (concepção desde si), fronteiriças e homeostáticas. O ritmo, a forma e a transformação também tecem, aqui, relação com o nascimento da fala e da escrita e as águas enformadoras da criança.

No primeiro capítulo, abordamos a natureza da forma, sua sustentação e seus percursos de transformação. A forma como filha do elemento água, filha de uma pulsação rítmica que "fremiu", ativou a vida. Traçamos um entendimento do elemento água a partir da ideia de alma e sua relação com o nascimento dos seres. Seres oriundos da grande alma água.

O capítulo sequente examina um conto de tradição oral, procurando demonstrar as águas guardadas nas imagens. Como as imagens encapsulam a força aquática sem necessariamente terem relação com esse elemento. Demonstramos o modo pelo qual a imaginação dos povos, quando dominada pela água, organiza histórias de desimpedimento, de desincrustação das forças da criança, usando segredos imagéticos como verdadeiras torrentes, correntezas. Impulso criador encapsulado no invulgar átrio de uma imagem. A imagem e sua bolsa amniótica, seu saco vitelino.

Examinamos também, nessa parte, um segundo conto, de relação mais óbvia com o elemento água. Aparentemente mais óbvia, pois, para apreendê-la, precisamos avaliar, nessa narrativa, o quanto as águas puxam mais ao fundo, para dentro de seu espelho, a criança sonhadora. Águas como espelho. Espelho das coisas do alto. As águas e imagens do sublime na criança confluindo suas percepções para planuras estéticas do numinoso, do invisível.

No terceiro capítulo, emergem os brinquedos e as brincadeiras insistentemente repetidas pela criança, e nele investigamos a natureza desse repetitório, os efeitos constitutivos no campo somático e perceptual da criança. Águas como rítmica de inscrição, modelagem, insistência tatuadora de sintagmas e significantes. Águas de maré, sempre retornando às margens da criança para desenhar novos caminhos corpóreos, novas marcas, pontos de alma.

Águas escuras e densas espraiam-se pelo quarto capítulo. As águas pegajosas, os medos e seus ensaios de uma metafísica da morte. É força cultural capaz de oferecer qualidade nutritiva para as crianças. Os estados-limite, o risco, o perigo do desgarramento na correnteza mortal, o fortalecimento de suas fronteiras psíquicas e anímicas, a recompensa de singrar na escuridão das funduras imaginárias outrora jamais sondadas.

Algumas páginas do quinto capítulo, reservamo-las para a natureza própria do ritmo e sua íntima relação com o elemento água. As pulsações das águas são formadoras e, ao mesmo tempo, degenerescentes e transformadoras. Mostramos esses ciclos em coisas feitas por crianças, esses ciclos morando na imaginação das crianças e em suas composições de linguística selvagem. Outras páginas discorrem sobre aspectos especialmente sensíveis do estudo das imagens na alma da criança. Nuances delicadas, de uma composição simples, cujos níveis de inteligência que aí se movem nos exigem acurada atenção. Forças anímicas que ordenam sensitividades no livre brincar. Procuramos, ainda nesse capítulo, examinar o aprimoramento rítmico, quando se organiza em torno do rito. A função ritual como melodia atemporal do ritmo.

Não poderíamos deixar de ancorar nas águas oceânicas da embriologia e no encanto gestacional do canto das sereias, que formam o capítulo sexto, que, por sua vez, guarda os sons de cuidado, a música em invólucro esférico, música feérica, o chamado pela voz da mãe e sua boa nova. As águas de reunir, águas da noite aquietante, aquiescências do sonhar. As bases musicais, na cultura, dedicadas a mantrificar nascimentos no bebê. A preparação de terrenos neurossensoriais para o despertar de faculdades perceptivas mais silenciosas, ativas, de hospitalidade na criança. O som e sua ressonância naquilo que soa, o som imanando-se em pessoa.

No sétimo capítulo nos achegamos a algumas brincadeiras livres e instintivas na criança. As de girar, rodar, piruetar, embolar-se no próprio corpo em movimento. Elementos preparatórios de novas etapas da consciência. Brincadeiras de grafar redemoinhos no papel, a busca pela tontura e pela mareagem, a centripetação das forças periféricas e a vontade bussolar, de criar um senso primitivo de proa e navegação no espaço-tempo. A excitação girante e a explosão caótica das ondas no labirinto do corpo (caracol hídrico). São as águas georreferenciais provocando um encontro, forçando uma percepção em direção ao eixo governante.

Uma breve incursão na trama das linhas, novelos, estados metamórficos e brincadeiras de mutação assim como o nascimento da escrita na criança são abordados no capítulo oito. O interesse da criança na linearidade subjacente, estruturante, de toda a vida formal. Uma vida labiríntica examinada à luz do novelo de Ariadne e seu sonho de saída da perdição, da prisão, do risco de devoramento, da luta com o monstro. O nascimento da responsabilidade, quase épica, de se autorar.

O capítulo derradeiro abre-se para águas mais claras, mais leves, dispostas a maior liberdade no brincar. Águas em cujas beiras a criança se marina a seus modos de alargamento. As beiradas d'água do mar permitem capturar a escuta mais ao longe, o olhar mais além, o corpo se beneficiar sutilmente da largueza e da distância dos sons, aromas, ventos, luz e calor. O movimento de todos esses elementos dando-se num arredor mais ali, provocando qualidades abstrativas no brincar. Brinquedos de estados sensíveis, brinquedos do entre, imagens não psicológicas, não tanto imaginárias. O corpo na ambiência ampla e suas formas de conhecer por uma suave percepção periférica, de natureza talvez mais conceitual, de uma memória menos carregada de imagens.

As águas e as coisas da criança, os seus mundos, são tenras tenacidades da consciência sendo preparadas e, ao mesmo tempo, guardadas, para morar em sonho, em nutrícia reserva. Na criança, essas águas infiltram as faculdades de examinar o mundo pelas filosofias do sentir, do devaneio meditante, da abstração pouco arraigada em imagens. A criança vive as águas pelos impulsos formadores e desbastantes dos excessos. Impulsos transformantes. As águas moram nessas funduras e lá vivem na luz do morrer. Brotarão em fontes, é certo. Mas fontes veladas. Fontes bem guardadas, escondidas e preservadas numa memória numinosa (imagens de voltagem espiritual), nas sensações mais oníricas, não propriamente sensoriais.

Um guardador de águas nunca se quis porto, ele sabe apenas do dar de beber e daquilo que rebenta e jorra, do incontível. A criança admira o incontinente. É certo que ela repousa e se angaria no continente. Mas o faz empenhada naquilo que não pode ser contido, interessada nas grandes correntes do mar. É carpinteira de destemida nau. Mas consentiremos que ela navegue?

Para finalizar, quero agradecer. Durante os anos de pesquisa, de lento molho e calmaria, de águas gélidas e cheias, pessoas chegaram a mim com algum livro de presente, uma dica de leitura, ou abriram conversas sobre qualquer assunto ou mesmo sobre os temas da criança. Sem elas perceberem, e até eu mesmo, me entregavam poderosas inspirações de efeito retardado. Verdadeiras eclosões enteógenas aconteciam adiante, tempos depois, de forma determinante para o fio condutor desta pesquisa. Assim, agradeço aos indispensáveis amigos e amigas, professores e professoras e parceiros e parceiras Paulo Pla, Lydia Hortélio, Lucilene Ferreira da Silva, Cacau Leite, Glaucus Noia, Mariana Piorski, Trícia Carvalho, Maíra Mastroianni, Jorge Nunes, Tércio Araripe,

Maria Claudia Baima, Marcelo Peron, Marcio Bento, Marco Schwarzstein, Tom Cheetham. Agradeço ao Bruno Brito pela parceria, afinidade de pesquisas e diálogo que resultou num cuidadoso trabalho de ilustração e projeto gráfico. Agradeço ao Leo Passos pela escuta e realização da diagramação e projeto gráfico. Agradeço ao Mineo Takatama pela paciente leitura, sugestões, correções e melhoria do texto. Agradeço a espera e trabalho sensível de Renata Farhat Borges na edição, organização e aprimoramento do texto, sua companhia atenta e constante incentivo em todo o caminho. Agradeço ao Mestre Paramahansa Yogananda pelo seu perpétuo estado de fonte, estado mais bem descrito por São João da Cruz em seu poema "Cantar da alma que rejubila por conhecer a Deus pela fé":

Que bem sei eu a fonte que mana e corre,
mesmo se é noite!

Aquela eterna fonte está escondida.
Que bem sei onde sempre ela é nascida,
mesmo se é noite!

Sua origem não a sei, pois não a tem,
mas sei que toda origem dela vem,
mesmo se é noite.

Sei que não pode ser coisa tão bela,
e que céus e terra bebem dela,
mesmo se é noite.

Bem sei que nela chão não se há de achar,
e a pé ninguém a pode atravessar,
mesmo se é noite.

Nunca é a sua luz escurecida
e a toda claridade lhe é devida,
mesmo se é noite.

Sei tão caudalosas ser suas correntes,
que infernos e céus regam, e as gentes,
mesmo se é noite.

Desta fonte é que nasce a corrente
que eu sei que é tão vasta e tão potente,
mesmo se é noite.

Esta eterna fonte está escondida
neste tão vivo pão para nos dar vida,
mesmo se é noite.

Aqui se está chamando as criaturas:
para que se fartem, ainda que às escuras,
porque é noite.

Esta fonte bem viva, que desejo,
neste pão de vida eu sempre vejo,
mesmo se é noite.

1

A imaginação e o elemento água

*Pega Tritão na côncava trombeta, que se amplia
em espiral do bocal ao pavilhão, trombeta que,
quando soa no meio do mar, enche com seu som
as praias situadas nos dois extremos da carreira de Febo.
Então, quando esta tocou a boca do deus, molhada pela água
que lhe escorria da barba, ao ser soprada, fez soar as ordens
recebidas, foi ouvida por todas as águas da terra e do mar
e fez retroceder todas as que a ouviram.
Já o mar tem praias, o leito dos rios recebe as águas correntes,
as águas baixam e veem-se surgir as colinas. Surge a terra,
multiplicam-se os lugares à medida que baixam as águas.
E depois de um longo dia, as florestas mostram
os cimos desnudos, e têm limo deixado nos ramos.*

Ovídio, *Metamorfoses* – Deucalião e Pirra

*Pois a fluida e delgada água busca o vale; ela é uma humildade
da vida que não se exalta como as qualidades adstringente,
amarga e ígnea o fizeram nas criaturas-demônio.
Por isso, ela sempre busca as regiões mais baixas da terra,
o que significa realmente o espírito da doçura, no qual a vida
é engendrada.*

Jacob Boehme, *A aurora nascente*

*A água borbulhante me balbuciou enquanto minha mente
estava ociosa, riu com a silenciosa risada de meus pensamentos
alegres e, quando eu estava triste, falou a meu coração com
soluços cheios de lágrimas. Eu a carreguei em dias de tempestade,
quando a chuva pesada abafava o ansioso arrulhar das pombas.*

Rabindranath Tagore, *Poesia mística*

Um capítulo sobre a vida imaginária e o elemento água é necessário para irrigar todos os outros capítulos deste livro. Nosso trabalho será apreender o fenômeno da imaginação em seu enlace com os fenômenos concretos do mundo, nesse caso a água. Quais as consequências para o corpo e os sentimentos da criança quando a imaginação se elabora pelas imagens da água? Quando a imaginação se faz líquida, o que acontece à percepção da criança? Como podemos fazer o fluxo imaginador aderir ao elemento água? A natureza da vida imaginária é líquida?

Trabalharemos com essas questões não apenas neste capítulo, mas ao longo de todos. Elas aqui servem como agulha de marear para não perdermos de vista o propósito de nossa investigação.

Imaginar é um contínuo evaporar desde as correntezas e espelhos d'água d'alma para, novamente, entornar no orvalho, criando "redomas de sentidos"[1]. Exalamos, transpiramos, aspergimos vapor onírico que, delicadamente, em sua ascensão de contato com a atmosfera cultural e sua temperatura, condensa e orvalha nas coisas, pousa nelas e penetra suas peles. A imaginação é um modo transpiratório, evanescente, uma exalação provocada pela luz selênica que, constrangida pelo clima cultural, deseja condensação, se quer gotas e, assim, se consubstancia no mundo, umidifica-o, amolece-o.

Quando transpiramos, exalamos nosso cheiro mais íntimo, peculiar. Esse cheiro é produzido por um conjunto de componentes. Provém da constituição de nosso organismo, somado aos alimentos que ingerimos, unido ao que estamos vivendo emocionalmente, adicionado aos elementos que se propagam no ar e na luz do ambiente etc. São componentes, digamos, internos, bioquímicos, estruturais, de nosso corpo, somados a componentes externos.

Exalamos, e isso deixa rastros. Na nossa roupa, naqueles que estão próximos a nós, nos corpos de quem amamos ou combatemos, na casa e sua atmosfera afetiva, nas nuvens de nossos paraísos ou infernos semióticos. Portanto, transpiramos e tocamos, marcamos

---

1. Peter Sloterdijk, *Esferas I* – Bolhas, p. 55.

o mundo. Esse ato é quase invisível, pouco perceptível, inacessível a uma observação desacostumada ao repouso. No entanto, quando perceptível, se faz indelével, um encavo na alma. Se nos ativermos a uma filosofia das perdas ou a experimentos melancólicos (autoindulgentes), veremos como o cheiro do outro ou de algo é marca que, de algum modo, criou uma estabilidade em nossa memória, portanto ligado à nossa identidade.

Exalar, evanescer é algo surgente, um gerúndio eruptivo que se precipita ao desaparecimento. Devemos aproveitar ao máximo seu fenômeno de surgimento, pois logo desencarnará. Os místicos já anunciaram que a vida é evanescer. Há, no entanto, nesse fugaz fenômeno, duas circunstâncias que devem ser observadas para melhor compreendermos o imaginar. Primeiro, na evanescência existe uma chama. Segundo, evanescer é uma transposição do espaço.

Seja no mais simples que evanesce, encontramos um calor, uma chama, uma ânsia, um impulso clamante. Um *performer* das bolhas de sabão, com seus aparelhos que brolham placentas flutuantes e líquidas alçadas por uma alegria sublimadora, por afanos de um vento esperançoso, evocando de nós a torcida por sua duração e suspensão, é um provocador de fé, de fervura, de esperanças. Mesmo sabendo o espectador que logo aquele rebento flutuante encontra seu estouro, se unirá ao invisível, ele luta, torce pela duração do que não pode durar, se engaja com calor vital naquilo, sucumbindo com brevidade. A bolha surge já predestinada ao desaparecimento.

Evanescência é o raiar de um encantamento que nos convoca a desejar máxima duração, máxima permanência, aplicar intensidade naquela inevitável fugacidade ou, no mínimo, pousar uma veemência de nossa atenção naquilo que surge, pois passará rápido. As crianças, quando não trabalham pela brevidade das breves bolhas de sabão, estourando-as, elas se unem na torcida para que durem ao máximo, suspendam-se ao máximo no ar, sejam valentes e traspassem incólumes os obstáculos. Nessa torcida, por alguns instantes, engajam, projetam, instalam, como sugere Sloterdijk, sua alma naquela flutuação:

Segue-o a esperança da criança extasiada. É ela própria que desliza com sua bolha mágica no espaço exterior, como se, por alguns segundos, seu destino estivesse ligado ao daquela ansiosa criação. Quando, após um voo oscilante e prolongado, a bolha finalmente rebenta, o artífice da bolha de sabão deixa escapar, do alto da sacada, um som que é ao mesmo tempo um suspiro e uma exclamação de júbilo. Durante o tempo de vida da bolha, seu insuflador esteve fora de si, como se a subsistência daquela bola dependesse de permanecer envolvida por uma atenção que desliza junto com ela. Qualquer falha no acompanhamento, qualquer abatimento na esperança e apreensão que a segue em seu percurso teriam condenado essa coisa reluzente a um naufrágio prematuro. Entretanto, mesmo que envolta pela entusiástica vigilância de seu autor ela tenha podido por um momento mágico deslizar pelo espaço, não poderia escapar, por fim, de dissolver-se em nada. No lugar em que a bola se desfez, a alma do insuflador, separada de seu corpo, permanece sozinha por um instante, como se, tendo partido em uma expedição conjunta, tivesse a meio caminho perdido seu parceiro.[2]

A esperança sustém todo o presente na flutuação, suspende toda a ação para aquela delicada membrana translúcida que se encaminha para a dissolução. As forças da criança conspiram, infiltram aquela placenta e trabalham na sua máxima sustentação. Uma fé, uma intencionalidade concêntrica, se desdobra da intuição imaginária, na convicção de poderes paranormais de proteger aquele levíssimo ente. O anjo guardião (a imaginação) dá asas à alma da criança, unindo-a com a bolha. Desinstala a criança do chão e a torna uma criatura aerolíquida por uma fração insuspeitável de realidade onírica. Guardando como signo da destinação da criança humana (pois existem as crianças plantas, as crianças animais, as crianças sonhos, as crianças águas e suas próprias destinações), uma explosão, um abandono, uma solidão que se seguirá ao mergulho da bolha no invisível.

2. Peter Sloterdijk, *Esferas I* – Bolhas, p. 19-20.

A segunda circunstância da evanescência é se fazer carne justamente quando descarna, quando deixa a existência. Quando eclipsa no invisível – transpondo-se do espaço visível, quando desaparece num nascimento acontecido depois do fim –, efetivamente tem a possibilidade de se fazer sentida. Vejamos isso pelo som. A palavra dita. No decorrer de seu pronunciado, ela vai tomando forma, ganhando sentido. Após ser completamente dita, desaparece, se invisibiliza. Vem o silêncio. Só aí a palavra ganha sentido, tendo a possibilidade de existir no ouvinte. O som emitido na palavra, a entonação completada – só, no silêncio –, trará seu significado inteiro. Muitas vezes a palavra cumpre função de cometimentos. Fere. Atinge e se encarna como água má no outro. Já não existe mais no espaço entre os interlocutores, nem no tempo presente. Mas habita a carne, umidifica a alma, ascende e decanta pesadas ondas de emoções.

O som sempre foi um mistério para as culturas de tradição oral. Para muitas delas, o som é a própria criação. Uma evanescência criadora. Um alento vital. Um fervor anunciatório cuja substância é pura transitoriedade. O saber de origem sonora, de tradição oral, auditiva, musical, trabalha pela pulsação, por composições, provérbios e fórmulas ritmadas, mais adequadas à natureza rítmica da memória, à vida pulsativa do corpo, para que assim, mesmo em sua natureza transitória, ela possa criar aderência e algum senso de duração.

Não por acaso, esses dois exemplos de evanescência são de natureza líquida, fluídica, aquosa. As bolhas de sabão são uma película de água aérea, flutuante, e o som também é uma matéria ondulante, afim à liquidez aérea, pelo modo como se movimenta e se propaga.

O som encontra na água sua melhor possibilidade de propagação. Na umidade do ar encontra veios propícios por onde, veloz, singra ritmicamente. No fundo do mar acha a densidade necessária para sua expansão no espaço líquido. Os golfinhos, botos e baleias usam a condensação líquida para elaborar seus cantos de longo espalhamento e senso de jornada. Ecos imemoriais atingem nossa emoção com o canto desses seres. Talvez nossas primevas águas, nossas amnióticas memórias sejam acariciadas pelos cantos desses cetáceos quando vibrados no terreno das moléculas da água, nos cristais salínicos do oceano, na elasticidade líquida.

Voltaremos ao som aquático e à água aérea nos demais capítulos. Nossa investigação líquida requer transmutação lenta. Exige tempo de mergulho e descida. Aos poucos, transformemos nossos brônquios em brânquias, pois não devemos buscar o fôlego e muito menos a apneia, mas o oxigênio da própria água, respiração aquática. Só assim estaremos à vontade para, com calma e em maior silêncio, observar o manejo do mar, as correntes dos rios, a escuridão dos lagos, nossos orvalhos interiores, o manguezal imaginal, o berçário de lama preta e humosa dos sonhos da criança.

Evanescência não é simplesmente algo que surge e logo se desfaz. A palavra surge, desaparece, mas continua agente na alma de quem foi atingido por ela. A evanescência da palavra sonorizada, dita, está no som. O som, na física, é energia mecânica. Assim, a força da palavra tem no som um fulcro, uma alavanca para sua duração. A memória de uma palavra, sua constelação de sentidos, é continuamente ressuscitada, reforçada e reelaborada, acrescida – desde muito tempo na experiência humana – de potência em nós; já nos habita quando a ouvimos e se renova em significados pelo modo como foi emitida. Não nos invade de "fora" para "dentro", mas desperta nova em nós, movida pelo som (seja ouvida internamente, seja pronunciada). O som da palavra, o modo como suas entonações são ajustadas no conjunto da frase, seu pronunciamento, sua vocalização, seja ela ouvida ou lida, é que lhe dá vida formal. Por isso a palavra comete uma ação. Mais do que atingir um alvo, ela freme, brame, num núcleo de sentido que já faz morada em nós. Por isso mesmo alguns mestres já disseram: tudo aquilo que já foi dito existe.

A evanescência é uma furtiva lição da epifania. Uma face do invisível que se revela e novamente se guarda. Para os que buscam esse invisível, a evanescência é um chamado. Uma breve mostra do quanto se guarda no silêncio vital.

No reino do *Homo symbolicus* (homem simbólico, ser imaginal), a evanescência é, portanto, o nascimento e desaparecimento de imagens, uma respiração luminescente, cambiamento de formulações. Do mesmo modo como na palavra dita, assim também no mundo dos sonhos. Uma imagem surge num sonho e nos mobiliza, nos inquieta e nos deixa aturdidos. Ficamos o dia com aquela breve imagem que não lembramos como surgiu nem no que se transformou na continuidade do sonho. Só aquele fragmento reverbera na memória. Ela perdura, sensibiliza tudo, incomoda, flama para a atenção.

Surgir e desaparecer é uma pulsação, gerando faces, gerando imagens daquilo mais ao fundo, aquilo vivente nas profundezas, na base de nossa própria energia. Antes da imagem nascente há um abissal reino de vida, um mundo energético de microestruturas bioquímicas, geometria inframolecular, campo de memória, um conjunto de códigos e sínteses da natureza, do humano, dos reinos, dos seres, do cosmos. Assim, quando as *imago vitae* (imagens criadoras), em sua evanescência, brotam em nós, elas se despregam desse abismo e sobem à nossa consciência, formulam-se desde esse conjunto linguístico.

O termo "linguagem", aqui, tem raízes no Romantismo, que, em sua filosofia sacrificial, destituiu a verdade burguesa de Locke, ávido por circunscrever a linguagem como atributo do indivíduo humano imputável, constrito aos seus papéis sociais, culturais e científicos e às suas responsabilidades perante o Estado. O romantismo não permitiu esse sacrilégio separatista. Trouxe a linguagem como inspiração teológica da natureza.

Portanto, a evanescência como metáfora do imaginal não é propriamente linguagem antropocêntrica, mas se forma como uma revelação da vida, uma percepção estranha, um desconhecido que nos é íntimo, uma fé, uma fervura conceptiva.

Mas imagens dessa natureza não se manifestam toda noite em nossos sonhos, nem surgem todas as horas em nossos propósitos de criação estética, nem se apresentam facilmente para nossas hegemônicas intenções psicanalíticas. Imagens assim são criadoras, memórias da criação, genes da existência. Nosso estado individual necessita ser curso desse estado universal. Há que estar onírico. Há que, de todo, sonhar. Dar-se à contemplação do que evanesce. Encontrar no cambiante sua máxima têmpera.

O evanescente, a imaginação, se move na escuridão interior e também se mostra. O movimento de aparecer em nossa superfície observável e desaparecer no invisível de nós parece com os grandes cetáceos que sobem e suspiram na superfície do oceano, que agitam suas caudas gigantescas, abanam na fronteira entre a água e o ar, saltam e submergem nas águas, desaparecendo, acasalando, procriando mais vida. Anunciam algo na luz do ar, fazem-se ver, abalam por seu vigor, tamanho e peso. Impressionam por sua imensidade e distância. Evocam em nós uma origem. Parece nos chamarem de volta à água. Tocam as cordas de memórias que sonam morosamente em reentrâncias retiradas. Essas distâncias profiláticas de nossas *personae* corriqueiras. A pré-história de nossa individualidade.

Queremos assim demonstrar que a substância imaginária cambiante e o elemento água diluente têm, os dois, elos muito íntimos. Desse modo, investigaremos as funções líquidas no comportamento onírico da criança com uma pergunta, entre outras, mais central: a água, no devir imaginário, é uma primordialidade ante todos os outros elementos materiais?

***

Pretendemos revisitar uma questão já abordada por grandes fenomenólogos da alma. A intenção dessa tarefa é buscar algo mais do lúmen desses mestres. Para ir direto ao ponto, cito Carl Jung, a partir do livro *Anima,* de James Hillman:

> As palavras latinas *animus*, espírito, e *anima*, alma, têm o mesmo significado do grego *anemos*, vento. A outra palavra grega que designa o vento, *pneuma*, significa também espírito. No gótico encontramos o mesmo termo sob a forma de *us-anan*, expirar, e no latim *anhelare*, ofegar. No velho alto-alemão, *spiritus sanctus* traduzia-se por *atum*, respiração. Em árabe, o vento é *rih* e *ruh* é alma, espírito. A palavra grega *psyche* tem um parentesco muito próximo com esses termos; está ligada a *psychein*, soprar, *psychos*, fresco, *psychros*, frio, e *physa*, fole. Essas conexões nos mostram claramente que os nomes dados à alma no latim, no grego e no árabe estão vinculados à ideia de ar em movimento, de hálito frio dos espíritos.[3]

Outros estudiosos da imagem afirmam, quase que imediatamente, ser o ar o ambiente propício à alma. O próprio Hillman assim o faz no seu livro já citado, *Anima* (p. 39). Mas talvez afirmem sem dedicar maior atenção à natureza do elemento ar. Uma fenomenologia da alma, na tração com a substância aérea, requer, na mesma medida, uma fenomenologia do elemento ar. Mas disso não discorremos aqui, pois a substância deste estudo é a água. Mas justamente por nosso exame dos documentos relativos ao mundo líquido, que vão além das etimologias da palavra "alma", encontramos farto material que liga a alma ao elemento água. A alma é aquosa. Seu mistério é manter a capacidade plástica de absorver um sopro, um fremido gerador, e gestar, formular esse fremido em corpo, numa forma. Ela, alma-água, se faz suporte para que o espírito (sopro vital) possa se manifestar em formas, em carne, em linguagem.

Há, portanto, uma distinção a ser feita entre espírito e alma. Pois as pesquisas de natureza apenas etimológica, ao nosso ver, não constituem sustentações suficientes para o discernimento elementar da alma. Há uma indefinição confusa entre a ideia de alma e a de espírito quando se a dá a conhecê-la pela mesma coisa chaman-

---

3. James Hillman, *Anima*, p. 38.

do-a de sopro, hálito, ar. Buscaremos distinguir essas duas feições (alma e espírito) do mesmo ato criador, inseparáveis enquanto ato manifesto, enquanto criação; no entanto, cada qual sustém uma súplica própria, valendo-se – na precariedade imanente – de seu elemento material mais afim.

O ar é o ambiente material da manifestação do inefável, do espírito; a água, a plástica, a imanência, onde se dá a forma, a redução do espírito na individualidade, o constrangimento psíquico, a alma. Água é uma potência, a virtualidade mineral, a subjacência de grande parte da plasticidade no mundo natural, a mais qualificada inteligência material com capacidade para receber o sopro espiritual e, engravidada, desprender os seres que sentem, que sofrem, desprender os seres como vida em matéria, como alma.

No oceano, quando o vento sopra, as águas imediatamente respondem, dando espaço ao movimento, às formas, às ondulações, à geração de poderosa energia que se move até a costa. Ao passo que, na montanha, quando o vento sopra, ela responde desprendendo apenas alguns grãos de seu pó de rocha, os pólens de algumas flores, as plumas de algumas sementes, os galhos de algumas árvores. Tudo lá é raiz, tudo vive pelo que se agarra. O monte é impávido.

O espírito, do hebraico *ruach* (רוח), sopro, é o elemento agente, masculino, que desencadeia dinâmica na dimensão mais receptiva da matéria, o elemento água, sensível, impressionável, que prepara a alma. Água é estado plasmático que ampara inoculações, deixa-se prenhar, permite-se, ao mover do ar. O sopro vital a choca, perpassa sua intimidade, dota-a de eletricidade, gesta qualidade ôntica, existenciável, anímica.

A água, em sua primordialidade, é cúmplice do elemento ar, assemelhando-se grandemente no movimento, no gestual, na dança, nas categorias geométricas. São pares quase indissociáveis se observados pela forma de seus corpos. Um aspecto marcante da fenomenologia da alma-água mostra que sua movência, suas formulações contêm, muitas vezes, impulsos do elemento ar.

No entanto, os resultados desse movimento, as formas que dele nascem, são indelevelmente marcados pelo elemento líquido e seu estado transitório, sua cosmogônica tarefa rítmica de plasmar e transformar.

Nos seus *Fragmentos*, na parte final do verso 36, segundo a exegese de Thomas Robinson em seu livro *As origens da alma*, Heráclito diz: "[...] da água se gera a alma".

Heráclito utiliza, no grego, a palavra *psykhé* (alma), dando a entender alma como exalação, vapor, sopro úmido. Da água vem esse vapor, essa exalação líquida: a alma. Da água se gera a alma. Animismo. Movimento. Vida movente. Corporeidade. Do mundo gestacional do elemento água nasce a geração das formas. A água é a substância da forma, suporte das coisas animadas, sencientes. Portanto, assim como nos seres biológicos a vida que se forma vem da água, nos seres oníricos também isso ocorre. As formas oníricas, ou seja, as imagens, trazem em sua natureza traços marcantes desse ambiente líquido, especialmente as capacidades de entrega, transformação, consubstanciação e metamorfose.

Mas o elemento água, por sua vocação de doação, não participa de toda a alma. Permite que de si ela nasça; no entanto, não se impõe à sua natureza toda. A alma se completará das naturezas elementais do fogo, da terra e do ar, e pode se fazer muito seca e calórica. Especialmente quando se quer voltada ao espírito.

As filosofias primeiras eram amigas do mundo substancial, não se faziam sem devoção ao mundo elementar. Por isso talvez sejam tão tocantes e, como diz Bachelard, poderosas até hoje. Assim, Heráclito cria uma maravilhosa relação humoral da alma com o ar, o fogo, a terra e a água. Sugere-nos que a alma teme em se fazer totalmente líquida, pois aí se extingue, ao passo que almeja tornar-se mais seca, vigorosa, sóbria e aguda, pois assim melhor cumpre sua tarefa.

Vejamos o que diz Heráclito em alguns de seus *Fragmentos*, citados por Thomas Robinson:

Jamais seria possível descobrir os limites da alma, ainda que todos os caminhos fossem percorridos; tão profunda é a sua medida (45).

Para as almas é morte transformar-se em água e para a água é morte transformar-se em terra. Da terra seca se gera água e da água se gera a alma (36).

Quando um homem está embriagado, é guiado, cambaleante, por uma criança impúbere, não percebendo aonde vai, porque está com a alma úmida (117).

Testemunhas pobres para os homens são os olhos e ouvidos, se possuem almas não compreendem (*literalmente: bárbaras*) (107).

Um brilho (ou raio) de luz (é) a alma seca, mais sábia e melhor (mais brava/nobre) (118).

Para as almas é felicidade ou morte tornarem-se úmidas (77).

É difícil lutar contra a paixão (o coração); pois o que quer que ela deseje, compra a preço da alma (85).

A alma possui uma medida (ou: proporção, *logos*) que a si própria aumenta (115).[4]

Esses aforismos nos levam a muitos caminhos, mas, para o nosso interesse de argumento, Heráclito força nossa percepção para uma base substancial, para a alma que é úmida, que está permeada pela água. Essa origem da alma é de tal modo dinâmica – como a própria água –, que ela não pode retornar à umidade, correndo perigo de a si liquidar. A medida da alma é aumentar a si própria, precisa prosseguir. Seu destino é ser seca e sábia, nobre, aérea, encontrar a luz, talvez escapar da forma. Mas estará sempre em diálogo com sua natureza líquida. Precisa de corpo para atuar. Sem a umidade, o sopro não se configuraria, não encontraria uma expressão, uma forma de ser, uma identidade, um sentimento, uma atadura, um ato formal para cintilar o espírito.

---

4. Thomas Robinson, *As origens da alma*, p. 27.

A umidade fez a secura da terra ser lama, cântaro para o ar (espírito). Sem a umidade, as linguagens corpóreas silenciam muito ao fundo. Seus corpos fósseis, mesmo densamente corpóreos, não são inteligidos como corpos sensíveis. São uns sem corpo, são outras coisas, uns sem alma. Talvez suas sensibilidades ganhem muito mais opacidade aos olhos do gosto plasmático. Só os pajés saberão descer em busca de suas almas rochosas. Mas, de todo modo, na plástica biológica, sem o corpo – esse apartamento, essa particularização de reminiscências do ato criador, de imemorialidades do eterno, de fibrilações do *logos*, do desejo e da angústia –, não se pode conceber alma. Alma é moto-perpétuo de memória e esquecimento, numa ideação que chamamos de "tempo", acontecendo no avivamento e na morte de todos os seres, na linhagem dos mamíferos, na floração magmática das gemas. Alma é espírito temporalizado que se contemporiza, que procura um acordo com a matéria para sua melhor expressão.

Espírito é alma que se quer liberta, é sonho de redenção, é o pleno ato ascensional de se desvencilhar do drama da imanência, são as asceses iridescentes do primevo amor solar, levando algumas raríssimas pessoas a estar no mundo, sem a irrefreável aderência ao mundo. Fazendo-as convictas de que todos podem estar no mundo e não ser propriamente o drama psíquico do mundo, podem estar no corpo e não ser domesticadas por pulsões constrangidas do corpo.

Portanto, nesse enlace entre alma e espírito, entre a consciência criadora e o sentir do mundo formal, não podemos deixar de perceber o elemento água como a substância ligante e humilde dessa origem. Não nos é possível admitir secamente que apenas o ar é a elementaridade propícia à alma. Como nos lembra Bachelard, a forma está incrustada na substância, e a substância primordial para o nascimento formal dos seres é a água. Antes de a forma nascer, ela é virtualidade plástica (heresia platônica); antes de a imagem nascer, ela é um tipo de *physis* (física profunda) ou energia material. Pois, segundo os pré-socráticos, a *physis* é o lugar de onde os seres provêm, têm sua gênese, e também para onde devem retornar em sua destruição. Essa substancialidade, mesmo etérica, mesmo frequencial, guarda em sua potência uma ou muitas possibilidades de formas.

Quando o sopro do espírito assanha o repouso imemorial (o abismo das águas), o impulso vital se manifesta, a *physis* elabora substância material. A atração de entregar-se para a forma faz a *physis* se densificar, ser material. Portanto, talvez, uma das primeiras modulações da *physis* em matéria foi através do elemento água. Em muitos povos, esse é um dos elementos prístinos do mundo. A água, o mais simples modo elementar, a possibilidade de a terra se fazer propícia, fértil, para fazer-nos humanos, propícios e férteis, fazer-nos lugar de destino. Talvez por isso o engenheiro e astrônomo Tales (624 a.C.), da escola dos jônios, da cidade de Mileto, na Ásia Menor, tenha dito que a "essência contínua e formadora do mundo é a água *[hydor]*, suporte físico da terra e seu fundamento básico".

Para uma invocação ainda mais substancialista da alma, há no Gênesis, capítulo 1, versículo 2, a seguinte hipótese originária: "E o Espírito de Deus pairava sobre as águas". A palavra-chave entre espírito (*ruach* – רוח) e água (*mayim* – םים) é *merachefet* – מרחפ (pairar, estremecer, vibrar, do verbo *rachaf* [רחפ]), significando "intensidade". O Espírito, o sopro divino, chocava as águas, vibrava criando coesão, movimento interno, fremir desde o interior. Um elemento vibracional atuou sobre as ondas, por entre o mundo ondulatório e cambiante do elemento água. Criou-se então a possibilidade da forma, do nascimento das coisas. Segundo esse relato criacional, as coisas, desde a água, começam a se modular. A criação começa a se manifestar. Nasce a vida em imagem, em forma. Antes disso, só o caos. A água é o único suporte capaz de sustentar e dar forma ao caos primitivo, ou, como diz Novalis sobre o elemento água, o "caos sensível" (citado em Theodor Schwenk, *El caos sensible,* p. 83), doando-se para que dele nasça a criação. Nasça a alma.

As simbologias do aquático representam, segundo Mircea Eliade, "a totalidade das virtualidades"[5], ou seja, a totalidade das potências criantes, dos nascimentos. Mircea Eliade nos dá a medida de nossa proposição. A totalidade do que pode ser vivificado se beneficia da estrutura elemental da água.

> Na cosmogonia, no mito, no ritual, na iconografia, as águas desempenham a mesma função, qualquer que seja a estrutura dos conjuntos culturais nos quais se encontram: elas precedem qualquer forma e suportam qualquer criação. A imersão na água simboliza o regresso ao pré-formal, a regeneração total, um novo nascimento, porque uma imersão equivale a uma dissolução das formas, a uma reintegração no modo indiferenciado da preexistência; e a emersão das águas repete o gesto cosmogônico da manifestação formal.[6]

As filosofias da vacuidade, as asceses espirituais, aos poucos, numa corajosa ascensão, propõem ao iniciado que se desfaça, à medida de suas expansões, das vestes ritualísticas e dogmáticas, de suas membranas e trajes do hábitat. Essas sabedorias buscam o desvencilhar desses líquidos gestantes e suas formas para encontrar a pura luz, o sem forma. Ao mesmo tempo, e por isso mesmo, essas heroicas sendas são exímias em reconhecer as águas de origem do mundo anímico, mas trabalham para ir além delas.

Mas, aqui, nesse lagar solitário, que não existiria senão pela lentidão, espremendo frutos, examinando seus óleos, aprendendo a fermentar, depurando essencialidades do ser humano criança, devemos ainda permanecer aquáticos, não podemos encontrar infâncias nas depurações ascéticas, devemos, ainda, descer na noite líquida, compreendendo alma como elemento sacrificial, condição do começo. Não sem a pressão aquática, buscaremos as correntes helicoidais, as parturientes oceânicas, para delas intuir a embriologia do mundo dos sonhos, da vida imaginadora das crianças.

---

5. Mircea Eliade, *Tratado de história das religiões*, p. 243.
6. Ibid., p. 244.

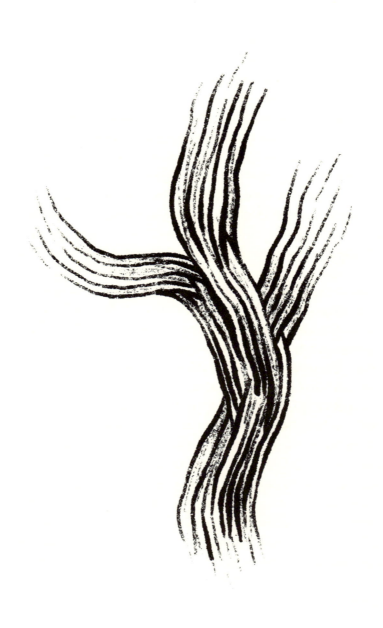

***

A constância e continuidade do elemento água encontra-se assim na gênese da existência, é a elementaridade do destino. Por sua simplicidade, também é a base do mundo interior, mundo do nosso organismo, onde as coisas se cuidam, onde as coisas também se doam, apenas sustentadas pela água e sem a presença de nossa atenção e consciência. Peter Sloterdijk, em sua cárdio-hemenêutica das visões de Santa Catarina de Siena – quando ela se vê, em suas visões místicas, transplantada de seu coração pelo coração do próprio Cristo, nutrida ao mesmo tempo do sangue de seu divino Mestre –, nos diz: "A sugestiva imagem do aleitamento da freira na fonte borbulhante de sangue pode lembrar que toda penetração mais profunda no mundo íntimo pressupõe a transformação dos corpos sólidos separados em líquidos mistúraveis e incorporáveis"[7].

Muito provavelmente, no nosso mundo íntimo, no corpo, a água tenha elegido alguns órgãos como seus. Os rins e o coração têm muitos motivos afins com a *hydor*. Talvez seja o coração a mais antiga e duradoura religião, a mais pagã, a fonte mais verdadeira de contato com o mundo manifesto, com a alma.

Sloterdijk averigua, num dos capítulos de seu livro[8], as funções do coração como órgão da intimidade. Demonstra o longo combate teológico e filosófico pela manutenção das atmosferas simbólicas interiorizadas de outrora, contra a exteriorização e publicização das antropologias anatômicas que mecanizam o homem no nascimento da modernidade. Mostra diversas camadas de lutas culturais pela preservação de semânticas da intimidade cardíaca, sustentando o coração como órgão do mistério, das coisas divinas, como forma de socorrer a alma do inevitável desterro, nessa porta aberta para mil desertos – como vaticinou Nietzsche –, que é a modernidade.

---

7. Peter Sloterdijk, *Esferas I* – Bolhas, p. 107.
8. Ibid., p. 93.

O órgão aparece, assim, em narrativas antropofágicas do amor cortês ou na mística contemplativa de Catarina de Siena, que recebeu, em visões, o coração do Cristo em substituição ao seu próprio coração. Também aparece na magia telepática sobre o amor renascentista, construída por Marsilio Ficino, ou mesmo no clarificado mecanicismo anatômico do homem-máquina de La Mettrie, que extirpa de vez o cárdio como pulso sensitivo da alma. La Mettrie atira, sem pudor, o coração para fora do corpo, esse lugar que oculta mistérios supersticiosos. Põe o coração exposto à luz estridente dos anúncios modernos do homem hedonista, livre do peso imaginário das tradições. O homem agora é uma máquina luminosa que pode bradar sua liberdade. O coração é uma mera bomba hidráulica.

Mas, mesmo após tão longos combates culturais e diante da última e mais séria ameaça moderna, postulando o coração como uma máquina bombeadora do sangue, em face da perigosa ameaça de desterro de sua intimidade misteriosa, o coração ainda insiste em ser a roda d'água de nossas moendas, permanecendo, assim, símbolo central – osmótico – da constatação da dor (conhecimento vivencial), do sentimento matricial (quando nascemos e nos pomos a crescer), da vida sensual (o susto do outro), do despertar mágico--filosófico (o desejo consciente do conhecimento) e, em especial, da mística (encontro com a linguagem da criação).

A água é o plasma, amparo movente, matéria-prima do sangue, que, por sua vez, é um tecido de células com o qual o coração estabelece diálogo percussivo. Daí viceja todo o movimento circular, esferoide, que é a linguagem vital de nosso corpo. Daí nascem as torrentes que irrigarão dos milhões de microartérias de nosso sentir às praias do arquipélago alma.

Alma, quando particularizada em nós, é indissociável desse caudaloso rio interior, rio sanguíneo. E o coração é seu percussionista, dá o tom, os aspectos melódicos. Ele é o cotejador dos encontros com o mundo, dos impactos, dos assaltos, dos êxtases com a beleza manifesta, das angústias com o sublime. Ele também é o trovador primeiro dos encontros consigo próprio, aquele que se traduz em sentir, em devaneios e imagens, para nos contar do contato de nossa individualidade com toda a malha de memória trazida pelo nosso sangue. Esse substrato vermelho, esse encarnado (vermelho e dramaticidade da carne) que nos vitaliza a nós próprios, é também a desembocadura de recordação, a síntese químico-sensível do resultado de muitos atos e decisões e aspirações vividas por nossos antepassados.

O coração, órgão imaginador, centro gerador das imagens ativas, da consciência que sonha, é o mediador da alma individual com a alma do mundo. Mas não só: ele também é fazedor de pontes para a transcendência, para além da alma do mundo. Ele é capaz de achar o nascedouro das imagens e superá-las na contemplação pura, onde imagem não há. E, após esse ato santo, traduzir de volta, do lugar de toda anterioridade, a experiência em forma, em imagem, para que a compreendamos, a apalpemos, a acomodemos em nós. Após essa rara tarefa decantatória e não menos encantatória, o coração estabelece as redes comunicacionais, cria os igarapés, as pedagogias. Irriga a comunidade humana com novos ideários, novas recombinações de códigos. Esse órgão de onde nasce todo o duradouro platonismo é a obra dos anjos incrustada no corpo, capaz de comunicar as virtualidades do mundo maior no pequeno mundo humano.

Logo após o nascimento dessas cardiopedagogias começam as lutas. Cardiopedagogias expurgam conluios institucionais de toda espécie. Portanto, abrem-se os combates. Lutas pela diluição das coisas dogmatizadas, cristalizadas. Quem mobiliza maior poder de expressão (seja pela genialidade individual, seja pela operação coletiva) é capaz de gerar as correntes duradouras no oceano das culturas. Insuflando a imaginação, as simbioses das almas, as relações entre interioridades, entre diferentes modos de ser, constroem protopolíticas que, em redes interligadas de galerias hídricas, vão comunicando velozmente (campo morfogenético) as pulsões mais aptas a reger uma época. Aí não há fronteira entre estados, mas estados de rupturas fronteiriças. Renascem significados em regiões inteiras da vida humana.

Assim, o mundo aquoso da alma segue diluindo, estilando, fermentando, amolecendo, para, infinitamente, recombinar códigos, criar novas vias, devolvendo, desse modo, às consciências de um tempo, cada qual em seu estreito contemporâneo, novos sinais do perene renascer, novas pedagogias de se acudir diante da dor inevitável, do sofrimento inescapável, da transitoriedade certa. A vida é uma imensa garganta, em cuja escatologia amorosa do sacrificial elemento água tudo será digerido.

Para esse lento later de membranas aptas ao movimento no espaço líquido, necessário é permanecer um pouco mais na observação cardíaca desse órgão operário das águas rubras, ainda investigando a alma em sua natureza irrigante.

James Hillman exorta as obsessões psicanalíticas do Ocidente – diagnosticantes inadvertidas, pretensiosas em seus intentos de colonizar a vida imaginária –, revitalizando uma grande imagem, indispensável à concepção de alma: a beleza.

> Podemos perceber que somos, cada um de nós, na alma, filhos de Afrodite, que a alma é uma *therapeutes*, como foi Psiquê, no templo de Vênus? É *lá* que ela está em devoção. A alma nasce na beleza e alimenta-se de beleza, precisa dela para viver. Se lemos Platão do modo como o fez Plotino, e compreendemos Psiquê do modo como o fez Apuleio, e experimentamos a alma como o fizeram Petrarca e Dante, então *psique é a vida de nossas respostas estéticas,* aquele sentido do gosto em relação às coisas, aquela vibração ou dor, desgosto ou expansão do peito – reações estéticas primordiais do coração que são a própria alma falando. [...] Primeiro a conhecemos por sua característica primária, dada em sua natureza: Psiquê é bela.[9]

---

9. James Hillman, *O pensamento do coração e a alma do mundo*, p. 42.

O corpo cardíaco, órgão dique, regulador da pulsação sanguínea, das torrentes interiores, desses "afluentes que se precipitam para dentro do meu coração", como poetizou H. Thoreau, é o primeiro a sentir, em sua fímbria muscular, o poder da beleza.

A beleza, segundo Hillman, tem um epíteto que se costumava dar a Afrodite: alma do universo (*psyché tou kosmou*). Alguém apanhado de rapto por tal natureza do belo é atingido em primeiro lugar no coração. De imediato, o sangue altera sua rítmica e as comportas cardíacas devem frenar sua musculatura para regular o estampido da torrente. Em consequência, o rubor ou a palidez saltam à pele, o temor e o tremor estressam a sensibilidade neurológica, as pupilas se expandem ou contraem, exalar e inspirar se tornam tensões, o pensar é assaltado por uma profusão inigualável de imagens, ou atormentado por uma única. A beleza atinge nossos líquidos. Atua em nossas águas. Choca (como a galinha os seus pintinhos ou como o Espírito, as águas primordiais) novidade e verdade interior.

Mas a beleza não é apenas arte, obra de artista, cultura estética, disciplina da filosofia, gosto ou coisas bonitas. Beleza, como aponta Hillman em sua concepção de alma, é manifestação. Na origem, beleza é manifesto do invisível em uma forma ou, se quisermos, na vida formal. É dar-se à vida. Vir a ser. Conformar o preexistente à percepção sensorial. Quando o invisível se faz testemunho sensorial, ele necessita de uma conformação. Dar-se à forma é um sacrifício e uma dor. Ao mesmo tempo que a manifestação, a epifania é a própria essência do belo, ela também carrega a dor restritiva da forma. Ela necessita ser conformada para um tempo, para a percepção de um mundo (individual ou coletivo). Assim, cabe desconfiarmos se na imanência existe o belo sem a dor, sem o drama.

Afrodite, quando nasceu do jorro espumante de Urano, nas águas, trouxe o anúncio e o significado do que é a manifestação. Da água se manifestou a deusa da beleza, a deusa da manifestação, tida como alma do universo. Saindo das águas gotejando, pisou na terra, fazendo eclodir relva e flores do entorno de seus pés – já era a própria resignação da beleza. E por que veio ao pequeno mundo humano? Para despertar-nos para o manifesto, para o dom da manifestação? Para acordar-nos no sentido revelatório da natureza? Isso, pois, seja talvez a beleza, a estética, a alma. Ela se revela numa forma; entretanto, é depositária de infinitos outros aspectos do invisível que não se fizeram ver, mas que são sensíveis, possíveis de entrever.

Assim, a alma, aqui relacionada à natureza da água, carrega consigo um nódulo dramático: dar-se à forma. Conter-se na forma. Organizar continentes para se expressar. Talvez, esse ato, assim como o ato secreto do primeiro instante em que o coração começa a bater no feto, guarde o princípio da dor no mundo. Em que instante, dos primeiros dias do feto em formação, o coração começa a bater? O que dispara esse ato? Começa aí o sentir? Começa aí a alma estreitada numa individualidade? A criação é algo, antes de tudo, em compactação, conformando-se para poder ser sentida, vivida como mundo, como coisa, como existência.

Evidentemente, os graus dessa conformação são infinitos; do mais etérico ao mais grosseiro, há muitos ajustes, habitam muitos gradientes materiais. A vida é um ato, desde o início, afligido pelo constrangimento do molde. Talvez por isso Bergson intua, em seu exame acerca do *elã vital*, que, diante do atrito da consciência pousando na matéria, haja o contínuo embate para a expansão da existência: a força vital, essa inteligência atuante, quer se expandir perpetuamente e por isso aperfeiçoa-se em elaborar novos seres, escapando de estancar em um único modelo, mas se desdobrando continuamente em novas espécies, em novas formas, para, em seu plano escatológico, se libertar num salto a partir do trampolim mais complexo: o humano. Trampolim capaz de trabalhar com o mais inefável da forma: a imagem e a abstração.

A sustentação da multiplicação metamórfica dos seres é o desejo de liberdade da consciência criadora, já, desde o primeiro momento, trabalhando para não ser constringida definitivamente aos modelos únicos, às formas. Mas, ainda assim, essa consciência segue na forma, num perpétuo desvencilhar do peso da imanência, abrindo novos manifestos, novas belezas, novas linguagens, nos seres. Cada ato de criação mais complexa na natureza é um ato maior de liberdade alcançada. Até chegar aos seres em condições de suportar o sonho, a imaginação e a abstração, que aprendem pela representação mnemônica – essas formas mais fluidas que habitam a alma, constituídas de mutabilidade, modulações cambiantes, formas, como as imaginárias e as abstratas (estética e geometria).

As imagens, na alma humana, talvez sejam as formas mais próximas da liberdade. Menos contrariadas pelo peso material. São mais mutáveis, mais transubstanciáveis, têm espaço de movimento quase puro, quase totalmente livre. Entretanto, enquanto imagens, ainda assim são formas, carregam a substancialidade material em sua memória, como bem demonstrou Bachelard, crítico do evolucionismo bergsoniano. As imagens imaginadas trazem consigo a memória da imanência, o peso da matéria, a memória desse percurso feito pela consciência criadora, ou imaginação vital por dentro da carne do mundo.

A energia criadora, transcorrendo pelo mundo material, criando-o e transformando-o, compõe uma saga bodisatva, na terminologia budista. Um compromisso de libertar todos os seres, até mesmo libertar a própria imanência de seu pesar cristalizante.

Numa analogia com as fenomenologias do combate criacional, talvez possamos dizer que energia é redenção da matéria, e matéria é redenção que se condensou, fazendo-se sustentáculo, para, em si própria, realizar sua via-crúcis de retorno à origem originante, à liberdade.

Assim, o caminho escolhido pela consciência criadora, de fazer uma jornada de éons por dentro de si, criando em si própria os reinos imanentes (a alma), origina um trauma central, uma opção depurativa de si mesma: conformar-se na forma dual – lutando – por longo tempo. Essa talvez seja a mãe da dor. Essa talvez seja a origem de todos os acordos e lutas simbióticas existentes nos planos da natureza. Onde há alma, há dor, há luta.

O ser é aquele que luta. O mitologema bíblico de Jacó no livro do Gênesis (32,22-30) revela esse sonho eternamente combatente. No ribeiro de um vale, depois de ter passado seus pertences e sua família para a outra margem, Jacó ficou só e lutou a noite inteira com um homem; na verdade, um anjo. O ser celestial deslocou a junta de sua coxa, para encerrar a luta e poder ir embora, pois já amanhecia. Jacó, esse arquétipo da vida inconformada, lutando para enformar-se, haver-se na matéria, não permitiria que o anjo fosse embora, a menos que antes o abençoasse, lhe desse consolo na forma, conformação. Assim, respondeu o anjo dando-lhe a alcunha fundamental. O anjo disse a Jacó, então, que dali em diante mudaria de nome, seria chamado de Israel (aquele que luta), pois havia lutado com dignidade com Deus e prevaleceu. A partir dali, Jacó foi reintegrado à condição de toda vida nascente: ser aquele que luta. A vida formal é uma luta com a vitalidade criadora, luta certamente simbiótica; portanto, cooperativa. Mas nem por isso menos apertada, estreitada, com alta densidade.

Do mesmo modo, a manifestação do mundo das imagens, dos códigos fundantes da vida, no cotidiano humano e nos nascimentos das intimidades culturais, também é luta e constrangimento. Mas nós sempre tendemos a fugir, a não gostar da luta, pois suas revelações são ascéticas e incomodamente transitórias. Não desejamos dar à consciência a solidão desse combate, optamos pela inconsciência, por modos de estancar, cristalizar, embarreirar o curso e, mesmo na asfixia do pântano, de algum modo, fazer dele ilusionismo deleitante.

Assim, abrimos a guarda às possessões. Optamos pelas estremaduras, atuamos na beligerância de um suposto eu, vamos em direção aos nossos instintos mais básicos, somos apossados por eles (numa causalidade desenfreada) e atuamos no mundo tendo as obsessões como única fonte de operação na realidade, como única desculpa criativa. Tornamo-nos seres da brutalidade.

Haverá uma única cultura isenta de ter cultivado, em seu seio, a brutalidade? Especialmente, na origem ou no fim? Mesmo aquelas narradas pelas mitologias espiritualistas, como Atlântida, Lemúria ou os jardins sem males das origens. Nesse mesmo curso, quase impossível será identificar uma única narrativa mitoidentitária que não tenha cultivado seus mais nobres e constitutivos símbolos, inclusive os divinais, na pregnante linguagem da guerra.

Portanto, o complexo e eternamente incompleto cosmos semiótico humano é incrustado, em sua estrutura, de dor, de sofrimento, de brutalidade, de compressão de suas artérias e nervos. Evoco, assim, Pascal Quignard:

> Nunca, na mais longa das durações, os homens que produziram nossas sociedades e nossos pensamentos tiveram a revelação da metamorfose que eles eram, desde a plurimilenar *desfusão* do fundo pastoso, da *physis* à qual estavam aderidos. Por convenção, contam-se três milhões e quinhentos mil anos de emergência zoológica, depois quarenta mil anos de pré-história, mais nove mil anos de história humana. Aquilo em que nos transformamos tão lentamente nos escapou a cada dia. A opacidade cotidiana, a aplicação minuciosa, a determinação faminta são nossas vidas. Um dia não abandonamos a floresta. Um dia não abandonamos a coleta de alimentos. Um dia não inventamos a caça, nem outro dia, o arco, nem outro dia ainda, o cão, a família, a arte, a morte. A espécie humana não teve por primeiro destino lutar contra a natureza, como a razão e a racionalidade moderna quiseram fazer os herdeiros acreditarem. Começamos por nos fascinar pelas feras. Imitamos o grito que elas emitiam para matá-las. As sereias de Homero têm asas de abutre e reinam sobre ossadas esbranquiçadas.[10]

Talvez, tenhamos outra origem, talvez sejamos não da estirpe dos animais, como sugere Quignard, mas da estirpe dos anjos. Mas é certo: nosso fascínio pelas feras e nosso ressentimento da queda primordial (seja ela psicanalítica, seja ela edênica) nos fizeram

---

10. Pascal Quignard, *Marco Cornélio Frontão*, p. 36

predadores apartados e violentos. Não nos vemos mais ligados à comunidade de vida que nos abriga.

Mas a imaginação, esse anjo (sem imagem, sem panteão) mais humilde das hierarquias divinas, resolveu se doar ao chafurdo, ao pântano lodoso de nossas aflições, para, eternamente, de novo, nos relembrar, pela fantástica do sonho, que a natureza humana não está no que somos capazes de cometer, mas naquilo que a vida cria em nós com fervor de eternidade. Tal anjo miscigenador nos põe em levante, de pé, continuamente em devir. Sabe ele que, em cada um, nós aprenderemos a reconhecê-lo como fonte, água de lavar, refrescar, amolecer e de-formar para re-formar.

Por enquanto, prevalece a violência. No ajuntamento gradual de cada tribo com outras tribos, na composição de mosaicos imensos de povos reunidos numa nação, os impérios foram nascendo. Nasceram, é certo, pela força bruta, pela imposição, pelo massacre. Mas, à medida desses nascimentos disruptivos, à medida da formação de grandes conglomerados por identidades culturais distintas, por muitos filhos de diásporas, novos tecidos de significados aos poucos são fiados arredios à égide de uma nação, país ou império.

Depois da brutalidade, a vida metafórica começa a lavar os dramas, conduzi-los pelos arroios, correntes da imaginação regeneradora. Renascem os velhos deuses, agora com outras mancias, suas potestades e domínios na alma humana ganham novíssimos terrenos de atuação. Com esses tais renascimentos, damo-nos conta de novos sentimentos; reformulam-se sensorialidades; pressentimos inusitados territórios estéticos; o amor redimensiona suas feições; novos códigos fitoterápicos desimanam da natureza; as preces se aperfeiçoam; a mística encontra homens e mulheres – raros, é certo – aptos a fazer medrar seu poder duradouro.

A diversidade dos povos foi quem garantiu – após a força bruta que os amalgamou em forma de império ou povo – a longa sobrevivência nessas virulentas empreitadas coloniais. Garantiu, por justamente conter cosmovisões tão diversas (políticas de intimidade) capazes de fermentar novas redenções para todo o ajuntamento.

São os deuses que sustentam as almas, animam-nas e lavam-nas depois do estrago da violência. Estragos esses que também foram incitados pela comunhão maligna com deuses. Peter Sloterdijk bem nos revela a natureza catalisadora da violência e a preventiva dos deuses:

> Por quase toda parte, a força bruta desempenha um papel catalisador nos processos de etnopoiese; contudo, só os jogos de linguagem dos deuses se mostram como garantia efetiva de um durável efeito etnosférico de animação. Eles, por assim dizer, asseguram *a priori* a síntese de um povo.[11]

O mundo das imagens carrega a brutalidade das hordas e suas amálgamas civilizatórias. O imaginário é tramado, em parte, desses embates; portanto, suas imagens não poderiam deixar de ser brutais. A linguagem *poiética* (linguagem mítica, alma) é sempre carregada de um peso revelador da reminiscência dessa aflição opressiva, aflição na sua origem – antes de ser brutalidade humana –, resultado da redução ontológica à bipolaridade da forma, à dualidade do mundo.

Ao mesmo tempo, o plasma que sustenta essas correntes imaginárias, marcadas pelo dolo e continuamente dolorosas, é de natureza hídrica, sua imaginação transcorre pelo elemento água, formula-se e sobrevive no mito eterno do transitório, do instável e movente, do transformável, do renovável, do purificante, do fermentante, do quimismo de recombinar substâncias para garantir sobrevivência, crescimento, restauração. Os tecidos de células imaginais, aqueles com maior poder medicamentoso, fluem do elemento água. O mais portentoso projeto de renovação da raça humana conhecido das mitologias é o dilúvio universal.

As imagens das águas trabalham pelo afrouxamento do trauma constritor. Lavam amolecendo, condescendendo, amainando a

---

11. Peter Sloterdijk, *Esferas I* - Bolhas, p. 56.

pesada adequação do infinito Ser ao corpo, da imensurável Vida à forma. Depuram o ressentimento da separatividade, essa pústula que se onera de violência.

Os jogos de linguagens dos deuses põem o mundo de molho para poder movê-lo, trabalhando sempre pela piora do que está consolidado, pelo não formatável. Somos forma, necessitamos nos lembrar sempre da de-formação, da diluição, da plástica aquosa que nos doou vida. A água é um culto, um cuidado, um cultivo, uma cultura abrolhadora das fontes de liberdade. O plasma que prepara a plástica para se enformar abomina a cristalização. Ele, ao contrário, nos exorta a seguirmos em mutação, transformação, doação. A forma que hoje somos carrega a reminiscência plasmática, recordando-nos da ininterrupta dissolução e recombinação de elementos.

Na seara dos deuses, o anúncio principal é a contínua dissolvência da forma. E é, não por acaso, aí, justamente, onde nascem as religiões, essas primeiras escolásticas que, apressadamente, transformam o númen vital em crença, prendem o sopro úmido na dureza da letra, capturam o epifânico para a violência identitária, formatam. As semânticas dos deuses são as primeiras a sofrer o ressecamento, de onde os humanos – especialmente os machos, em seu complexo de fixação – retiram toda a sua seiva de mobilismo, transformam as *imago dei* (imagens de Deus) numa taxidermia de dogmas, esquecendo todas as suas pedagogias irrigantes e correntes.

O trabalho dos deuses, imaginador, é o intemperismo hídrico que abala toda constrição, promovendo contínuos desabamentos, lavagem de solos, dissolução dos monólitos das crenças e das certezas. Por isso, logo são encouraçados nas religiões, pois assim se contém a ameaça de assoreamento dos detritos, o perigo mortal de arrastão para o fundo abissal da grande água.

Mas, ainda assim, as religiões – antigos sambaquis de imagens acumuladas, quase feitas de cascalhos, com suas crenças muito bem definidas e circunscritas, mas profundamente escarificadas, e que ainda hoje são a valência de um número prodigioso de consciências –, conseguem manter em seu subterrâneo primitivo galerias de correntezas em puro estado vital, justamente por serem os deuses feitos, em boa parte, de substância líquida. Os deuses são correntezas de grandes imagens. Na linguagem teológica, essas torrentes em fluxo são a misericórdia dos deuses. Elas eram outrora sentidas e reveladas pela sublime concentração do coração. Elas, ainda que relegadas ao fundo, habitantes do inconsciente, seguem irrigando os férteis crescentes das praias imaginárias, pois se mantêm abrindo novos cursos, assoreando as barragens do dogma e se renovando. Quem se levantará para negar que a filosofia, ela inteira, de leste a oeste do mundo, cresceu e ainda hoje só se formula por ter sua lavoura justamente no delta do Nilo mítico-teológico?

Por mais que nos esforcemos em trazer à consciência o mundo mágico das imagens, por maiores que sejam as tentativas de racionalizar os deuses, portanto de encabrestá-los, mais eles nos envolvem em sonhos, ou mesmo nos entorpecem ou até nos levam à total inconsciência (fanatismo). Somente o órgão sensorial da devoção, o coração, entra nesse reino sem ser entorpecido, sem apagar no sonambulismo. Somente ele sabe integrar a consciência com o sonho. Fazer a consciência sonhar. Impedir a consciência pensante do ato compulsivo de cerebralização do conhecimento, mas de senti-lo pelo campo de memória da alma, através das imagens, da intuição do mundo.

O coração, em seu trabalho direto com os líquidos de nosso corpo, é a mãe do sonhar, o senhor das faculdades imaginativas, o catalisador das memórias preexistentes em nossa alma, o gerador (magnetismo) de realidades. Seu trabalho fundamentalmente passa pela atividade imaginante. Passa pela ciência do sonhar. O lugar do coração é o mundo líquido. O verbo da água é o sonho.

E por que não evocar um místico e estudioso muito recente, apreciador da ciência espiritual, que assumia com grande naturalidade sua clarividência? Rudolf Steiner, em seu quase excêntrico livro, traz uma joia muito peculiar da intuição imaginal:

> O sono apaga a consciência comum. A consciência que se iluminou para o sono tem por conteúdo esse admirável mundo do líquido em constante vir a ser, do líquido que se levanta de todas as maneiras possíveis como as metamorfoses das ondinas. Do mesmo modo como para nossa consciência diurna temos entidades com contornos nítidos ao nosso redor, nossa consciência iluminada noturna apresentaria essas entidades, sempre transmutando-se, elas mesmas lançando ondas como um mar e novamente mergulhando. O sono bem profundo está verdadeiramente repleto daquilo que ao redor do ser humano é um agitado mar de seres vivos, um agitado mar de ondinas.[12]

Steiner cita nesse trecho as ondinas, entidades da água, imagens do mundo sonhado. Segundo essa percepção, as ondinas, os elementais do elemento água, elas próprias, são feitas de sonhos, "seu sonho é sua forma"[13]. "Elas querem permanecer na metamorfose, na eterna, na perpétua mutabilidade."[14]

As imagens das ondinas e deusas das águas, queiramos ou não crer em sua realidade elementar, nos são prósperas e habitam o sonho de muitos povos com muitos nomes diferentes. Elas são as engenheiras químicas da vida, dos misturamentos de substâncias para que a vida se desenvolva, guardadoras das fontes, poços, grotões e ribeiros, fazem da decomposição dos manguezais, dos húmus dos fundos dos lagos os florescimentos de vida. No limiar da vida para a morte e da morte para a vida é onde elas moram. São as senhoras das combinações substanciais. São doação e conformação. Limpam as dores, purificam as estagnações, lavam a (m)água.

Portanto, as vivas imagens dessas deusas e elementais, que só de imaginarmos já nos capturam para um espaço de sonho, dão substância a um aspecto pulsativo da alma que atua de forma crucial nos movimentos de transformação, ciclos com maior força

---

12. Rudolf Steiner, *O mundo dos seres elementares*, p. 50.
13. Ibid., p. 33.
14. Ibid., p. 34.

de regeneração, repouso e distensão da consciência. Há, portanto, na ideia de alma e sua relação com o elemento água, um nível de sonho ainda mais onírico, que habita territórios mais dados ao esquecimento.

Alma nesse sentido é a grande água. Não somos, enquanto indivíduos, a referência da alma. A alma está em mim e nas partes de mim que não são eu: meu pai e o pai do meu pai e o pai do pai do meu pai, e a água que me gestou no útero de minha mãe, e a noite que permite o repouso da mulher que prepara a vida em seu ventre.

Todas essas coisas são aquilo que não é a identidade de uma criança. Mas sem elas a criança não seria uma identidade. Portanto, a criança recebe em sua identidade aspectos da presença de todas essas coisas. Recebe uma quantidade de noite, uma qualidade de estrela, uma densidade de avô, certas frequências de cores, halos gestuais, ressonâncias das palavras, para que essas tantas qualidades lhe componham uma psique, uma alma particularizada da alma toda. Particularizada, mas jamais separada e autônoma da multidão anímica do mundo.

Alma é o que contém. Não está abrigada, mas é o que abriga. Não está sustentada num corpo e em algumas ideias, mas é o que emana de si corpos e ideias. Não se individualiza, mas se desdobra, multiplica, transpessoaliza. Não quer ser amada, mas é o estado – que refulge da eternidade – de amar. Não é uma dor minha, uma angústia, um pesadelo meu; é, de fato, o pesadelo do todo que sussurrou sua palavra, sua inteligência clamante em mim.

Portanto, alma é impulso gerador, formulador dos seres, imaginador, a engenharia que permite ao invisível se fazer sensível, ao mistério se fazer revelação. É o princípio feminino dos parimentos, dos rebentamentos, é o rio caudaloso cuja luz brilha desde o luar. É água cuja nascente cumpre o ato perpétuo de se manifestar. E segue cumprindo a função mediadora. Dela a vida pulula, salta, se enraíza nas margens, se assoma à terra, povoa o grande chão. Só por ela a vida pode realizar sua piracema e ousar chegar à fonte, retornar ao imanifesto, ao zênite da luz. Aí, nem mais as cores existenciam.

***

Tal água pulsativa, tal força rítmica que promove ligaduras e solturas de substâncias, tal operária de adaptações do transcendente para o imanente e do imanente para o transcendente, quando gesta os seres, sonha a si própria neles. Dorme neles. Em nós humanos e em outros animais, a alma nos convida a dormir, ela tem a noite como predileção, só se manifesta mais inteira em nossos sonhos. Sua ressonância se faz mais sensorial em nós, sentida em nosso corpo, se nosso sono for mais bem dormido. É com os sonhos noturnos que aprendemos a imaginar. As crianças começam a manifestar mais imaginação em suas brincadeiras à medida que seus sonhos noturnos começam a se complexificar e ficam mais presentes, mais sussurrantes.

Bendita é a morte quando se apresenta nos sonhos das crianças. Essa morte onírica, pois é aí que a alma toca a criança com seu semblante de infinitude, com sua carga de mistério. É uma espécie de batismo, uma iniciação no líquido da jornada. Talvez a morte seja a imagem mais líquida da alma. Talvez a morte seja a alma da alma. A alma, regente dessa infinidade de nascimentos, no fundo, de sua própria alma, se ocupa com assiduidade de seu tema essencial: a morte.

Não é à toa que, no reino das águas, na imaginação do mundo líquido, a morte tenha seu espectro mais ameaçador, mais temeroso, mais terrificante para a consciência diurna. A morte nas águas, o afogamento, ser atirado ao mar, ser devorado por feras marinhas são sempre imagens de dissolução, de perdição, de grande infortúnio, de liquidação.

Diz Bachelard:

> Por isso, quando se quiser entregar os vivos à morte total, à morte sem recurso, eles serão abandonados às ondas. Marie Delcourt descobriu, sob a camuflagem racionalista da cultura antiga tradicional,

o sentido mítico das crianças maléficas. Em muitos casos, evita-se cuidadosamente que elas toquem a terra. Poderiam contaminá-la, afetar-lhe a fecundidade e propagar assim a sua "peste". "Levam-nas o mais rápido possível para o mar ou para o rio." "Um ser débil que se prefere não matar e que não se quer pôr em contato com o solo, que é que se poderia fazer com ele senão colocá-lo na água dentro de um esquife destinado a afundar?" Quanto a nós, proporíamos elevar em mais um tom a explicação mítica tão profunda fornecida por Marie Delcourt. Interpretaríamos o nascimento de uma criança maléfica como o nascimento de um ser que não pertence à fecundidade normal da Terra; devolvem-na imediatamente ao *seu elemento*, à morte próxima, à pátria da morte total que é o mar infinito ou o rio mugidor. Só a água pode desembaraçar a terra.[15]

Mas a morte como total liquidação (saneamento de uma dívida) é apenas uma das imagens extremas e ameaçadoras do imaginário das águas, um assombro da força de irremediável transformação, um terror para os desejos de fixação, uma ameaça ao terreno reconfortante das neuroses.

De fato, desoprimindo esse susto, percebendo-o em sua operação criativa, a morte é o destino do mundo líquido. Em muitas das tradições de sabedoria, existe a lucidez de que o mais íntimo contato com a alma, essa maré grande, só se dá através da morte. Dá-se pela total aceitação de que o mundo das formas escorrega à decomposição, volta para o grande manguezal de Nanã Buruku e lá putrefa para ser remodelado. Segundo Reginaldo Prandi, Nanã é mãe das águas pretas do mangue, mãe dos homens[16], enquanto, para Pierre Verger, é a senhora da travessia, aquela que desafiou a pretensão de Ogum[17] em ser insubstituível. Aquela que avistou, desde a origem dos tempos, a humanidade se seduzindo para a

---

15. Gaston Bachelard, *A água e os sonhos*, p. 76.
16. Reginaldo Prandi, *Mitologia dos orixás*, p. 196.
17. Pierre Fatumbi Verger e Carybé, *Lendas africanas dos orixás*, p. 68.

exterioridade das técnicas e ferramentais, degenerando para a violência do aço. Nanã demonstrou a Ogum que não precisava de seus ferros para caçar, nem para criar da lama, nem para conduzir-nos à morte, de volta ao fundo do lago, à argila primeira.

Assim, o elemento água é essa cura e morte ao mesmo tempo, livramento e prisão, dor e redenção. Dubiedade, ir e vir, soltura e ligação, descarte e assimilação, fluência e resistência, é o elemento embaraçante primeiro e, ao mesmo tempo, condutor do desembaraço. É a profilaxia da vida, mesmo quando aprisiona por longo tempo alguém no pântano humoral das pesadas emoções. Esse molho, essa umidade pegajosa, essa tuberculose onírica é a enfermaria lenta e nauseabunda dos aspectos humanos que se negam a aceitar as corredeiras do descontinuado.

Por ser profilática, também é clara e cristalina, fresca e revigorante. É primaveril e doce. É regato manso e orvalho reluzente na aurora. Imagem emoliente do alívio e da renovação suave. É essa a água mais desejada, a mais dada às morais sociais e religiosas, a mais ligada à redenção. Almejamos essa água, como almejamos uma vida feliz. Como diz Bachelard, essas são as águas da poesia fácil, dos poetas superficiais, dos apelos pueris. Ou, por outra via, como dizem os floralistas, os pesquisadores do *quantum* das flores, essas são as águas da mansidão, da desinflamação, da graça, do amor incondicional.

O apelo cosmogônico, esboçado neste capítulo, é em favor de um entendimento da alma quando em estado líquido. Quando a alma, em sua maior potência metamórfica, enformativa e deformativa, depurativa e diluente, dando-se pelo estado de liquidez, arrasta padrões cristalizados, consciências fossilizadas, estados de impedimento, políticas de acomodação, para recambiar suas possibilidades e fecundá-las. Quando tal força transformadora se configura nas imagens humanas, é para assorear simbólicas estagnadas.

Mas tal apelo visa chegarmos melhor, mais embasados, aos estados de liquidez das coisas de criança. Nas águas da criança.

Para, com isso, melhor percebermos a condição da água como força cósmica helicoidando os sentidos da criança, seus modos de sonhar com recorrências, suas gestualidades em permanente arredondamento sobre si e desde si.

As águas das crianças são sempre mais próximas às águas refrescantes dos floralistas. No mar, as crianças brincam mais felizes e tranquilas onde brotam as flores do sal, onde afloram espelhos d'água, onde aflui a refração do sol com a lâmina líquida na areia. O mar, para as crianças, é a beira, a região de suspiro, de liberação de energia, onde o ar se encontra com a água (espuma), de fluxo e refluxo, das águas mansas, onde a flutuação pode ser observada.

O curativo mar da infância. Ele é a infância do mar, numa inspiração bachelardiana. É quando os primeiros seres foram saindo das águas e demoravam nas beiras, reproduziam nas beiras, se distendiam longamente, se alongavam, se acumulavam uns dos outros. Os corpos das crianças, nas beiras do mar, são corpos de origem aquática. São corpos muito viçosos em manifestar luz. Brilham úmidos, têm peles iridescentes, calor, graciosa e grande alegria. Rastejam melhor como em nenhum outro lugar. Não há quintal, rua, bairro, natureza melhor para o rastejo das crianças que a beira do mar.

Seguiremos, portanto, observando o interesse imaginário das crianças por essa farmacopeia líquida. Estudando com vagar quando elas, pelo brincar e pelo sonho, entram nos redemoinhos, nas linhas labirínticas, nas noites temerosas, nos vórtices centrípetos do mundo aquoso, buscando os nódulos de debulha e escoamento e os centros mais sinérgicos de coesão.

2

O alfaiate, o cosmo placentário e a Mãe d'Água

De si fazia pra si mesmo luzerna,
e eram dois em um, e um em dois.

Dante Alighieri,
A divina comédia – Inferno, XXVIII

Introito
    que avaliza e aventa
o inviolado valor
        de dentro

Henriqueta Lisboa, "Invólucro"

O elemento água se comporta e se move como se comportam e se movem – num grau infinitamente mais subjacente – as forças de criação. Talvez, na face material da energia, o elemento água seja a expressão melhor representada, melhor expressa de como o subjacente se move em seus estados mais diáfanos, em sua física sutil. A criação manifestou a água de modo a ser um testemunho perene e dinâmico de como, na origem, ela própria se moveu, e ainda se move, para gerar e depreender de si a vida manifesta?

No planeta Terra, a água materializa o movimento puro da cosmodinâmica. A água tem sua propriedade material inteiramente receptiva. Portanto, a energia, o princípio movente, facilmente se expressa por ela, imediatamente aí se movimenta e revela sua engenharia, o modo como trabalha para formular, dando base e sustentação, para que a vida venha ao viver.

Observaremos que esse movimento tem inumeráveis modos de expressão. Trabalha tanto na dimensão externa da forma, ou seja, na composição da própria forma, na própria pele, esqueleto, biologia dos seres, como também na interioridade, na subjetividade, na "mente", na ideação, na imaginação.

Podemos rastrear uma dimensão muito interior, na criança, onde esse movimento líquido trabalha. Uma dimensão mais íntima do que o sangue, mais íntima do que os líquidos da criança, mais íntima do que as lágrimas. Uma dimensão que, certamente, não deixa de estar, como relação de efeito, ligada às lágrimas, aos líquidos e ao sangue da criança. Sua causa é anterior. Formula-se numa atmosfera imaginativa.

Certamente o meio (o mundo) atinge o sangue, os líquidos da criança, fazendo-os ondular no lago imaginal, tremulando só em sua superfície ou criando correntes mais ao fundo. O mundo pode até ser um meio provocador para as nascenças de causas. Mas as causas, já inoculadas de memória e reminiscência, as causas do ser, talvez não nasçam propriamente do mundo.

Portanto, aqui, vamos nos ater em alguns exemplos de como encontrar as águas que habitam a vida anímica da criança e despertam a atuação de entes anímicos. Vamos trabalhar com algumas perguntas formuladas no primeiro capítulo deste estudo. Investigaremos qual o impacto do elemento água – enquanto animismo – na imaginação da criança. Não trabalharemos com a matéria em si da água. Não se trata, neste capítulo, de ver como a criança brinca com as águas na beira de um rio ou do mar. Isso veremos mais adiante. Aqui, queremos começar pelo começo, por onde o começo se faz iniciador.

Observaremos a substância imaginária da água, observaremos que essa água imaginária é viva e atuante, e que ela pode ser despertada, ativada, para certos propósitos. Rios correm no ato do imaginar. Assim como existem desertos do imaginar, existem também as fontes.

Procuraremos aqui o fenômeno líquido manifestando-se nas imagens de contos tradicionais e em impulsos brincados pelas crianças. Essa fenomenologia das imagens da água nos leva a perceber determinados estados, nos reconduz a princípios pedagógicos novos, revela um pulsar de profundas realidades transformadoras no íntimo das crianças.

Comecemos pelos contos. Devo transcrevê-los aqui na íntegra para que as imagens se presentifiquem no interior de cada um de nós e possam revelar-se. Devemos estudar buscando epifanias das imagens, revelação de sua força. É preciso senti-las. E, fundamentalmente, necessário é que durem em nossa percepção, para que só depois disso queiramos nos aproximar delas com alguma proposta hermenêutica. Aproximar-se com a sensibilidade e cordialidade de quem as ouve.

No conto "Os dois andarilhos", coletado pelos irmãos Wilhelm e Jacob Grimm, encontramos um primeiro aspecto da dinâmica imaginária do elemento água. Antes de tudo, devemos dizer que a escolha dos contos é uma opção por material antigo, composições de memórias trabalhadas em muitas camadas, em ambientes mais primários e universais da alma coletiva. Alma essa tanto humana quanto do mundo, da natureza. São documentos, em todos os povos, das fundações de nossa consciência, de estados pré-conscientes, de inter-relações originárias, simbioses do sentimento de si com as origens da vida, semblantes recuados dos quais a racionalidade tem parcos recursos para averiguar.

Esses contos tradicionais guardam os testemunhos mais simples e diretos do imenso movimento de nossos anseios espirituais. Nesses contos, vivem poderosas energias em forma de imagens. Eles têm o potencial – para os que mantêm ativo o seu animismo interior – de desobstruir canais perceptivos. Eram narrados para crianças e adultos numa época em que a alma habitava o mundo e o mundo habitava a alma. Numa época em que a imaginação era força de animismo atuante e ativa na vida das pessoas. Constituíam um ferramental filosófico, um pragmatismo construtor de realidades teleológicas, propedêuticas, para a consciência diurna. Um recurso democrático em que todas as camadas da população podiam referendar seus sensos de destino. Portanto, essa tapeçaria oral é das horas do feminino, acontecia na topografia nutricional, gestatória e repousante: nas casas, ao pé do fogo, nas varandas, nos quintais e também nas praças, nos encontros. A casa, no entanto, talvez seja seu primeiro entorno, a cozinha, a lareira, os beirais. Aí, o essencial da luta com a existência era revisitado, utilizando-se a candeia numênica das imagens.

Assim, para as crianças, os contos tradicionais dos povos, especialmente os que não têm autoria, mas que foram ruminados pela memória coletiva com muitas transformações e adaptações, contêm impulsos de vitalidade reprogramadora. Se neles mora o inconsciente do fogo, então o fogo será manifesto em virtualidade no campo ficcional da criança. Caso seja o ar que as imagens de um conto mais revelem, a criança será alçada para a perspicácia analítica, reflexiva, dos símbolos. Sendo a terra o reino predileto de imagens evocadas, certamente ali encontraremos o despertar da doçura e dos desejos de estar mais próximo de tudo. Já os contos com imagens das águas podem acionar desde níveis significativos de inquietação transformadora até elementos refrescantes de dissipação das tensões.

"Os dois andarilhos", traduzido aqui por Christine Röhrig, conta assim:

> Montanha e vale nunca se encontram, mas os filhos dos homens, uns bons, outros maus, esses se encontram, sim. E foi assim que, certo dia, em suas andanças, um sapateiro e um alfaiate se encontraram. O alfaiate era baixinho e muito bonito e estava sempre alegre e bem-disposto. Ao ver o sapateiro vindo do outro lado em sua direção e reparar que trazia uma mochila de couro com ferramentas, foi logo provocando com uma cançãozinha:
>
> – Costure bem a costura
> Aperte bem o barbante
> Passe graxa dos dois lados
> E não se esqueça do solado.
>
> Acontece que o sapateiro não achou graça nenhuma nessa musiquinha sem graça da graxa e, emburrado, com cara de quem bebeu vinagre, ameaçou avançar no colarinho do pequeno alfaiate. Mas o alfaiatezinho não se importou e, caindo na risada, foi logo oferecendo sua garrafa:
> – Não cantei por mal, tome um gole para ver se engole junto a sua raiva.
> O sapateiro tomou um tremendo de um gole, e a tempestade na sua cara aos poucos foi se dissipando. Então, ele devolveu a garrafa ao alfaiate e disse:
> – Me rendi a ela com toda a vontade. Sempre se fala da bebida, mas, da sede que mata, ninguém fala. Vamos caminhar juntos?
> – Por mim, pode ser – respondeu o alfaiate –, se você topar ir até uma cidade grande onde não falte trabalho para nós.
> – Mas é justamente para lá que eu quero ir – respondeu o sapateiro. – Numa vilinha, não se consegue ganhar dinheiro algum e, no campo, as pessoas preferem andar descalças.
> Assim, começaram a caminhar juntos, sempre um pé na frente do outro, como as raposas fazem na neve.
> Tempo os dois tinham de sobra, o que faltava mesmo era comida

e bebida. Assim que chegavam a uma cidade, andavam de um lado a outro oferecendo seus préstimos de artesãos. E, como o alfaiatezinho era animado e alegre e tinha as bochechas coradinhas, as pessoas sempre lhe davam alguma coisa. Em dias de sorte, até ganhava um beijinho de despedida da filha do seu empregador. E, quando voltavam a se encontrar, sua mochila estava sempre abastecida, bem mais cheia que a do sapateiro, que entortava a cara e dizia, rabugento:

– Quanto mais vagabundo, maior a sorte.

Mas o alfaiate logo começava a rir e a cantar e repartia tudo o que tinha com o companheiro. E, sempre que algumas moedinhas tilintavam em sua bolsa, pedia que lhe servissem do bom e do melhor, e tão alegre ficava que batia o punho na mesa com tanta força que os copos chegavam a pular e dizia, animado:

– Ganho fácil, gasto fácil.

Depois de caminharem por um tempo, chegaram a uma grande floresta, por onde passava a estrada que ia dar na capital do reino. Essa estrada abria-se em duas veredas: uma delas levava à cidade em sete dias; a outra, em dois. O problema era que não dava para saber qual delas era a mais curta. Assim, os dois andarilhos sentaram-se debaixo de um carvalho e discutiram o que deveriam fazer, quanto pão teriam de levar e para quantos dias. O sapateiro disse:

– Temos de pensar para além do que vamos caminhar. Vou levar pão para sete dias.

– O quê? – exclamou o alfaiate. – Carregar um peso nas costas por sete dias, como um animal de carga, sem poder olhar a paisagem? Confio em Deus e não me importo com nada. O dinheiro que levo no bolso é tão bom no verão como no inverno, mas o pão resseca no calor e fica embolorado. Por que não encontraríamos o caminho certo? Pão para dois dias é mais do que suficiente.

Então, cada um comprou seu pão e entraram na floresta, entregues à própria sorte.

Na floresta reinava um silêncio de igreja. Não se ouvia um sopro de vento, nem o murmúrio de um regato, nem o canto de uma ave e, por entre os densos galhos, não penetrava um raio de sol sequer.

O sapateiro não dizia palavra, dobrado sob o peso da carga de pão nas costas, e o suor escorria pelo seu rosto sombrio e aborrecido.

Já o alfaiate seguia alegremente, corria de cá para lá, assobiando ou cantando, enquanto pensava: "O bom Deus do céu deve estar bem feliz por me ver tão alegre".

Assim se passaram os dois primeiros dias, sem muitas novidades. Acontece que no terceiro dia eles ainda estavam bem longe de avistar o fim da floresta, e o alfaiate já tinha comido todo o pão. Então, seu coração fraquejou um pouquinho, mas não perdeu a coragem e confiou em Deus e na sua sorte. À noite do terceiro dia, deitou-se debaixo de uma árvore, pois sentia tanta fome que não podia prosseguir, e no dia seguinte acordou com mais fome ainda. O mesmo aconteceu no quarto dia, e, enquanto o sapateiro fazia a refeição sentado no tronco de uma árvore, o pobre alfaiate não tinha outro remédio senão ficar olhando, com água na boca. Se ele se atrevia a pedir um pedacinho de pão, o companheiro ria e zombava:

– Você sempre andou tão alegre! Agora, é bom experimentar o que se sente quando se está de mau humor. Os pássaros que cantam muito cedo pela manhã à tarde são devorados pelo gavião.

Em resumo, o sapateiro realmente era impiedoso.

Na manhã do quinto dia, o pobre alfaiate já não tinha forças para se levantar e estava em tal estado de fraqueza que não conseguia pronunciar nem uma palavra. As faces estavam pálidas e cavadas e os olhos, avermelhados. Então, o malvado sapateiro disse:

– Hoje, vou lhe dar um pedaço de pão, mas em troca vou furar seu olho direito.

O pobre alfaiate, que tinha grande amor à vida, não teve escolha. Chorou pela última vez com os dois olhos e depois entregou-se ao carrasco. O sapateiro, que tinha um coração de pedra, pegou uma faca bem afiada e com ela vazou o olho direito do alfaiate.

O alfaiate lembrou-se, então, do que sua mãe sempre dizia quando o pegava lambiscando na sala de jantar:

"Comer o que se pode e sofrer o que se deve."

Depois de comer aquele pão que custou tão caro, retomou o caminho.

Tratou de esquecer a sua desgraça e se consolou pensando que, apesar de ter um olho só, ainda podia enxergar bastante. Mas, no sexto dia, a fome voltou a atormentar seu coração. À noitinha, deixou-se cair ao pé de uma árvore e, na manhã do sétimo dia, a fraqueza impediu-o de se levantar, e ele viu a morte à espreita. Então, o sapateiro disse:
– Para mostrar que tenho piedade, vou lhe dar outro pedaço de pão. Mas não será de graça. Em troca, vou furar o seu outro olho.

Aí, o infeliz alfaiate reconheceu a sua imprevidência e, pedindo perdão ao bom Deus, disse ao companheiro:
– Faça o que quiser, eu sofrerei o que tiver de sofrer. Mas lembre-se de uma coisa: Deus vê tudo e chegará o dia em que você terá de prestar contas a Ele pelo mal que está fazendo, sem que eu o tenha merecido. Nos dias felizes, partilhei com você tudo o que possuía. Você bem sabe que o meu ofício é alinhavar ponto por ponto. Quando não tiver mais os olhos e não puder mais costurar, serei obrigado a andar por aí pedindo esmolas. Só peço a você que, quando estiver cego, não me abandone aqui sozinho, pois morrerei de fome.

Mas o sapateiro, que havia muito tinha expulsado Deus do coração, tomou a faca e furou-lhe também o olho esquerdo. Depois, deu-lhe um pedaço de pão, pôs um cajado em sua mão e conduziu-o atrás de si. Assim que o sol se pôs, eles saíram da floresta, e no campo que se estendia à frente erguia-se uma forca. O sapateiro conduziu o cego até ela, abandonou-o ali e retomou seu caminho. Exausto pela canseira, pela dor e pela fome, o infeliz alfaiate adormeceu e passou a noite em sono profundo. Quando amanheceu, ele não fazia ideia de onde estava. Da forca, pendiam corpos de dois malfeitores e na cabeça de cada um deles estava pousada uma gralha. De repente, um dos enforcados começou a falar e perguntou ao outro:
– Irmão, você está acordado?
– Sim, estou acordado – respondeu o outro.
– Escuta, sabe de uma coisa? O orvalho que esta noite escorreu dos nossos corpos e da forca devolve a visão aos cegos que lavarem os olhos com ele. Se soubessem disso, quantos deles não poderiam voltar a enxergar!

Ouvindo isso, o alfaiate pegou o lenço que trazia no bolso, esfregou-o na relva até ficar bem embebido de orvalho e lavou com ele as órbitas dos olhos. Imediatamente, realizou-se o que dissera o enforcado, e as duas órbitas se encheram com dois olhos alegres e brilhantes. Dali a instantes, ele viu o sol surgir de trás das montanhas e, diante dele, na vasta planície, avistou a grande cidade real, com seus esplêndidos portões e suas cem torres que ostentavam cúpulas douradas e cruzes cintilantes. De repente, conseguiu distinguir cada folha das árvores e ver o voo das aves e as danças dos insetos no ar. Tirou uma agulha da bolsa e, vendo que conseguia enfiar a linha no buraquinho tão bem como antes, seu coração saltou de alegria. Então, ele se ajoelhou e agradeceu a Deus pela graça recebida. Em sua oração matinal, não esqueceu de pedir pelos pobres enforcados que ali balançavam, impelidos pelo vento, feito badalos de sino. Depois, pôs a trouxa nos ombros, esqueceu todos os seus pesares e seguiu seu caminho cantando e assobiando.

O primeiro ser vivo que encontrou pelo caminho foi um potro baio que saltava livremente pela vasta campina. Querendo montá-lo para ir à cidade, pegou-o pela crina, mas o potro implorou que o deixasse:

– Sou muito novinho – disse o animalzinho –, e mesmo um alfaiatezinho magro como você me quebraria a espinha. Deixe-me correr livre por aí, até que eu fique forte! Talvez um dia eu ainda possa recompensá-lo por isso.

– Pois corra à vontade – respondeu o alfaiate –, estou vendo que é um bichinho saltador.

Depois, fustigou-lhe levemente o dorso com uma varinha, o que fez o potro saltar de alegria e sair galopando por entre sebes e valas. Mas o alfaiate não comia desde a véspera e sentia o estômago reclamando de fome.

– É verdade que o sol me enche os olhos, mas não tenho nenhum pão para a boca – murmurou ele. – Vou pegar a primeira coisa comível que eu encontrar pela frente!

Nesse instante, vinha uma cegonha marchando bem séria pelo campo em sua direção.

– Pare, pare – gritou o alfaiatezinho e agarrou-a pela pata. – Não sei se a sua carne é comível, mas a fome não me permite escolher: tenho de cortar sua cabeça e assar seu corpo.

– Não faça isso! – respondeu a cegonha. – Sou uma ave sagrada, útil aos homens, e ninguém me faz mal. Poupe a minha vida que um dia poderei recompensá-lo por isso.

– Está bem, dona pernalta, pode ir sossegada – disse o alfaiate.

A cegonha alçou voo com as compridas pernas penduradas e afastou-se lentamente.

– Onde isso vai dar? – lastimava-se o alfaiate. – Minha fome só aumenta e a minha barriga está cada vez mais vazia. O que me cair nas mãos agora estará perdido.

Nesse instante, viu dois patinhos nadando num lago.

– Vocês vêm bem a propósito – exclamou, e foi logo agarrando um deles para torcer-lhe o pescoço.

Mas uma velha pata, que estava escondida entre os juncos, começou a grasnar bem alto e, nadando de bico aberto em sua direção, suplicou, chorando, que poupasse os seus filhotinhos.

– Pense na dor da sua mãe, se alguém agarrasse você e acabasse com a sua vida! – disse a velha pata.

– Acalme-se – disse o bom alfaiate e colocou o prisioneiro de volta na água. – Pode ficar com os seus filhotes.

Então, assim que ele se virou, avistou uma grande árvore oca e centenas de abelhas silvestres entrando e saindo dela.

– Eis a recompensa pela minha boa ação! – exclamou ele. – Vou restaurar minhas forças com mel.

Mas a rainha das abelhas apareceu e o ameaçou:

– Se você tocar no meu povo e destruir o meu ninho, todas nós o cobriremos de ferroadas. Você vai sentir como se tivesse no corpo mil agulhas em brasa. Mas, se nos deixar em paz e seguir o seu caminho, um dia vamos lhe prestar um bom serviço.

O alfaiate viu que ali também não havia nada a fazer e saiu caminhando e pensando alto: "Três tigelas vazias e na quarta... coisa nenhuma. Não é uma boa refeição".

Assim, extenuado de fome, o pobre alfaiatezinho seguiu arrastando-se até a cidade. Quando lá chegou, estavam justamente soando as doze badaladas do meio-dia. Era o sinal de que o almoço estava sendo servido na estalagem, e ele só teve o trabalho de sentar-se à mesa. Quando terminou de comer fartamente, disse:

– Agora, também quero trabalhar.

Então, ele percorreu a cidade à procura de trabalho e logo encontrou um em condições que lhe convinham. Como sabia o ofício com perfeição, não demorou muito a tornar-se conhecido, e todos queriam um terno novo, feito por ele. Sua fama crescia a cada dia. E ele dizia:

– Não tenho como melhorar a minha arte, mas, mesmo assim, as coisas estão melhores a cada dia.

Sua fama foi crescendo, até que, um dia, o próprio rei tomou conhecimento dele e o nomeou alfaiate da corte.

Mas vejam só como são as coisas deste mundo! No mesmo dia em que foi nomeado pelo rei, o seu antigo companheiro de viagem foi declarado sapateiro da corte. E, quando este viu o antigo camarada com os dois olhos perfeitos, sentiu a consciência remoê-lo e, atormentado, pensou: "Antes que ele se vingue de mim, tenho de cavar uma cova para ele".

Mas quem cava uma cova para outra pessoa sempre acaba caindo nela. Uma tarde, depois de terminado o seu trabalho, o sapateiro foi secretamente procurar o rei e disse:

– Majestade, o alfaiate é um homem muito presunçoso e fica se vangloriando de que é capaz de encontrar sua coroa de ouro, perdida faz muito tempo.

– Alegra-me saber disso – disse o rei e, na manhã seguinte, ordenou ao alfaiate que lhe trouxesse a coroa de ouro ou deixasse a cidade para sempre.

"Opa", pensou o alfaiate, "só malandros é que prometem o que não podem cumprir. Se esse resmungão do rei exige de mim o que homem nenhum pode fazer, não esperarei até amanhã. Vou tratar de sumir hoje mesmo daqui."

Aprontou a trouxa e partiu. Mas, logo que atravessou o portão, arrependeu-se de renunciar à boa sorte e de virar as costas para a cidade onde tudo corria tão bem.

Continuou andando e chegou ao lago onde tinha feito amizade com os patos. Lá, à beira da água, estava justamente a velha pata a quem ele tinha poupado os filhotes, de pé à beira da água, alisando as penas com o bico. Ela logo o reconheceu e perguntou por que ele estava daquele jeito, tão cabisbaixo.

– Você não vai estranhar a minha aflição quando souber o que me aconteceu – respondeu o alfaiate e contou a sua desventura.

– Se for só isso – disse a pata –, deixe tudo a nosso cargo, que vamos ajudá-lo. Essa tal coroa caiu no fundo deste lago aqui e nós não temos dificuldade alguma em resgatá-la. Enquanto isso, estenda seu lenço aí na margem para recebê-la.

Em seguida, a pata mergulhou na água com os doze patinhos e, passados cinco minutos, voltou à tona nadando no meio da coroa, que sustentava com as asas, enquanto os filhotinhos, com os bicos debaixo da água, ajudavam a empurrá-la. Assim que alcançaram a beira do lago, colocaram a coroa sobre o lenço. Vocês não imaginam como a coroa era maravilhosa! Brilhava ao sol como um milhão de rubis. O alfaiate amarrou as quatro pontas do lenço e levou a preciosa coroa ao rei, que ficou muito feliz e, em sinal de gratidão, presenteou-o com uma corrente de ouro.

Quando o sapateiro viu que o golpe falhara, logo pensou num novo ardil e procurou o rei, dizendo:

– Majestade, o alfaiate redobrou de presunção. Agora, anda se vangloriando de poder reproduzir em cera todo o palácio real, com tudo o que tem dentro e fora dele, os móveis e tudo o mais.

O rei novamente mandou chamar o alfaiate e ordenou-lhe que reproduzisse em cera todo o palácio, com tudo o que havia dentro e fora dele, incluindo os móveis e demais adornos. Ao mesmo tempo, o rei o advertia de que, se ele esquecesse um só prego da parede, mandaria prendê-lo numa masmorra pelo resto da vida. O alfaiate pensou: "Ai de mim! As coisas aqui vão de mal a pior. Ninguém consegue aguentar uma coisa dessas."

Voltou a arrumar a trouxa e partiu.

Quando chegou à árvore oca, sentou-se debaixo dela muito triste e lá ficou, novamente cabisbaixo. As abelhas começaram a voar ao seu redor e a abelha-rainha aproximou-se dele e quis saber se ele estava com torcicolo, pois continuava com a cabeça na mesma posição.

– Não – respondeu o alfaiate –, é muito pior que isso.

Ele contou a absurda exigência do rei e disse que jamais conseguiria cumpri-la. As abelhas puseram-se a zumbir e a murmurar entre si, até que a rainha disse, decidida:

– Vá para casa e volte amanhã a esta mesma hora. Traga um lenço grande, que tudo correrá bem.

O alfaiatezinho regressou para casa e as abelhas voaram até o palácio, entraram pelas janelas abertas e penetraram em todos os cantos, examinando tudo minuciosamente. Depois, saíram apressadamente e reproduziram em cera o palácio, com tanta rapidez, que se podia vê-lo crescer a cada minuto. Assim que anoiteceu, estava prontinho, e, na manhã seguinte, quando o alfaiate chegou, o suntuoso edifício estava completo, sem que faltasse um só prego nas paredes, nem uma telha no telhado. Além disso, era todo branquinho como a neve e tinha um cheirinho doce de mel. O alfaiate envolveu-o cuidadosamente no lenço e levou-o ao rei, que não pôde conter a admiração. Mandou colocar a preciosidade no salão nobre do castelo e recompensou o alfaiate com uma grande casa de pedras.

Mas o sapateiro não se deu por vencido e disse ao rei:

– Majestade, chegou aos ouvidos do alfaiate que não jorra mais água do chafariz que está no pátio do palácio, e agora ele anda se exibindo dizendo que pode fazer jorrar água no mesmo lugar, da altura de um homem e límpida como cristal.

O rei então mandou chamar o alfaiate e ordenou:

– Se amanhã não houver um jorro d'água, da altura de um homem e límpida como cristal, no pátio do meu palácio, conforme você mesmo anunciou, aqui neste mesmo pátio o carrasco cortará sua cabeça.

O pobre alfaiate não titubeou e logo alcançou as portas da cidade e, como dessa vez se tratava da sua vida, as lágrimas rolavam pelas suas bochechas. Caminhava triste e desolado, quando, como que do nada, o potro a quem ele tinha concedido a liberdade e que se tornara um belo alazão surgiu na sua frente e disse:

– Chegou a ocasião de retribuir a sua boa ação. Eu sei por que você está triste, mas pode deixar que encontraremos uma solução. Pode subir na minha garupa sem receio, que agora já posso carregar dois do seu tamanho sem me fazer mal.

O alfaiate reanimou-se, saltou na garupa do cavalo, que galopou velozmente para a cidade e entrou direto no pátio do palácio real. Deu três voltas ao redor dele, rápido como o relâmpago, e, na terceira, parou subitamente. No mesmo instante, ouviu-se um ruído medonho, um estrondo enorme. Um grande torrão de terra saltou violentamente, como uma bomba, por cima do palácio, e, do mesmo lugar, jorrou um repuxo da altura de um homem a cavalo e a água cintilava límpida como cristal, refletindo os raios dançantes do sol. Ao ver esse espetáculo, o rei levantou-se no auge da admiração, desceu até o pátio e, tomado pela emoção, abraçou o pequeno alfaiate na frente de todo mundo.

Mas a sorte do pobre rapaz não durou muito. O rei tinha diversas filhas, uma mais bela que a outra, mas nem um único filho homem. O perverso sapateiro procurou o rei pela quarta vez e disse:

– Majestade, o alfaiate continua mais presunçoso do que nunca. Agora, anda se gabando de que, se quiser, pode fazer vir do céu um filho para Vossa Majestade.

Então, novamente o rei mandou chamar o alfaiate e disse:

– Se, dentro de nove dias, você fizer um filho vir do céu para mim, eu darei a você a minha filha mais velha em casamento.

"A recompensa é bem tentadora, mas as cerejas estão altas demais para mim e, se eu subir na árvore, com certeza o galho vai quebrar e eu cair com ele", pensou o alfaiate.

Assim, ele voltou para casa, sentou-se à mesa e pôs-se a refletir sobre o que deveria fazer. Por fim, chegou a uma conclusão:

– Não vai dar! Aqui não posso viver em paz, tenho de ir-me embora.

Novamente arrumou a trouxa e apressou-se em deixar a cidade. Ao atravessar a campina, viu sua velha amiga cegonha passeando para cá e para lá, detendo-se de vez em quando para contemplar alguma rã, que ela acabava engolindo mesmo. Assim que avistou o alfaiate, a cegonha o cumprimentou e disse:

– Vejo que está com a trouxa nas costas. Por que vai deixar a cidade?

O alfaiate contou as exigências do rei e lastimou amargamente sua triste sorte.

– Não fique de cabelos brancos por tão pouco – disse a cegonha. – Vou tirar você desse embaraço. Há muito tempo levo meninos do céu à cidade. Dessa vez, posso bem pescar um principezinho dentro do poço. Volte para casa e fique tranquilo. Daqui a nove dias, vá ao palácio e espere por mim.

O alfaiatezinho foi para casa e, no dia combinado, dirigiu-se até o castelo. Passados alguns instantes, chegou a cegonha num voo rasante e bateu na janela. O alfaiate abriu-a e a dona pernalta entrou cuidadosamente e caminhou gravemente pelo pavimento liso e brilhante de mármore. Trazia no bico um menininho lindo como um anjo que estendia graciosamente as mãozinhas para a rainha. A cegonha colocou a criança no colo dela e a rainha começou a beijá-la e apertá-la junto ao peito, rejubilante.

Antes de partir, a cegonha pegou a sacola que trazia nas costas e entregou-a à rainha. Estava cheia de confeitos e balas coloridas, que foram distribuídas às princesinhas. Mas a filha mais velha do rei não ganhou nada. Ganhou, sim, o alegre e bom alfaiate para marido.

– Ah, tirei o bilhete premiado! – exclamou ele, exultante. – Minha mãe estava certa quando dizia que, com fé em Deus e um pouco de sorte, a gente consegue tudo.

O sapateiro foi obrigado a fazer os calçados que o alfaiatezinho usaria no casamento. Depois, expulsaram-no da cidade, com proibição de nunca mais entrar nela. O caminho da floresta levou-o ao lugar onde se erguia a forca. Acabrunhado pelo calor, pela raiva e pela inveja, deitou-se no chão e adormeceu. As duas gralhas que estavam pousadas na cabeça dos enforcados aproveitaram a ocasião e, em meio a uma enorme algazarra, arrancaram os olhos dele. Sem saber o que estava acontecendo, o sapateiro levantou-se de um pulo e correu para a floresta, onde deve ter morrido, porque, desde aquele dia, nunca mais ninguém o viu nem ouviu falar dele.

No conto, elaborado pelos retalhos e camadas da memória coletiva, o elemento água se guarda de forma peculiar. Podemos perceber uma liquidez permanente alojada no tenso jogo dual entre os dois andarilhos.

Nossa busca por onde o elemento água se infiltra nas imagens, ou melhor, como ele trabalha na composição da narrativa, consiste em perceber o modo pelo qual um conto pode conduzir a imaginação da criança por corredeiras de muitas dobras. Pomo-nos a observar fluxos que o elemento água pode operar na percepção interior da criança.

Por essa perspectiva, a imagem do duplo nos salta como o primeiro e mais contundente elemento líquido do conto. O sapateiro e o alfaiate têm relação gemelar. São uma familiar imagem de muitos contos. Uma espécie de gêmeos primordiais como, na Bíblia, Esaú e Jacó, em que um nasceu agarrado ao calcanhar do outro. Os filhos lutavam no ventre de Rebeca (Gn 25,22). A intriga já anunciada. O combate e a perseguição, a traição e a ambição.

O duplo, na fantástica, se mostra em espelho. É a fonte, as águas que revelam a Narciso um Narciso com mais camadas. O duplo, o acompanhante, aquele ausente que o tempo todo está presente, que é a marca indelével de nosso caminhar, de nosso despertar, de nossos naufrágios. Ele não pode ser banido, afastado ou exilado por muito tempo. Ele sempre volta, sempre nos cobra, é o inquisidor de nossa atenção e energia. Especialmente nas situações cruciais, naquelas em que o existir não nos deixa duvidar de que a vida nos trabalha pela carne viva, pela flor da pele, pela extração infeccionada e supurada.

O gêmeo imaginário, ou a representação de gêmeos – aqueles não propriamente irmãos biológicos –, é um código de reminiscência nos contos e mitos, uma formulação que, em muitos aspectos, nos põe em contínuo contato com nossa existência pré-terrena, ligado à nossa vida placentária, ao tempo em que éramos aquáticos.

Bachelard nos lembra da vida simétrica, do aspecto de espelhamento das águas. Um espelhamento dinâmico, instável, que guarda em si a profundidade de um lago onde árvores se espelham, que guarda em si a serenidade de uma fonte que mostra a Narciso as faces de Narciso. "Ao ser diante do espelho pode-se sempre fazer a dupla pergunta: para quem estás te mirando? Contra quem estás te mirando? Tomas consciência de tua beleza ou de tua força?"[18]

Essa é uma percepção de nós próprios que nos aprisiona, nos seduz, nos faz mais naturais, evocativa de nossas artimanhas, essa possibilidade de, diante de nós, aprimorarmos nossos trejeitos de sedução e mascararmos nossas malignidades. Põe-nos em diálogo com um outro, ou outros, em nós.

Tal ideia de que a água guarda uma simetria, um espelhamento, uma companhia virtual, nos traz de volta à nossa gestação aquática, quando lá éramos acompanhados da placenta. Esse outro que nos acalenta e acompanha por toda a gestação. Esse duplo (órgão do bebê) que se fixa na parede do útero nos primeiros dias da fecundação e já gera envoltório do embrião será o médium entre o sangue da mãe e o da criança. Esse outro, um cuidador que trabalha pela produção do leite materno e filtra toxinas para que elas não atinjam o feto, ele é o gerador do invólucro tátil e aquoso (saco vitelino), ele é o nosso primeiro cosmos material, nossa mais umbilical parceria. É uma companhia gemelar.

A placenta é um outro idealizado. Uma companheira que se ausentará logo após o nascimento, mas que se manterá como presença construída durante nove meses. Na sua ausência, se formulará um lugar de acomodações e inconsciências que jamais pode vir à luz. Nesse "ali", agora vazio (depois do nascimento), se formará novamente um invólucro para coisas gestadas, ou o esconderijo de incompletudes, ou a flutuação de derivas que não querem devir. Em suma, continuará sendo placenta, tendo qualidade de membrana (cuidadora), só que, agora, nas formulações subjetivas da criança.

---

18. Gaston Bachelard, *A água e os sonhos*, p. 23.

O primeiro lugar de morada uterina, um ali, sempre será um lugar, sempre existirá e cumprirá uma função em nossa arquitetura de pouso, repouso, abrigo, e, portanto, naturalmente cumprirá um propósito imorredouro no assento de nossa individualidade. Por isso mesmo o imaginário das culturas povoa com inumeráveis histórias esse lugar de personagens gemelares. Com personagens duplos, em que um deles é uma espécie de placenta psíquica do outro, do herói da história. É o responsável pela simbiose do herói com o mundo. Afirma Peter Sloterdijk:

> Nessa medida, "ventura e infelicidade do sujeito" dependem inteiramente da qualidade de membrana psíquica que ao mesmo tempo lhe faculta e lhe veda o acesso ao mundo. O gêmeo é como uma eclusa através da qual se realiza o metabolismo entre o sujeito e o mundo. O grau de sua abertura determina a seca ou a inundação. Se a membrana do acompanhante não é porosa o bastante para deixar passar volumes crescentes de mundo, ela pode se tornar uma prisão para o sujeito, separando-o do chamado mundo exterior ou, melhor dizendo, das esferas extrassimbióticas. Se o acompanhante, ao contrário, é perdido muito cedo em consequência de um incidente traumático, se permanece por muito tempo indiferente ou ausente, o sujeito sofre um choque de abertura e tomba "para fora" no êxtase maligno da angústia de aniquilação, dando-se conta de um exterior exosférico no qual ele próprio não se suporta. Os dois extremos – o autismo do gêmeo e o medo patológico do exterior como lugar de destruição – fornecem consequências características do fracasso do acompanhante em seu funcionamento como membrana. Nelas se observa o que uma excessiva ou insuficiente proteção do espaço pode provocar nos primeiros processos psíquicos.[19]

O sapateiro do conto funciona como essa membrana que insere o alfaiate na aventura do mundo. Ele, já no primeiro diálogo

---

19. Peter Sloterdijk, *Esferas I* – Bolhas, p. 399.

com o alfaiate, anuncia, de modo velado, sua companhia funesta, a água pantanosa de sua presença. Depois de beber um trago da água ardente que o alegre alfaiatezinho ofereceu, disse: "Me rendi a ela com toda a vontade. Sempre se fala da bebida, mas, da sede que mata, ninguém fala. Vamos caminhar juntos?"

A sede que mata, a grande ausência, a grande incompletude. Fala-se muito da ânsia, do desejo de entorpecência, da vontade de inconsciência, do alheamento, mas nunca do vazio, do não saciado, das vacas ósseas, da formação precária, da deformação, do exíguo, do exílio.

Esse anúncio do sapateiro, uma secreta advertência ao alfaiate do porvir de sua travessia. O navegar em seu mar amniótico, o lugar farto das águas, a bolha formativa e quente, a membrana mediadora e cuidadora prestes a ruir prenunciam o fim do paraíso flutuante e protegido. Logo virá a seca, o tombo, o deserto.

Sair dessa água morna e aprazível não parece ser o propósito do alfaiate. Na verdade, parece-lhe muito difícil abandonar essa fartura cósmica, essa certeza de proteção permanente, essa confiança inabalável na mediação, na camada porosa que lhe proverá sem medida, sempre garantindo toda nutrição, todo cuidado, toda maleabilidade, ante os impactos e pesos do exterior.

O doce alfaiatezinho, querido e amado, que recebe beijos das filhas de seus patrões nas portas dos fundos, que sempre está de bolso cheio, tem energia vital de sobra, gasta sem mesuras, é generoso, corado, alegre, cantarolante, conquistador, desenhador hábil de peles, capas, estilos e aparências para os nobres, nutridor das alegrias pueris, está prestes a ter que contatar a vida como uma ameaça. Sua companhia saturnina, mortal, indelével e persecutória, em forma de insuficiência placentária, logo lhe trará sinal do tempo. Seu gêmeo brutal, uma placenta avarenta. Determinada a mostrar-lhe, por gestos impiedosos, o que acontece quando a vida líquida, a mediação placentária, é pouco porosa, é fraca, e constantemente invadida. Mostrará quando a membrana anímica não é cultivada, quando os sonhos da criança são depreciados ou atirados aos cuidados de avarezas pedagógicas. O gêmeo se rebela, se retira, se torna tirano, se mostra tenaz em arregaçar o mundo, em atirar seu companheiro no exterior. O gêmeo, nesse caso o sapateiro, é uma placenta insuficiente, indiferente, que deixou as toxinas penetrarem no embrião; já não nutre, é a impiedosa rutura que desaba o sujeito na vida.

Na travessia dos dois andarilhos, qualquer direção escolhida tem seu peso, sua consequência, mas leva a um único ponto. Aparentemente, só o sapateiro está atento a isso. Pois o alfaiate zomba das precauções exageradas, do ceticismo, da pouca alegria em caminhar de seu acompanhante. O alfaiate acredita que, levando seu dinheiro, seus mecanismos de sedução e graça, obterá tudo aquilo de que precisa, inclusive da providência divina. O alfaiate está por sua doce ingenuidade, por seus idílios sem mácula, não conhece a dureza. Enquanto o sapateiro prepara sua pesada carga de pão para durar sete dias, ele também anuncia o estabacar-se próximo do pequeno e incauto alfaiate.

Para toda busca de fonte há sempre uma seca a atravessar, e a trilha dos sete dias foi a escolhida. Aqui, inicia a jornada em que o duplo prova até as últimas consequências a força de superação do alfaiate. Em que a arrogância cultural, em conluio com a placenta, tenta, por todas as medidas, ferir de morte a criança, fazendo, em sua membrana imaginante, rasgos e lesões supurantes. O primeiro atentado à atmosfera protegida é quando, no terceiro dia, a fome estremece o coração do pequeno alfaiate, e no quarto o faz enfraquecer, já o corroendo no quinto dia. Ali, sem forças, ele aceita entregar seu olho em troca de pão. Será o pão de cada dia – os alimentos civilizatórios – por nós oferecido à criança um alto custo à sua fonte perceptiva?

Olho-d'água. Chora suas últimas lágrimas com aquele olho que será arrancado, dá pela última vez passagem por esse canal d'água interior. O sapateiro começa seu trabalho de estancamento, opera proibitivamente na vida do alfaiate. O rio não poderá mais correr. Lágrimas são águas proibidas. São águas de sal expressando o manancial límbico, emocional, o grotão primeiro dos sonhos. O coração deve se calar, impedido está de uma de suas fontes. O olho-d'água começa a secar, a placenta já se exime, já se ausenta, já aspira expulsar o imaturo desejo de existência, a alma infante do alfaiate é destinada à subsistência.

O olho é a única água exposta em nosso corpo. Afora isso, tudo o que é membrana, quase líquida, em nós, está internalizado, recoberto, protegido. Os olhos estão à vista e medram. Gotejam nossas sensibilidades, exsudam a beleza, especialmente quando ela é extática (tramada com a dor). Lágrimas são águas cardíacas. Um ser seco de lágrimas já foi desterrado no solo calcinado, já foi expulso, o êxodo de si já o feriu de morte. A isolação dita terríveis restrições simbióticas.

Uma criatura de lágrimas, de muitas lágrimas, de lágrimas fáceis como a criança, está desimpedida, é absorvente, suas correntezas estão livres, seus riachos se inundam com as lunações, responde instantaneamente, inteiramente empática ao que lhe diz o coração. Criança chora muito quando a querem ferir de imobilismo, chora também quando os seus se ferem, chora pelo excesso de toxicidade invadindo sua placenta anímica, chora por saudade, chora de birra (água desgovernada), chora sensibilizada, quando tomada de imaginação.

Sabemos que as lágrimas não dependem dos olhos para realizar dispensações. Mas olhos são as superfícies onde lágrimas lavam a alma, limpam as formas do ver. Lágrimas imprimem *poiesis* ao ver. Essa solução enzimática acalma o corpo, descomprime os vasos, distende e dá alimento à visão. Lágrima é fonte que não falta. Não seca. Mas violências estancam à força, culpabilizam, envergonham as lágrimas.

Sempre é um refrigério – fios d'água descendo montanhas – ter olhos para chorar! Choro, mesmo duradouro, antevê algum repouso. Mas o alfaiate, agora estancado de um lado da face, prossegue. Agradecido por ter sua vida e ainda manter o outro aparelho de ver brilhos, de capturar cintilâncias, de constatar milagres, segue na companhia extraordinariamente impiedosa de seu "com".

E conta o conto:

Mas, no sexto dia, a fome voltou a atormentar seu coração. À noitinha, deixou-se cair ao pé de uma árvore e, na manhã do sétimo dia, a fraqueza impediu-o de se levantar, e ele viu a morte à espreita. Então, o sapateiro disse:

– Para mostrar que tenho piedade, vou lhe dar outro pedaço de pão. Mas não será de graça. Em troca, vou furar o seu outro olho.

Aí, o infeliz alfaiate reconheceu a sua imprevidência e, pedindo perdão ao bom Deus, disse ao companheiro:

– Faça o que quiser, eu sofrerei o que tiver de sofrer. Mas lembre-se de uma coisa: Deus vê tudo e chegará o dia em que você terá de prestar contas a Ele pelo mal que está fazendo, sem que eu o tenha merecido. Nos dias felizes, partilhei com você tudo o que possuía. Você bem sabe que o meu ofício é alinhavar ponto por ponto. Quando não tiver mais os olhos e não puder mais costurar, serei obrigado a andar por aí pedindo esmolas. Só peço a você que, quando estiver cego, não me abandone aqui sozinho, pois morrerei de fome.

O irmão gêmeo, o companheiro mais íntimo do alfaiate, rasga-se de vez como membrana e atira o infeliz no chão duro, escarrado desde a fenda líquida que o guardava. O coração de pedra do sapateiro é metáfora de tenazes ramificações.

O conto, nesse ponto, parece inverter a direção de nosso entendimento. O grau de crueldade do sapateiro nos coloca num constrangimento interno. Provoca-nos esse ato absolutamente extravagante. Essas extravagâncias, no mundo das imagens, são quase sempre rastros. Especialmente quando se tornam expressionistas e magnetizam pelo grau da impiedade. Não cremos na total fatalidade desse ato que põe em retirada todas as esperanças do feliz alfaiatezinho. Essa imagem brutal, ao mesmo tempo que nos choca e comove, toca o fundo da expressão, tudo fica sem saída e, portanto, aciona uma virada de perspectiva, abre uma possibilidade diante da aparente tragédia.

Na imaginação da criança, existem, intatos, os recursos de transmutação de qualquer situação insólita. Logo a vida imaginária intui que haverá uma saída para o alfaiate. Mesmo adultos, calejados da fatalidade no viver, recebem um influxo, oculto nas imagens, de solução, de renovação. A fantástica transcendental, o mundo imaginário, segundo seus mais diletos discípulos, é o reino da esperança.

Com os dois olhos furados, o alfaiate é de vez abandonado pelo sapateiro placentário. Ainda, depois de expulso do paraíso uterino, mantém por pouco tempo o cordão umbilical o sustentando, segurando um pau, conduzido na outra ponta pelo sapateiro, é rebocado para fora da floresta e largado debaixo de uma forca, sob dois enforcados suspensos.

Talvez esse conto seja um bom guia, uma investidura para a pesada transição da educação infantil para o ensino fundamental. Talvez seja essa trama de interesse das crianças que começam a chorar, lacrimejar, lamentar o fim de sua primeira infância, com saudade da magia que as sustentava. Talvez seja útil para alimentar a criança que já pressente a brutalidade das obrigações da máquina de moer da escolarização.

O conto não se exime de trazer à tona as águas mais turvas que se guardam em silêncio dormente. Pois seu trabalho tende ao purificante. A água, como substância da vida, tende majoritariamente à pureza. Assim diz Bachelard:

> Aliás, o maniqueísmo da água pura e da água impura não é um maniqueísmo equilibrado. A balança moral pende incontestavelmente para o lado da pureza, para o lado do bem. A água tende ao bem. Sébillot, que examinou um enorme folclore das águas, espanta-se com o pequeno número de fontes malditas. "O diabo raramente está em relação com as fontes e muito poucas trazem o seu nome, ao passo que um grande número delas recebe a denominação de um santo e muitas a de uma fada".[20]

---
20. Gaston Bachelard, *A água e os sonhos*, p. 146.

Mesmo a placenta anímica de uma criança, sua imaginação, cumprindo a função de duplo, ou seu amigo imaginário cumprindo esse lugar do gêmeo (membrana), estando por um período em águas turvas, em líquido amniótico infectado, essa ameaça terá sempre transmutações purificantes da substância benigna que é a água.

Depois do périplo de redemoinhos e afogamentos entre o sapateiro e o alfaiate, culminando na aparente desgraça do infeliz sonhador, é possível perceber que um deles não é tão incauto assim, nem o outro tão brutal, como somos levados a pensar. O combate é um só trabalho tensionado em dois.

Veremos alguns aspectos, daqui por diante, dessa luta de resistência. O central no combate pela preservação da alma, aparentemente estancada, é sua tromba d'água, seu estouro, como um gêiser, vitalizando de onirismo a consciência da criança. Consciência que agora nasce para as qualidades discriminatórias do pensar, para os aspectos conceituais e as abstrações do tempo, para as particularidades do outro, para a inserção e o desejo de participação nos códigos culturais. O despertar doravante acontece. A consciência, portanto, necessita de reposição do hormônio anímico, pois as novas qualidades do pensamento agora não apenas sonham; o pensamento agora se quer mais e mais pensante. Quanto mais pensante, mais água consome e menos hidratada fica a consciência se não houver reposição sonhante, imaginante, plasticizante. Para que a consciência se desenvolva como uma sistêmica de rede, de interconexão profunda, com força sincrética atuando na construção do conhecimento, precisará de mais liquidez imaginária, maior campo inspirativo, mais forças de reminiscência, mais doses de imaginação material (não só da água, mas do fogo, da terra e do ar). A criança, quando conclui sua primeira infância, tende a ser expulsa, pelos parâmetros de desenvolvimento da civilização, da força criadora do imaginar. Mas, agora, ainda mais, sua saúde imaginária será indispensável para fazer a profilaxia de um pensamento implicado no fundo existencial. Pensamento criador só se ramifica no mundo, só se concretiza em ciência, arte, filosofia, geometria, pelos fios sarapintados do imaginar. Pelas águas restaurativas dos deuses.

O sapateiro se revela como um auspicioso ativador dos poderes interiores do alfaiatezinho. Leva-o à quase morte para operar tal façanha. A forca (*crucis*) é o anúncio da ressurreição. A suspensão, uma mimese da crucificação, é o sinal da ventura. Ser largado, cego, debaixo de dois condenados suspensos, é o máximo degredo em direção ao centro. Nessas condições, só nos sobra um âmago, nada mais é periférico, tudo o que conseguiu sobreviver confluiu para um centro. Só o essencial sobrevive.

Como os olhos já não mais se distraem, o ouvido governa. Os dois enforcados anunciam a água subliminar. Diz o conto:

> Da forca, pendiam corpos de dois malfeitores e na cabeça de cada um deles estava pousada uma gralha. De repente, um dos enforcados começou a falar e perguntou ao outro:
> – Irmão, você está acordado?
> – Sim, estou acordado – respondeu o outro.
> – Escuta, sabe de uma coisa? O orvalho que esta noite escorreu dos nossos corpos e da forca devolve a visão aos cegos que lavarem os olhos com ele. Se soubessem disso, quantos deles não poderiam voltar a enxergar!

O orvalho nasce ainda sob a influência da luz noturna, quando a temperatura cai e o vapor se condensa, o líquido pousa, gotas se compõem, de cima, em tudo abaixo. A água escorre delicada e suavemente pelos caules e filamentos das plantas e repousa em seu estado natural, esférico, em forma de gotículas. Copas, flores, relva, pelos de animais, teias de aranhas e a terra recebem essa membrana úmida que amanhece irisada pelo sol. Uma observação minuciosa de orvalhos faz entrever na água uma liga de matizes. As cores da natureza se comunicam e intercambiam seus humores pictóricos no espelhamento brilhante das gotas.

O orvalho transluz de finíssimas películas em gotas. Uma camada vibracional de água e sol se instala como microesferas cristalinas sobre as peles da natureza. Esse enlevo delicado vem da água das árvores e rios porejada na atmosfera e apanhada pelas temperaturas da noite. O orvalho é filho da noite. Filho das plantas, dos lagos, do mar, e é absorvido pelo ar, suspenso na atmosfera das noites claras, para depois, condensado, se entregar aos corpos, repousar.

Eis uma água restaurada ao seu estado original. O ar captura, incorpora em si o vapor d'água. Inverte a evaporação. Inocula-se de liquidez e a derrama de volta. Essa água grávida criou muitas imagens na vasta agricultura metafórica dos povos. Há sempre um estado de renovação ligado a ela. Há sempre uma aura sobrenatural, epifanias e hierogamias ligadas pela imagem do orvalhar. Essa é uma água divinizada por ser uma delicada e discreta fecundação. O elemento água, ativado pelas ondas de energia da luz solar, provoca um despertar na flor, eletrifica a flor, que exala, de si para aquela água, uma sua característica, ou, num modo antigo de dizer, estila sua vida humoral naquelas gotas. Orvalho que entumece, no alvorecer campal, o buquê rubro de uma primavera, não é apenas água pousada na flor. É flor marinando de suas qualidades na água. É água transpirada de um modo de ser, de um modo de cor, de uma aspiração da vida que se revela cromática, ou seja, se revela numa capacidade peculiar de dialogar com a luz. Por quais escolhas nos brutalizamos ao ponto de não vermos mais que cada flor é um estado colorido, corante (coração), de existência?

O poder de fecundidade do orvalho transmite, quase sempre, uma significação contemplativa. As iluminuras do orvalho repousam o sentimento na lírica. A intuição se acrescenta à paisagem, para além do que o olho vê, mas pela promessa que ali se guarda. O orvalho é uma imagem de raro enlevo. Esconde o segredo de que esse mundo sensorial só pode existir por haver uma intensidade maior de mundo em qualidade matrística, noutra região da criação. Ele é uma promessa e dádiva na imagística de muitas nações da Antiguidade. Em todo o Antigo Testamento prenuncia milagre.

Acompanha e sinaliza o maná, esse alimento etérico, materializado do cosmos, para alimentar um povo em sua diáspora. Na mitologia hindu, o orvalho se confunde com o soma dos iogues, um gotejamento de condensação interior, o néctar fluídico propiciatório da comunhão maior. Na mitologia grega, é o sêmen de Zeus, como chuva de ouro, fecundando a mulher que dará à luz Perseu. Também pode ser presumido da dor de Eos, a deusa da manhã, que abre os dias em sua carruagem multicor para o nascimento de Hélio, e chora (orvalha) por ver seu amado Titono, que jamais poderia morrer, definhando, de tão velho, para a forma de uma cigarra.

Portanto, em nosso conto dos dois andarilhos, o anúncio dos enforcados deu ao alfaiatezinho – todo ouvidos – a saída sublimática para seu infortúnio. O orvalho, que recolheu o dom da forca por tê-la matizado de translúcido, o curaria, devolveria seus olhos. A água santificada, magnetizada pelo sacrifício dos dois suspensos, guarda o milagre restaurador.

A forca como simbólica sacrificial é um estado de consciência, uma imagem vertical, tende ao alto, mesmo que pendendo para baixo. A água suavemente destilada da noite se consubstancia no sacrifício dos enforcados. As gotas recolhem da morte suspensa, do sacrifício ascensional, do suplício por asfixia no madeiro (assim também se dá na cruz), a possibilidade da ressurreição, uma nova oportunidade. O orvalho santificado restaura da desorientação, da cegueira.

E o pequeno alfaiate agora segue seu périplo mais humildemente atento. Ao longo do caminho, vai abandonando seus apetites (oral, linguagem-mãe) e necessidades em favor dos animais (o outro) que lhe surgem como possibilidade de abrandar sua fome. Com isso, aos poucos, acumula vitórias das quais não se apercebe. Segue dando outra qualidade à sua fome, que já não o exaspera tanto. O orvalho da forca é um néctar inigualável, alimento substancioso. O desejo de comer (predar) talvez tenha começado a se pacificar quando o alfaiate usa a regra do justo em si. A acuidade de Nietzsche bem proferiu sobre a injustiça da qual não nos livramos, quando reconhece que "falar do justo e do injusto *em si* carece de qualquer sentido; *em si*, ferir, violentar, explorar e exterminar naturalmente nada apresenta de 'injusto', pois a vida é, essencialmente, isto é, em suas funções básicas, ofensiva, violadora, exploradora e exterminadora, não se podendo em absoluto concebê-la sem esse caráter"[21].

Mas o duplo está perfeitamente vitalizado e pronto para continuar medindo seu companheiro univitelino, uma sentinela dissecando as tendências procrastinantes do alfaiate. E cria novos redemoinhos e intrigas em sua nova vida, agora na corte, uma vida no mundo dos deveres.

Essa é uma saga de transição. As crianças do final de sua primeira infância de passagem para a segunda têm aqui uma ponte, uma constelação de símbolos transeuntes, preparatórios, companheiros, numa nova jornada. O elemento água como fonte de dissolução das dificuldades é a virtualidade contínua do conto. São imagens de desobstrução e refrescamento. Novas qualidades acerca do mundo precisam nascer, metamorfoses na criança necessitam acontecer.

O alfaiate, portanto, segue encontrando animais, que são códigos das águas restaurativas. Como ele é dado às águas, conhece o murmúrio das fontes, pois já se curou na mais sublime delas, o orvalho. Ele fala a língua desses bichos, que, na verdade, são disfarces do elemento água. Nessa altura, e desde a conversa dos enforcados na forca, o conto fica ainda mais atuante no mundo dos sonhos, parece-se inteiramente com um sonho, nos faz sonhar. Assim, vai dialogando naturalmente com os bichos. Pela súplica do potrinho, não monta nele. Pela invocação da cegonha, que se apresenta como sagrada, ele não a come. Com o desespero da velha pata, ele se comove e não parte o pescoço do filhote dela na beira do lago. Obedece à repreenda e ameaça das abelhas e não toca em sua colmeia.

Logo, essas criaturas do mundo interior, do interior da natureza, da vida bravia, se revelarão como sinais de que já está na hora de o

---

21. Friedrich Nietzsche, *Genealogia da moral*, p. 84.

alfaiate libertar-se da imagem de sua placenta rota e de águas paradas, aliviar-se do sapateiro, esse companheiro que força a invasão e ao mesmo tempo é proibitivo, impeditivo, mau aguado. É tempo – mesmo que abrupto – de jorrar-se, de nascer para uma esfera maior de relações, de criações, de aberturas. Logo, os animais poupados se mostrarão amparos às investidas, perigosamente ameaçadoras, do sapateiro. A criança necessita se fortalecer em suas primeiras relações com os deveres do mundo, com os enquadramentos culturais. Aprender a se pôr no mundo, aprender sobre intromissões. Simbioses são tratos indeléveis com o transcendente, o fora e o dentro são embaralhados.

O estado fuxiquento do sapateiro são pesados e arrastados limos da alma. Sussurros internos, pensamentos que agonizam na lentidão do pântano e não se calam enquanto borbulham na superfície, apodrecendo por dentro a vida placentária da criança, sua vida anímica, apressando o destino, expondo-a logo à secura dos deveres, às responsabilidades do tempo que o próprio tempo não assume.

Mas é justamente da água densa que o movimento nasce. É por meio do peso viscoso e imobilista das intenções do sapateiro que o alfaiate – mesmo quase desistindo, quase sucumbindo, quase regredindo a cada desafio, tentando fugir da cidade pelo improvável cumprimento das provas, querendo ir de volta ao interior, ao sem forma, sem movimento, dormente – vai redescobrindo todas as faces revitalizadas de seu próprio duplo maligno.

Não esqueçamos: o sapateiro faz sapatos, acessórios de caminhar, modos de percorrer o mundo. Quando se examina – de cima a baixo – uma pessoa, quer-se saber também (às vezes principalmente) de seus sapatos, de qual halo se compõem os passos, de qual forma se faz o caminhar, de como se carreira o viver, de onde se parte *(status)* e para onde se vai. Fetiches múltiplos enxameiam em torno dessas vestes – objetos os mais sedutores – para os pés. São artefatos que melhor encalçam nosso destino.

Assim, cada superação de provas, cada solução encontrada pelo alfaiate, no final das contas, é uma graça advinda do forjador de destinos que habita o próprio alfaiate: o sapateiro. Cada animal é uma espécie de renovação das águas contaminadas, uma desobstrução da consciência estagnada vivida pelo alfaiate em seu duplo, o sapateiro.

As patas trazem do fundo das águas, assentada no lodo, na água escura e lenta, a coroa. Desde a Antiguidade desaparecida, não se permitia a renovação do reino. Há muito, uma intencionalidade viciada e decrépita mantinha o velho rei num estado de quase inação. Todos os brilhantes reluzem ao sol. O reluzente da coroa é a consciência do reino, é uma operação de novidade, um evangelho, renova os tempos, configura os símbolos remissivos. Um rei sem sua coroa é um rei sem consciência, perdido, protocolar, sem força de insurgência, sem governo, dado aos fuxicos do tempo, não alude a um amanhã, desconhece seu reino. "Todo menino é um rei [...] mas quá! Despertei!"[22]. A criança é convidada a um primeiro despertar.

Mas, antes de buscar a coroa no fundo do lago, a pata mãe pede ao alfaiate que prepare um lenço e o estenda na margem. Traz a coroa junto com os filhotes e a põe sobre o lenço. Assim também as abelhas põem o palácio de cera sobre o lenço. Do mesmo modo a cegonha leva a criança ao reino num lenço sustentado pelo bico. O lenço é uma membrana, sinal placentário, a lenta regeneração da bilha maligna, sua transformação em emoliente conjuntivo, continente. O restabelecimento do diálogo da criança com suas fontes de energia imaginante, seu lugar de segurança, sua linguagem gestativa para mediar com o exterior.

Primeiro, a coroa é levada em sua placenta (lenço) ao rei. A consciência, em suas novíssimas qualidades, encontra seu espaço de nascimento, pode vir ao mundo, será recebida, bem recebida. A criança não precisa se sentir ameaçada em finalizar, num esgarçamento, sua fase idílica da primeira infância. A ameaça é atenuada, suas forças anímicas estão em guarda, ela ainda seguirá sonhando, o direito de imaginar será sustentado, põe-se a confiar na bondade do mundo. A coroa da criança, o nascimento de sua

---

22. Nelson Rufino e Zé Luiz do Império, *Todo menino é um rei*.

consciência pensante, poderá acontecer na vida placentária do sonho, aos poucos, amparada por essa membrana filtrante.

O palácio de cera mimetizado, em miniatura e com perfeição, pelas abelhas, chega ao rei também embrulhado num lenço. A réplica é uma insígnia das águas espelhadas, do espelho d'água, da imagem projetada do mundo exterior. É preciso miniaturizar o mundo para dele se aproximar com inteira admiração. Esse mundo miniaturizado do palácio, visto incansavelmente pelo rei, é seu próprio mundo, só que, agora, reencantado, posto em seu lugar de férias, pois "a vida real caminha melhor se lhe dermos suas justas férias de irrealidade"[23], nos diz Bachelard. O rei, aqui, é como um Narciso na fonte: aprofunda-se em sua imagem própria, mira, como num espelho, seu palácio, seu reino.

Depois de restaurar a coroa e ativar as forças elucidativas da consciência, o rei se vê. Observa-se não pelo seu corpo no espelho, seu eu individual, mas pela sua regência e compromisso com a comunidade, vê-se pelo seu palácio. E não cansa de se admirar: "[...] rei, que nao pôde conter a admiração", refere o conto dos dois andarilhos. Esse é um Narciso aprofundado, vê pelas águas, e não pelo espelho. Ver-se pelas águas não tem fim, não se sabe o que existe debaixo delas; ver-se pelo espelho é visão direta, numa superfície muito clara, logo atrás se prevê o que há. A visão de si no lago, nas águas de uma fonte, de um ribeiro, integra as árvores do entorno, o céu, os tons ao redor, o fundo escuro, as sombras, uma visão periférica, um simultâneo ainda não visitado.

Portanto, o palácio de cera é mais uma terapêutica placentária, recoloca a criança no lastro de sua alma, na admiração de seu mundo próprio, em sua riqueza interior; é uma segunda camada, que previne o alfaiatezinho de não despencar tão secamente num mundo todo narcísico, e a criança, de não se perder em pedagogias tão autocentradas, em sérias utilidades tão à superfície, em urgências tão fugazes, quando postas diante do ser.

---

23. Gaston Bachelard, *A água e os sonhos*, p. 25.

O terceiro nascimento, a terceira desobstrução dos fluxos vitais do alfaiate é o encontro com a verdadeira natureza do potro, agora um cavalo, agora inteirado de sua energia. Esse animal de forças ctônicas, do fundo dos movimentos assombrosos, anuncia o ruído da passagem do tempo, a angústia do transitório, a sanha de liberdade, o pesadelo; ele é uma pulsão trovejante. Em muitos povos, o cavalo é ligado às águas. O Posídon grego, a força oceânica, é senhor das profundezas de terra e mar. Deus do abalo subterrâneo, senhor das fontes, é também o cavalo e o poder de seus cascos.

O rugir dos oceanos, sua truculência intrépida nos rochedos, é associada ao trovejar dos cascos do cavalo. O abalo é um elemento tanto das águas quanto de um de seus símbolos – nesse caso, o cavalo. As ondas observadas da praia, quando quebram e se movem velozmente, formam procelas com rugidos em intenso movimento, mais parecendo manadas de cavalos se atropelando uns sobre os outros, vindo em direção à areia.

Assim, o potro, agora maduro, com capacidade para suportar tranquilamente dois alfaiates, se dispõe, em retribuição por ter sido deixado livre, a ajudar na tarefa do pequeno herói. O alfaiate, montado no cavalo, montado no próprio abalo dos interditos e obstruções, segue em disparada para a praça central, no pátio do palácio. Com três voltas ribombando os cascos no chão, tomba, permitindo a explosão do gêiser de água pura que imediatamente é tocada pela luz do sol. A membrana de terra é atirada ao alto como uma bala.

A criança sente os cascos sísmicos desse cavalo imaginal. Há uma ação direta do elemento água fremindo a energia da criança presa no subterrâneo, contida sob o pátio central de seu reino de infância. O desejo inventivo, transformativo, inspirativo arromba sua passagem. Essa é uma imagem, um hormônio imaginal que, se contado de forma cíclica, com intencionalidade desobstrutiva, contém pulsação hidrelétrica, abre comportas, rompe estagnações, aciona o transcurso de dramas para outros estágios de desenvolvimento.

Portanto, em nosso conto, o reino está prestes a se renovar, a consciência na iminência de receber todo o refrigério e frescor da fonte. Tudo há de se revitalizar. Pois a última tentativa de obstrução do sapateiro, a mais difícil tarefa imposta ao alfaiate, de dar à luz um bebê, dar origem a uma total renovação que já habitava na consciência do velho rei, mas que ainda não achava seu lugar de expressão, era o milagre dos milagres.

O rei está pronto para se entregar, preparado para se doar para a plena regeneração. Agora, uma nova ordem coletiva há de se manifestar. Renovação trazida numa membrana placentária pendurada no bico da ave-mãe, ave celestial. E tudo, portanto, se restaura. E o sapateiro, atônito, banido, é punido, cegado pelas gralhas da forca. Seus olhos d'água pútrida são estancados. Afunda-se, portanto, já diluído, liquidado, sem identidade, dragado pela escuridão da floresta.

Esse maravilhoso conto tem imagens gestativas para crianças negligenciadas, expostas muito cedo à dureza das instituições de cuidados, aos mercados de terceirização do colo. Crianças enxotadas do útero familiar, expulsas de seu mundo mágico, obrigadas ao decaído mundo do aprendizado escolar, rompidas de seus cordões, de seus elos umbilicais, entregues muito cedo às creches e babás, terão de se haver com o ressentimento dessa placenta rota.

Em substituição ao abraço gestacional que nos envolvia e amparava, mas que foi perfurado e magoado, criamos, desde o nascimento, companhias subjetivas, muitas vezes implacáveis com nós mesmos, criamos gêmeos e "amigos" invisíveis que impõem duramente uma resposta, à altura da travessia hercúlea: ser uma identidade, apesar desse outro demolidor em mim.

A dureza inicial do conto tem força suficiente para gerar ondas sísmicas, animismo de degenerescência (terremoto) numa interioridade cristalizada, paralisada, que precisa dissolver coagulações e permitir irrigação livre, boa água em todo o sistema. Boa água, nesse conto, é água que se enriquece da energia solar, é água ionizada dos componentes químicos da biosfera. A coroa, quando sai do fundo do lago, resplandece com seus brilhantes ao sol;

o castelo de cera tem os tons alvos da luz áurea (cera e mel) do sol; a fonte, quando brolha das fendas abertas pelos cascos do cavalo, logo é enriquecida pela força solar; a criança é trazida pela cegonha da escuridão do poço e transportada na luz do ar. A água aqui é o reagente universal, o curso transformador ativado pela luz. As transformações são em camadas, rítmicas, organizando a criança para se incluir fora, no exterior, nas coisas do mundo.

Portanto, esse é um conto mais apropriado para crianças do quinto ou sexto ano de vida em diante. Ele trabalha nos lampejos de consciência nascente. Mesmo que não nascente de forma natural, mas prematuramente afugentada de sua hidrosfera onírica. Assim, o conto atua melhor quando os elementos analíticos, da análise racional, começam a se formular, quando a dura passagem (desterro) para o ensino fundamental começa a se impor. Nesses tempos de mortificação, a criança pressente o fulgor de sua energia imaginal sendo arrastado para a mesa de autópsia da dissecação escolar. O sapateiro rude do ensino fundamental trabalhará para arrancar os dois olhos d'água, as nascentes imaginárias da criança.

***

Devemos, portanto, seguir nossa busca pelo animismo das águas. Seguiremos ainda por meio de mais um exemplo de conto tradicional e depois buscaremos, no fenômeno da brincadeira e também na matéria da noite, aspectos de manifestação dessa *anima* líquida. Na matéria da noite e no brincar também escoam fios d'água, igarapés serenos, riachos corredios, orvalhos amanhecidos, marés e mares escuros.

Seguindo pela floração das águas – flores negras de azul-lazúli – na vida sonhada, usaremos um segundo exemplo de conto tradicional, evidenciando mais um aspecto do trabalho realizado pelo elemento água na inteligência vital das crianças. Aqui nos aproximaremos da magia desse elemento. Sua capacidade de restaurar estados encantatórios feridos. Quando a luz espiritual da criança é embotada, explorada, invadida e arrancada de sua atmosfera intemporal.

O conto é da tradição brasileira, recolhido pelo prolífico folclorista Luís da Câmara Cascudo. A narração é oral, de um pescador do Rio Grande do Norte:

> O velho Antônio Alves, um dos mais antigos pescadores de Natal, contou esse conto, dizendo-o conhecido em todo o litoral. J. da Silva Campos ("*O Folk-Lore no Brasil*", edição comentada por Basílio de Magalhães, Rio de Janeiro, 1938) recolheu dois episódios na Bahia. […] Ao contrário de minha versão, a Mãe d'Água provoca a cólera do marido, fazendo-o quebrar o juramento de não arrenegar os habitantes das águas. Conseguem livrar-se e retomam a vida anterior nos rios e lagos. Nos contos registrados por Silva Campos há visível coloração negra. Os maridos ficam ricos e se tornam pobres depois de divorciados das encantadas mulheres. No conto nº XLVI, a Mãe d'Água entra na correnteza cantando: – "Zão, zão, zão, zão – Calunga – Olha o munguelendô – Calunga – Minha gente toda – Calunga – Vamos embora – Calunga – Para minha casa – Calunga – de baixo d'água – Calunga – Eu bem te dizia – Calunga – Que não arrenegasses – Calunga – De gente de debaixo d'água – Calunga". E todas as cousas a seguiam e com ela se sumiram no rio. […] A tradição brasileira da Mãe d'Água é diversa. […][24]

Nessa mesma nota, Câmara Cascudo identifica diversas influências, de muitos povos, nesses contos. Importante também notar que, para além dessas migrações narrativas, ocorrem as migrações arquetípicas. Não são propriamente resíduos culturais, orais, deslocando-se no tempo histórico. Mas elementos oníricos se reproduzindo e proliferando desde o meta-histórico, ganhando

---

24. Luís da Câmara Cascudo, *Contos tradicionais do Brasil*, p. 74 (nota).

suas feições narrativas à medida das afinidades com os elementos encontrados na natureza.

Nas regiões de muitas águas, no Brasil, a energia imaginal, quando se expressa, como em um conto, está encontrando na matéria água uma afinidade semântica. Um mito das águas nasce para falar da própria natureza do elemento água. É a água falando. Portanto, é perfeitamente natural que em tantas culturas haja parecenças desses contos, pois eles dão voz à água. É de espantar que uma tal inteligência, sobre e por dentro dos seres, da terra, não tenha o que expressar, não tenha o que nos comunicar, não se formule numa linguagem.

Antes de trabalhar com o conto propriamente dito, quero dimensionar a ideia de que a água fala. Denotar a fala do fluido sustentador por meio dos contos, citando o nível de penetração da água em todo o planeta e em nossas vidas, através da obra de Theodor Schwenk, *El caos sensible*. Cito esse aspecto da influência fisiológica da água para justamente demonstrar suas repercussões na alma da criança. Toda ação do meio em nossos corpos, especialmente as constitutivas, é um diálogo profundo com nossa subjetividade e memória; portanto, habita nossos modos de sonhar, desejar, narrar, criar cultura, existir.

Diz Schwenk[25]:

---

25. Theodor Schwenk, *El caos sensible*, p. 13.

Asciende en forma de vapor procedente de los océanos, mares y ríos, sumándose a las grandes corrientes atmosféricas que circulan alrededor de la tierra. Cuando llega a áreas frías, como al ascender por las laderas de las montañas, se condensa en forma de nubes y posteriormente desciende en forma de rocío, lluvia, nieve o granizo. Pero es tan sólo una pequeña parte de las precipitaciones (algo más de un tercio) la que afluye a los arroyos y ríos, los cuales la conducen al mar. El resto se evapora nuevamente en la atmósfera y sigue su camino por las grandes vías aéreas de bajas presiones u otros sistemas de corrientes. [...] Ya sea en las corrientes marinas, o bien llevada por las grandes corrientes aéreas, o precipitándose nuevamente sobre la tierra, nos la encontramos siempre fluyendo en el recorrido de sus pequeños o grandes sistemas circulatorios. Al llegar al seno del mar, parece como si hubiese alcanzando su mayor objetivo. Pero no se detendrá ahí. Será arrastrada y transportada por las grandes corrientes marinas por las que seguirá circulando, ya sea en la superficie o en las profundidades, las cuales están surcadas por gigantescos sistemas circulatorios. [...] El mundo de las plantas toma parte, en gran medida, en el ciclo del agua. Las plantas están compuestas predominantemente de agua. Un inmenso río de agua transpirada por sus estomas asciende de praderas, campos y bosques. Una hectárea de bosque puede transpirar a la atmósfera en un día de verano hasta 40.000 litros de agua. Es así como el mundo de los vegetales participa directamente en los grandes procesos del organismo terrestre. Constituye una fracción considerable del camino que el agua recorre sobre el globo terrestre. Por esto no podemos hablar de sistemas circulatorios autónomos en cada planta. Su corriente de savia no es sino una parte de un sistema circulatorio del que ella misma forma parte y que continúa por un lado en la atmósfera y por otro en la tierra. Las plantas son auténticos sistemas capilares, a través de los cuales el agua – verdadera sangre de la tierra – circula y efectúa intercambios con la atmósfera. Podemos decir que tierra, atmósfera y mundo vegetal forman reunidos un vasto organismo en el que el agua circula como si se tratase de sangre vivificante.[26]

Esse mesmo ciclo, aponta Theodor Schwenk[27], ocorre no sistema circulatório, dentro dos animais e humanos:

> *Lo que para los vegetales sobre la tierra constituye un inmenso sistema circulatorio, lo llevan los animales y el hombre encerrado en un pequeño espacio y lo mueven las mismas leyes y ritmos que hacen circular el agua fuera, en el seno de la naturaleza*[28].

Portanto, a água percorre, por dentro, todos os sistemas rítmicos dos seres e dos espaços que compõem a terra. A água é o fluido que vitaliza e renova todo o sistema. Meio pelo qual as substâncias se comunicam, transformam e dão estrutura à vida dos seres. Desde pântanos, correntes aéreas, marinhas, geleiras, lagos, aquíferos, ou

---

26. Tradução nossa: "A ascensão se dá na forma de vapor, procedente dos oceanos, mares e rios, juntando-se às grandes correntes atmosféricas que circulam ao redor da Terra. Quando alcança áreas frias, como ao subir pelas encostas das montanhas, condensa-se em forma de nuvens e posteriormente cai em forma de orvalho, chuva, neve ou granizo. Mas é apenas uma pequena parte das precipitações (pouco mais de um terço) que flui para os córregos e rios, que, por sua vez, a conduzem ao mar. O resto evapora novamente para a atmosfera e continua seu percurso pelas grandes vias aéreas de baixa pressão ou outros sistemas de correntes. [...] Seja nas correntes marinhas ou transportada pelas grandes correntes aéreas, ou ao precipitar-se novamente sobre a terra, encontramos a água sempre fluindo em seus pequenos ou grandes sistemas circulatórios. Ao atingir o seio do mar, parece como se tivesse alcançado seu maior objetivo. Mas não se deterá ali. Será arrastada e transportada pelas grandes correntes marinhas pelas quais continuará circulando, seja na superfície ou nas profundezas, que são percorridas por gigantescos sistemas circulatórios. [...] O mundo das plantas participa consideravelmente no ciclo da água. As plantas são compostas predominantemente de água. Um imenso rio de água transpirado pelos seus estômatos ascende de prados, campos e florestas. Um hectare de floresta pode transpirar para a atmosfera, em um dia de verão, até 40.000 litros de água. É assim que o mundo vegetal participa diretamente dos grandes processos do organismo terrestre. Constitui uma fração considerável do caminho que a água percorre sobre o globo terrestre. Portanto, não podemos falar de sistemas circulatórios autônomos em cada planta. A corrente de seiva é apenas uma parte de um sistema circulatório, do qual a própria planta faz parte e que continua, por um lado, na atmosfera e, por outro, na terra. As plantas são verdadeiros sistemas capilares, através dos quais a água – a verdadeira seiva da terra – circula e realiza trocas com a atmosfera. Podemos dizer que a terra, a atmosfera e o mundo vegetal, juntos, formam um vasto organismo no qual a água circula como se fosse o sangue vitalizante".
27. Theodor Schwenk, *El caos sensible*, p. 14.
28. Tradução nossa: "O que para as plantas sobre a terra constitui um imenso sistema circulatório, os animais e o homem o carregam dentro de um pequeno espaço e o movem pelas mesmas leis e ritmos que fazem circular a água fora, no seio da natureza".

o coração de um beija-flor, de uma rã ou de um humano, cada um desses territórios de pulsação está interligado numa rítmica planetária, inseparável, cuja teia é sustentada pela eletricidade líquida.

Nesse contínuo ciclo de morte e ressurreição, o elemento água se densifica ao máximo argiloso e plasmático para transportar e transmutar minerais e substâncias, para depois se exsudar ao vapor na tarefa diáfana e, por que não, sublime, de se imantar das propriedades do ar e da luz e derramar-se novamente às profundidades da terra e às entranhas da vida, renovando-a toda. Um eterno movimento sacrificial vive o elemento água. Uma entrega. Um modal incondicional de absoluto serviço. Opera em regiões que sequer suspeitamos existir em nós e, menos ainda, trabalha em quantas mortes e renascimentos de células e substâncias houver, mantendo nossos corpos em incessante labor cognitivo.

Assim, é cristalino e descomplicado que a água, como elemento inundante dos bebês e das crianças, fala desde o mais interno nelas, fala como elo de todo o sistema. Demonstra suas qualidades e virtudes em muitos de seus estados perceptivos e expressivos, comunica suas capacidades de atuar não só do ponto de vista bioquímico, mas anímico, afetivo, emocional. Vejamos, portanto, mais um desses modos de expressão do elemento água no conto "O marido da Mãe d'Água":

> Era uma vez um moço pescador muito destemido e bom que lutava com as maiores dificuldades para viver. Ultimamente o vento mudara e quase não havia peixe. Passava horas e horas na praia, com a pindaíba na mão e os peixes fugiam dele como o Diabo da cruz. O rapaz estava mesmo desanimado e dormia com fome mais das vezes. Numa noite de luar estava ele querendo pescar e o peixe escapulindo depois de comer a isca. A noite foi avançando, avançando, o luar ficando alvo como a prata e caindo mesmo a friagem. O rapaz não queria voltar para sua casinha sem levar nem que fosse um peixinho para matar a fome.

Já ia ficando desanimado quando começou a ouvir umas vozes cantando tão bonito que era de encantar. As vozes foram chegando para mais perto, mais perto, e o rapaz principiou a olhar em redor para ver quem estava cantando daquele jeito. Numa ponta de pedra apareceu uma moça bonita como um anjo do céu, cabelo louro, olhos azuis e branca como uma estrangeira. Ficou com o corpo meio fora d'água cantando, cantando, os cabelos espalhados, brilhando como ouro.
O pescador ficou todo arrepiado, mas criou coragem e disse:
– Que desejais de um cristão, alma penada?
A moça respondeu:
– Não sou alma penada, cristão! Sou a Mãe d'Água! Nunca uma pessoa me perguntou alguma cousa e sempre eu dei, e jamais me ofereceram auxílio. Tens coragem?
– Tenho – declarou o rapaz.
– Queres pegar peixe?
– Quero!
– Pois sacode o anzol onde eu estou. Deves vir todas as noites até o quarto minguante e só pescar de meia-noite até o quebrar da barra.
Abanou a mão e mergulhou, sumindo-se.
O rapaz fez o que ela tinha aconselhado e pegou tanto peixe que amanheceu o dia e não pudera carregar tudo para casa.
Nunca mais viu a Mãe d'Água mas, no tempo da lua, vinha pescar e foi ficando mais aliviado da pobreza. Os meses iam passando e ele ficando com saudade daquela formosura. Uma noite de luar, estando na pesca, ouviu o canto da Mãe d'Água e, largando tudo, correu na confrontação da cantiga. Quando a Mãe d'Água botou as mãos em cima da pedra o rapaz chegou para junto e, assim que ela se calou, o pescador agradeceu o benefício recebido e perguntou como pagaria tanta bondade.
– Quer casar comigo? – disse a Mãe d'Água.
O rapaz nem titubeou:
– Quero muito!
A Mãe d'Água deu uma risada e continuou:
– Então vamos casar. Na noite de quinta para sexta-feira, na outra

lua, venha me buscar. Traga roupa para mim. Só traga roupa de cor branca, azul ou verde. Veja que não venha alfinete, agulha ou cousa alguma que seja de ferro. Só tenho uma condição para fazer. Nunca arrenegue de mim nem dos entes que vivem no mar. Promete?

O rapaz, que estava enamorado por demais, prometeu tudo e deixou a Mãe d'Água, que desapareceu nas ondas e cantou até sumir-se.

Na noite citada o pescador compareceu ao lugar, trazendo roupa branca, sem alfinete, agulha ou cousa que fosse ferro. Antes de o galo cantar, a Mãe d'Água saiu do mar. O rapaz estava com um lençol bem grande, todo aberto. A Mãe d'Água era uma moça tão bonita que os olhos do rapaz ficaram encandeados. Enrolou-a no lençol e foi para casa com ela.

Viveram como Deus com os Santos. A casa ficou uma beleza de arrumada, com um-tudo, roupa, mobília, dinheiro. Comida, água, nada faltava. O rapaz ficou rico da noite para o dia. O povo vivia assombrado com aquela felicidade que parecia milagre.

Passou-se um ano, dois anos, três anos. O rapaz gostava muito da Mãe d'Água, mas de umas cousas ia se aborrecendo. A moça não tinha falta, mas, na noite de quinta para sexta-feira, sendo luar, ficava até o quebrar da barra na janela, olhando o mar. Às vezes cantava baixinho que fazia saudade até às pedras e aos bichos do mato. Às vezes chorava devagarinho. O rapaz tratava de consolar a mulher, mas, com o correr dos tempos, acabou ficando enjoado daquela penitência e principiou a discutir com ela.

– Deixe essa janela, mulher! Venha dormir! Deixe de fazer assombração!

A Mãe d'Água nem respondia, chorando, cantando ou suspirando na sina que Deus lhe dera.

Todo mês sucedia o mesmo. O rapaz ia ficando de mal a pior.

– Venha logo dormir, mulher presepeira! Que quizila idiota é essa? Largue essa mania de cantiga e choro virada para o mar! Você é gente ou é peixe?

E como o melhor já possuía em casa, deu para procurar vadiação do lado de fora, chegando tarde. A Mãe d'Água recebia-o bem, não se queixando de nada e tudo ia correndo com satisfação e agrado por parte dela.

Numa noite o rapaz foi a um baile e ficou a noite inteira dançando, animado como se fosse solteiro. Nem se lembrava da beleza que esperava por ele em casa.

Só voltou de manhã e foi logo gritando pelo café, leite, bolos e mais cousas para comer. A Mãe d'Água, com paciência, começou fazendo mais que depressa o que ele dissera, mas não vinha na rapidez do corisco.

O mal-agradecido, sentando-se numa cadeira, de cara franzida, não tendo o que dizer, começou a resmungar.

– Bem feito! Quem me mandou casar com mulher do mar em vez de gente da terra? Bem feito. É tudo misterioso, cheio de histórias. Cousas do mar... hi... eu te arrenego!

Logo que disse essas palavras, a Mãe d'Água deu um gemido comprido e ficou da cor da cal da parede. Levantou as duas mãos e as águas do mar avançaram como um castigo, numa onda grande, coberta de espuma, roncando como um bicho feroz. O rapaz, morrendo de medo, deu uma carreira de veado; subindo um monte perto da casa. Lá de cima se virou para ver. Casa, varanda, cercado, animais, tudo desaparecera. No lugar estava uma lagoa muito calma, pegada a um braço de mar. Ao longe ouviu uma cantiga triste, triste como quem está se despedindo do mundo.

Nunca mais viu a Mãe d'Água.[29]

O pescador mitológico é uma voz das águas, um contador das coisas pouco vistas na terra, uma testemunha dos acontecimentos do mar, um mensageiro do elemento movente. Ele, por esse contato com a matéria líquida mãe das imagens, recebe dons, predileções, qualidades mágicas. Como exemplo, podemos citar Glauco, filho de Nereu, o deus sábio marinho, o velho do mar, outrora pescador; ou mesmo Perseu, que, cuidado por um pescador, viveu como ele,

---

29. Luís da Câmara Cascudo, *Contos tradicionais do Brasil,* p. 72-74.

mesmo sendo filho de um deus, gestado pelo sêmen de Zeus feito em orvalho de ouro no ventre da princesa Dânae; e também Jesus, um deus, o pescador de homens.

O pescador é fisgador de almas, ou, de modo mais interiorizado, é pescador de si. Aquele que encontra autênticos motivos para sua própria travessia, para o definitivo contato com as forças dos fundos substanciosos. Aquele com disponibilidade para o estranho e para o diálogo com os invisíveis: "Que desejais de um cristão, alma penada?", como pergunta o pescador à Mãe d'Água.

Quando o pescador do conto se encontra com a Mãe d'Água, ele estranha, se encandeia e, ao mesmo tempo, embolado de ofuscação, começa a se mover na saudade, na nostalgia de algo incognoscível. Essa saudade, quando consome o pescador, é uma encruzilhada. Possibilidade ou perigo. Um tempo propício ou infortúnio. É, na friagem, no orvalho da madrugada, uma água benta de minúsculas esferas de prata tingidas do luar, que a Mãe d'Água eletriza, por seu canto, as águas, agora apaixonadas, do pescador. Pelo canto sobrenatural, essa espécie de dom oceânico, a Mãe d'Água comove e ordena o mundo.

Até as pedras e os animais sentem saudade, ali no murmúrio baixinho da Mãe d'Água. Nas almas comprimidas por suas obsessões, o canto dela é melancolia, fado, tristeza pegajosa. É um acordar muito doloroso do torpor prisional do cotidiano, do torpor cultural, tão bem assentado e devidamente convencido de sua realidade. A maioria não suporta a friagem desse despertar. Vemo-nos, muitas vezes, tuberculosos por ter que deixar as necessidades miúdas. Despertar, despregar desses torrões argilosos é acordar no sonho, no mundo das águas, numa consciência que opera no sonhar. Não é letargia da consciência, mas mergulho no elemento que, por sua natureza, tende às coisas sonhadas. A água é uma saudade do sonho, o contato com ela é sonhante. Saudade, no étimo anímico, quando nos toca, acorda-nos numa origem.

As crianças pressentem bem a saudade. Não fazem dela dor. Não se sentem de todo no arquetípico pântano broncopulmonar de Augusto dos Anjos, que se vê "filho do carbono e do amoníaco", como "monstro de escuridão e rutilância" lutando, agonizando, e que "desde a epigênesis da infância" vive e sofre "a influência má dos signos do zodíaco" e, por natureza constrangida, sente-se "profundissimamente hipocondríaco"[30]. Isso é da matéria respiratória adulta. A matéria criança respira mais com brânquias em correnteza. Corre, nada, dada não à origem estagnante de um passado, a uma origem inanimada, mas nada veloz nos estados de origem.

A criança é hábil pescadora por ser ela peixe. É nativa. Sua consciência é do tecido das tarrafas. A linha do pescador sugere possibilidade vinculativa. Mediação entre o não formado, ainda não dado, e aquilo que será gerado, posto numa forma. A linha do pescador é a continuidade e a ponte entre realidades, por isso ela sempre captura algo surpreendente. Captura uma célula zigoto, uma vida capaz de multiplicar viventes, um peixe mágico, uma mãe d'água.

Isso acontece de modo incondicional no conto dos irmãos Wilhelm e Jacob Grimm "O pescador e sua mulher". Com tarrafa, o pobre, fiel e constante pescador captura um peixe, o rei dos mares. O peixe clama por liberdade, e o pescador despretensioso e humilde o liberta. Generosamente, a supercélula zigoto, o peixe deus, se dispõe a atender qualquer pedido do pescador, que, já sendo ele apaziguado com tudo, nada pede, mas sua mulher, aferrada à forma, despenca-se de insaciáveis pedidos, até receber do peixe uma lição de regresso, recomeço. Tudo na vida dela é desfiado até quase nada, ou até um começo que precisa começar novamente, agora sem queimar etapas, sem compulsões.

Esses mesmos desejos desmedidos também se encontram no conto de Marina Colasanti "A moça tecelã". A tecelã criadora tece os dias e todas as coisas, nada lhe falta, até que um dia sente a necessidade de tecer um companheiro e, com ele, as pulsões irrefreáveis. A fiandeira ficou escrava de sua criação. Mas a tecelã

---

30. Augusto dos Anjos, "Psicologia de um vencido".

deusa, ao mesmo tempo que de si tudo doou, tudo fiou, também tudo desfia. Desteceu veloz todo o desatino do marido e, inclusive, ele, que viu o nada subir-lhe pelo corpo, "tomou o peito aprumado, o emplumado chapéu" ("A moça tecelã")[31]. Esse conto líquido de Marina conta dessa ondulatória, dessa rítmica compositiva se movendo por meio de infinito tecido, gerando formas e mais formas, labirinto para um Teseu desvendar, ou mesmo vencer. É nessa matriz de formas e linhas labirínticas que vivemos, não raramente sob o chicote impiedoso de nossas pulsões.

A linha do pescador é o traço vinculativo do conto, a vontade de aproximar o incomunicável do mundo comum. De fibrilar no comum os tons do inaudível. A linha de pesca é um gesto nas imagens do conto. As linhas, os fios são marcas dos fluxos, imagens do elemento líquido, aspectos da tessitura da vida, da formulação dos seres, são as cordas umbilicais das nascentes. Veremos, adiante, um pouco mais sobre as linhas e suas funções de geração, metabolismo e metamorfose.

Sigamos investigando as qualidades de doação e destruição das forças das águas. Agora, por uma imagem aparentemente distante da Mãe d'Água do nosso conto, mas de um mesmo núcleo simbólico da criação da vida sensível. Naveguemos por uma imagem da travessia oceânica de Camões. Homens de proas que rasgam o "salso argento"[32], o sal líquido, muitas vezes comparado ao deserto e às regiões obscuras de seres malignos. Aquele que, segundo Mircea Eliade, ensolarou o oceano latino, Luís de Camões, narrou a sina dos homens nas imensas vagas d'águas. Abriu as imensidades da própria natureza do mar. Talvez por isso mesmo a alma portuguesa tanto tenha cantado a saudade. Seria a saudade filha do mar? Foi esse o tesouro descoberto nas águas atlânticas?

Do mar, Camões reabre, desde a Antiguidade clássica, grandiosas imagens, expande a potestade do elemento água. Num

---

31. Marina Colasanti, "A moça tecelã".
32. Luís de Camões, *Sulcando o mar – Poemas de Os lusíadas*, p. 13.

anúncio macabro, que ao mesmo tempo ufana a altura da tarefa dos navegadores, mostra que as virgens regiões oceânicas, a prata de sal, navegada por tão atrevido povo, é uma invasão espúria e terá um preço.

Diz o canto V, 37-44, de *Os lusíadas*:

> 37
> Porém já cinco Sóis eram passados
> Que dali nos partíramos, cortando
> Os mares nunca de outrem navegados,
> Prosperamente os ventos assoprando,
> Quando hũa noite, estando descuidados
> Na cortadora proa vigiando,
> Hũa nuvem, que os ares escurece,
> Sobre nossas cabeças aparece.

> 38
> Tão temerosa vinha e carregada,
> Que pôs nos corações um grande medo;
> Bramindo, o negro mar de longe brada,
> Como se desse em vão nalgum rochedo.
> "Ó Potestade (disse) sublimada:
> Que ameaço divino ou que segredo
> Este clima e este mar nos apresenta,
> Que mor cousa parece que tormenta?"

> 39
> Não acabava, quando hũa figura
> Se nos mostra no ar, robusta e válida,
> De disforme e grandíssima estatura;
> O rosto carregado, a barba esquálida,
> Os olhos encovados, e a postura

Medonha e má, e a cor terrena e pálida;
Cheios de terra e crespos os cabelos,
A boca negra, os dentes amarelos.

40
Tão grande era de membros, que bem posso
Certificar-te que este era o segundo
De Rodes estranhíssimo Colosso,
Que um dos sete milagres foi do mundo.
Cum tom de voz nos fala, horrendo e grosso,
Que pareceu sair do mar profundo.
Arrepiam-se as carnes e o cabelo,
A mi e a todos, só de ouvi-lo e vê-lo!

41
E disse: Ó gente ousada, mais que quantas
No mundo cometeram grandes cousas,
Tu, que por guerras cruas, tais e tantas,
E por trabalhos vãos nunca repousas,
Pois os vedados términos quebrantas
E navegar meus longos mares ousas,
Que eu tanto tempo há já que guardo e tenho,
Nunca arados de estranho ou próprio lenho:

42
Pois vem ver os segredos escondidos
Da natureza e do úmido elemento,
A nenhum grande humano concedidos
De nobre ou de imortal merecimento,
Ouve os danos de mi que apercebidos
Estão a teu sobejo atrevimento,
Por todo o largo mar e pola terra
Que inda hás de sojugar com dura guerra.

43

Sabe que quantas naus esta viagem
Que tu fazes, fizerem, de atrevidas,
Inimiga terão esta paragem,
Com ventos e tormentas desmedidas!
E da primeira armada, que passagem
Fizer por estas ondas insofridas,
Eu farei de improviso tal castigo,
Que seja mor o dano que o perigo!

44

Aqui espero tomar, se não me engano,
De quem me descobriu suma vingança.
E não se acabará só nisto o dano
De vossa pertinace confiança:
Antes, em vossas naus vereis, cada ano,
Se é verdade o que meu juízo alcança,
Naufrágios, perdições de toda sorte,
Que o menor mal de todos seja a morte![33]

A Mãe d'Água é essa mesma potestade, essa mesma realeza colossal evocada por Camões. Colossos oriundos das águas são sempre gênios de grandes prendas e generosidade ou terríveis fúrias e devoramentos. O colosso de Camões saúda o atrevimento de navegadores destemidos invadindo regiões remotas do deus em seu "úmido elemento", "mares nunca de outrem navegados", e, ao mesmo tempo, vaticina um destino de sofrimentos onde "o menor mal de todos seja a morte". O Colosso é a mesma força descomunal da Mãe d'Água. A Mãe d'Água é esse mesmo Colosso intempestivo com uma feição feminina de abundância e doçura, geradora, e, se necessário, punitiva e destruidora. São os semblantes de um oceano tenebroso, de "olhos encovados e a

---

33. Luís de Camões, *Sulcando o mar – Poemas de Os lusíadas*, p. 37-39.

postura medonha e má", por um lado, e de águas da noite, "cantando, cantando, os cabelos espalhados, brilhando como ouro", por outro, do mesmo ativo poder. O mesmo elemento sob regência da lua.

Como luz orvalhar da madrugada, esse poder das águas eufemizado, amainado, vindo à margem, iluminando-se na superfície do dia nascente, deixa-se enredar na pindaíba do simples homem. Pois a pescaria aqui não é de peixe, mas de alma. O homem pobre de posses, mas dignificado por sua persistência, pesca a si próprio, contata sua possibilidade edificante.

Há sempre, aqui, nesses contos, nos quais a potência transformadora é disponibilizada ao pobre mortal, a mensagem de uma graça. Pois, por si só, sem a benevolência dos encantados, é muito mais árdua a luta para atingir as águas que geram o mar – a mãe do mar. Pousar suavemente, num mergulho, em alcantiladas escarpas oceânicas, silenciar nessas puríssimas águas, não é tarefa possível sem uma graça, sem a concessão e autorização de uma potência da vida. Ofereceu-se ao pescador a possibilidade de inteligir a beleza.

A imagem do pescador não deixa de ser um tipo de estado fenomenológico. O não visto é quem toca o pescador. Não é o pescador que toca, que decide o objeto, que perscruta o indivíduo peixe a fisgar. O peixe é quem toca a linha, e daí o homem sente. Sente apenas pressentindo, mas, de algum modo – treinado pelo mar, disposto à espera, amadurecido em durar, atento para quem morde a isca no fundo das águas –, se faz presciente. A única consciência (intenção) do pescador de fenômenos é a isca. A isca é apenas a garantia da espera, de que algo irá tocá-la.

A aparição da Mãe d'Água é o ato, em si, da manifestação. Ela surge. A beleza, por graça, manifesta-se inteira ao pobre coletor de víveres d'água. Há uma misteriosa e aparente contradição nesses contos e nessas histórias de aparições, especialmente as advindas das águas. Os que, num susto milagroso, são surpreendidos e ofuscados pelo esplendor são, quase sempre, pessoas muito simples, sem nenhuma cultura e erudição livresca. Não são pessoas acostumadas ao que hoje chamamos de "estético", ao que costumamos chamar de "artístico".

Há aqui uma importante discussão sobre crianças e estética que, neste trabalho, só abordaremos de passagem, mas que merece toda a atenção nos apontamentos sobre uma pedagogia da beleza. O belo numinoso, imaginal, não é o mesmo belo artístico cabível nas teorias da arte. Talvez a mística medieval nos auxilie a compreender o que diferencio aqui como mais uma peculiaridade da percepção imaginária da criança.

Umberto Eco revela que "o campo de interesse estético dos medievais era mais dilatado que o nosso"[34]. No que diz respeito às ideias do belo, havia uma consciência da beleza como dimensão metafísica. Algo que não passava pelo território do sensorial. Havia um interesse pedagógico nas discussões sobre os excessos de adornos e luxos nas igrejas, especialmente entre os cistercienses e os cartuxos. Os cistercienses, rigoristas, acreditavam que o excesso distraía e que a estatuária e pinturas de temas mitológicos tiravam a alma de sua ascese ascensional para o deleite luxuriante dos olhos. Os místicos cistercienses já profetizavam o monopólio da visão no Ocidente.

Aqui temos dois aspectos a serem distinguidos para não confundir nosso propósito. O primeiro é que existiu uma luta iconoclasta (pela execração da imagística) na Idade Média, especialmente por ramos escolásticos, com interesse em destituir a força das imagens e associá-las à frivolidade do exercício imaginador. Pois imaginação, segundo o próprio São Tomás de Aquino, é apenas uma espécie de suporte para os fenômenos da apreensão ou do inteligir, pelo que, ele diz: "É necessário convir às diversas potências a recepção das formas sensíveis, que pertencem aos sentidos, e a sua conservação, que pertence à imagem ou imaginação"[35]. Imaginação, para São Tomás de Aquino, é mera qualidade de sustentação das formas da memória, presa "ao contínuo e ao tempo". Já esse racionalismo

---

34. Umberto Eco, *Arte e beleza na estética medieval*, p. 16.
35. São Tomás de Aquino, *Comentário sobre "A memória e a reminiscência" de Aristóteles*, p. 50.

que impregnará todo o Ocidente trabalha apressadamente para inferiorizar a vida imaginária, especialmente decretando-a como faculdade menor associada ao corpo pecaminoso e às representações do apreendido pelo intelecto como mero suporte de armazenamento na memória.

O segundo aspecto, que não esconde seu contraditório, é que nessa mesma Idade Média e entre muitos dos mesmos escolásticos, especialmente os místicos, havia uma sensibilidade à beleza do mundo, uma busca elevada de apreciação do belo já não mais como virtude exterior, mas como o sublime e justo. Por exemplo, o próprio São Tomás de Aquino chega a discernir o grau de sedução e deleite distrativo da música instrumental, daquilo que é a verdadeira contemplação da alma e sua capacidade de entrega a Deus. Ou seja, não é o deleite musical, mas o inteligir espiritual o objetivo central. E, nessa distinção refinada, São Tomás de Aquino aponta a voz como o instrumento mais adequado, em comparação com outros instrumentos, para tal busca.

Umberto Eco, traduzindo a sensibilidade de São Tomás de Aquino, revela sua

> preocupação quando desaconselha o uso litúrgico da música instrumental. Os instrumentos devem ser evitados justamente porque provocam um deleite de tal maneira intenso que desviam o ânimo do fiel da primitiva intenção da música sacra, que é realizada pelo canto. O canto move os ânimos à devoção, enquanto *musica instrumenta magis animum movent ad delectationem quam per ea formetur interius bona dispositio* (os instrumentos musicais mais incitam o ânimo ao prazer que às boas disposições interiores)[36].

Há aqui algo mais do que a mera desconsideração moralista à expressão imaginária, do que o simples ato de depreciar o mundo das imagens (imaginação musical), sempre ligado às paixões. Nota-se aqui

---

36. Umberto Eco, *Arte e beleza na estética medieval*, p. 21.

uma mais acurada intenção, um desejo de influência neoplatônica e mesmo bíblica, ainda que no aristotélico São Tomás de Aquino, de intuir, inteligir na consciência a imagem excelsa, o desejo ardente de comunhão com os sublimes, os universais. Não há como negar: existe nessa luta contraditória uma reprimida categoria de imagens que opta (na dúvida) pelo apolíneo e higienizante. Mas, ao mesmo tempo, é notório que tal busca de enlevo se mostra afim aos filósofos do nirvana e seu desejo de extinção das imagens. Há uma imaginação ativa nessa mística, mas que vive subjugada no forçado claustro do racionalismo tomista.

Essa desconfiança da beleza imaginária e do belo exterior na mística medieval e, por outra face, uma constante busca pelos estados da graça excelsa, pela cadência das imagens puras da alma, são os dois polos de um flagrante conflito no cerne da pedagogia ocidental, que se mutila, no decurso da Idade Média, ao optar por compreender o destino humano apenas pela racionalidade, negando o mundo das imagens.

O irresistível impulso contemplativo, o desejo por imagens ideais, fica ainda mais claro quando São Bernardo evoca, em seus *Sermones super cantica canticorum*, citado por Umberto Eco:

> Oh, alma, que és verdadeiramente a mais bela, mesmo habitando um frágil corpúsculo, a beleza celeste não se recusou a acolher-te junto a si, a sublime natureza angélica não te rejeitou, a luz divina não te repeliu![37]

Arriscamo-nos aqui a fazer uma ponte com a ideia de imaginal de Henry Corbin. O herético teólogo protestante, subversivo dos cânones da modernidade filosófica, buscou, por meio de pensadores medievais e contemplativos do Médio Oriente, a ardência criadora do coração. Transpassando todo o mundo imaginário, de imagens vertiginosas em constante volúpia e transmutação, emer-

---

37. Umberto Eco, *Arte e beleza na estética medieval*, p. 21.

giu mais além, mais adiante – através da mística de Ibn 'Arabī –, no cristalino e oceânico mundo imaginal, de imagens perfeitas, de distinta claridade.

Em seu envolvente estudo, de denso caráter teológico e intrincada flora filosófica, dedicado ao pensamento de mestres islâmicos, Corbin[38] nos fala sobre o *mundus imaginalis*, esse lugar intermédio, esse território espiritual apontado por mestres sufis e sábios livres da tradição persa:

> *Para ellos existe, «objetiva» y realmente, un triple mundo: entre el universo aprehensible por la pura percepción intelectual (el universo de las Inteligencias querubínicas) y el universo perceptible por los sentidos, existe un mundo intermedio, el de las Ideas-Imágenes, las Figuras-arquetipos, los cuerpos sutiles, la «materia inmaterial»; mundo tan real y objetivo, consistente y subsistente, como el mundo inteligible y el sensible, universo intermedio «en el que lo espiritual toma cuerpo y el cuerpo se torna espiritual», constituido por una materia real y dotado de una extensión real, aunque en estado sutil e inmaterial respecto a la materia sensible y corruptible. El órgano de este universo es precisamente la Imaginación activa; es ése el lugar de las visiones teofánicas, el escenario en el que ocurren en su verdadera realidad los acontecimientos visionarios y las historias simbólicas.*[39]

Corbin, num declarado e aberto platonismo, inscreve – totalmente contrário à maré filosófica de seu tempo – um pensamento

---

38. Henry Corbin, *La imaginación creadora*, p. 14.
39. Tradução nossa: "Para eles existe, de forma 'objetiva' e real, um triplo mundo: entre o universo apreensível pela pura percepção intelectual (o universo das Inteligências querubínicas) e o universo perceptível pelos sentidos, existe um mundo intermediário, o das Ideias-Imagens, as Figuras-arquetipos, os corpos sutis, a 'matéria imaterial'; um mundo tão real e objetivo, consistente e subsistente, como o mundo inteligível e o sensível, um universo intermediário 'no qual o espiritual toma corpo e o corpo se torna espiritual', constituído por uma matéria real e dotado de uma extensão real, embora em estado sutil e imaterial em relação à matéria sensível e corruptível. O órgão desse universo é precisamente a Imaginação ativa; é esse o local das visões teofânicas, o palco onde ocorrem em sua verdadeira realidade os acontecimentos visionários e as histórias simbólicas".

robusto, profundo e dotado de sensibilidade para as faculdades da alma. Pensamento esse recuperado, em grande medida, das pedagogias antigas, ainda ativas no próprio ocidente medieval. Sua investidura é profética – pela recuperação da alma do mundo – e conclama os hereges (e não os trabalhadores), no tempo em que se observa a plena ascensão do marxismo entre intelectuais europeus, para unirem-se à restauração do pensar filosófico de espírito imaginal, embevecido de imagem material e de matéria imaginal. "Hereges do mundo, uni-vos!", dizia Corbin.

Declara ele a existência do *âlam al-mithâl*: o mundo das imagens reais e subsistentes, onde seres celestiais se manifestam em substancialidade imaterial para desenvolver os iniciados que ali penetram na senda do coração. Só o coração há de recuperar nossa humanidade. Corbin, claramente, já compreendia a estrada danosa da modernidade e sua preparação de exércitos de consumidores entorpecidos e, no outro extremo, de pensadores dogmatizados pelo uso da racionalidade como caminho único do humano.

Compreendia, com propriedade, os pensadores medievais como poucos de seu tempo, desde São Tomás de Aquino e sua escolástica até os neoplatônicos e suas poderosas angelologias, cuja influência é vasta e fundamentou cosmovisões como a antroposofia de Rudolf Steiner, ideários simbólicos como o sebastianismo português e todo o seu espraiamento para a cultura popular brasileira nas festas do Divino Espírito Santo, nos cultos de Mina Jeje e pedagogias de terreiro. Também influenciou a mística cristã, não só em linhagens de práticas ascensionais e expiatórias, mas também na expressão literária dos neoplatônicos mais tardios e, como consequência, no pensamento de cosmólogos que abriram a modernidade, na arquitetura gótica e romântica e em pelo menos dois séculos determinantes de subversão com a poesia e filosofia do Romantismo, uma enorme linhagem de poetas e artistas ingleses e americanos dos séculos XIX e XX, incluindo os irreverentes da geração *beat*. Assim como escultores, escritores e pintores importantes que viriam contribuir para a aspersão dos ideários da imaginação.

Corbin, portanto, trabalhava no caldo primitivo do caldeirão da Idade Média, grosso chorume que gestava os séculos posteriores. Por isso mesmo, apontou, com arguto entendimento, os dramas que se desenharam na erudita e efervescente Córdoba do século XVII. Ali, numa das mecas do saber medieval, o Ocidente fez a opção danosa de assumir a influência do aristotélico Averróis, do qual São Tomás de Aquino é cúmplice. Essa opção expulsa da pedagogia latina o mundo intermediário, o lugar das imagens reais, o reino imaginal, o terreno mediador entre o pensamento e o símbolo, a possibilidade de trabalho conjunto entre razão e intuição.

Portanto, com Henry Corbin recuperando místicos do islão e seu mundo do meio, reencontramos o fio de nossa discussão proposta acima sobre criança e estética. A faculdade de imaginar, nas crianças, devido à peculiaridade de seu poder mágico, devido à pouca interferência do pensamento analítico, tem uma fresta natural, com maior virtualidade, para o contato ingênuo e espontâneo com os impulsos da criação, ou seja, para além do belo e das artes exteriores louvadas na história e nas teorias estéticas. Configura-se para muito além dos percursos artísticos, em especial aqueles oferecidos – raramente – como algo sacralizado por teorias da arte e museus, e de distante valor cultural nas práticas de nossas empobrecidas escolas.

Nossa cultura pedagógica sequer consegue esboçar uma leve crítica ao tema dos propósitos estéticos e ao embotamento da imaginação das crianças. Portanto, quando raramente oferece algo, é às cegas, e de tudo. Mas, como sempre, sem levar em conta, na criança, sua sistêmica profunda – ativa na alma – de trabalhar com sua tarrafa, com uma consciência sonhante, sua rede de pesca, para o imemorial, atemporal.

Guarda-se um límpido estado, nem sempre acessado, quase nunca trabalhado, na simplíssima fonte imaginativa das crianças, capaz de intuir o mundo do meio, o *âlam al-mithâl,* capaz de sentir as emanações curativas das forças suprassensíveis, de cocriar vida interior pela graça perene daí emanada. A criança, cultivada nas pedagogias da escuta, nos mostra, com seu ouvido imersivo – quando contata as imagens dos contos, especialmente as mais cintilantes de númen –, seu concreto interesse metafísico e sua poderosa memória filosófica para formar campo encarnatório, campo holográfico, qualidade de matéria imaginante diante dessas imagens.

Assim, a imagem da Mãe d'Água ativa, na criança, um animismo de movimento subjacente, cria devaneio onde o distante é, ao mesmo tempo, fundo e alto – porém, sempre claro –, faz a criança percorrer mundos oceânicos, como também estelares. Alcança a criança com seu halo de abóbada azul. Um enlevo de percepção capaz de impulsioná-la ao sentido esotérico da beleza, e não aos apelos exotéricos das artes apresentadas de maneira frívola pela cultura pedagógica. Tal graça guarda-se nela como uma percepção (talvez ainda inconsciente) de que, na vida interior, as ameaças à sua alma podem ser conjuntamente regidas, conjuntamente criadas, por ela própria e pela força das imagens, pelo que há de sublime. A imaginação, tomada pelo cristalino das águas, recebe sua qualidade criante, formadora de seres luminosos. Assim, a criança cria interiormente seus anjos, seus entes purificantes. Não como invencionice, mas como ato de contato imaginal com a força do elemento água. Nesse sentido, a Mãe d'Água é uma emissária das qualidades translúcidas, cristalinas, na consciência da criança.

Há que demonstrar, pela fenomenologia das imagens, a união do céu com a água no conto "O marido da Mãe d'Água". As imagens dão-se à forma, formulam-se quando significam, intensificam, trazem relevância ao existir. As imagens que forçam o ser individualizado – a vida particularizada num corpo – a vir de si são enérgicos halos do ser de tudo. A Mãe d'Água é a imagem da inteligência química, metamórfica, proveniente dos órgãos da natureza, dos arquétipos metabólicos, para nossas consciências. Talvez essa linguagem seja um vibrátil, uma afinação tonal. Um ato psicoacústico da natureza água. Só consegue se expressar a nós se vier à nossa psique e nela operar uma linguagem, uma acústica. A Mãe das Águas canta. As águas cantam. Com as águas e seus conselhos, aprendemos a entoar as palavras que levam às fontes. Quando canta essa senhora, até as pedras murmuram. Faz gemer sua saudade de origem até o reino mineral. Todo o seu poder é sonoro. Rege seu reino pelo som.

Veremos mais sobre as águas e o som no próximo capítulo. Examinaremos detidamente as extensões do som nas águas. Por agora, observemos uma espécie de espelhamento, um tipo de eco misterioso que as águas desdobram nas imagens. A imagem espelhada na água é como o som duplicado pelo eco. O espelho das águas é um eco, abandona a percepção visual e se esconde nas sombras dos lagos e das fontes, fazendo-se um eco inaudito guardado, encantado nas profundezas. Nenhum outro elemento tem tamanho talento para o encantamento.

A Mãe d'Água é uma imagem entoando a fala do elemento água e seu comportamento material na natureza. Por exemplo, ser um grande espelho. O espelho d'água, o espelho de Oxum. Ele revela uma profundidade insondável, uma memória intocada das coisas, um passado oculto desde a origem. Por isso, Bachelard pergunta: "Poderíamos realmente descrever um passado sem imagens da profundidade? E jamais teremos uma imagem da *profundidade plena* se não tivermos meditado à margem de uma água profunda? O passado de nossa alma é uma água profunda"[40]. O espelho d'água guarda as sombras mais insondáveis, mais inquietantes do lago. Faz do fundo das águas algo ainda maior, mais recolhido em sua fundura, mais animado.

Esse espelho meditativo, Melville o reconhece em seu oceânico *Moby Dick,* nos encontros de Ishmael com os bramidos desconhecidos do mar profundo. Água grande guardando nas profundezas a brancura monstruosa do cachalote. Diz Melville:

---

40. Gaston Bachelard, *A água e os sonhos*, p. 55.

Digamos, você está no campo, numa região montanhosa de lagos. Praticamente qualquer trilha que você escolha, nove em cada dez o levarão a um vale, perto do poço de um rio. Existe uma mágica nisso. Se o mais distraído dos homens estiver mergulhado em seus sonhos mais profundos – coloque esse homem de pé, ponha-o para andar, e não tenha dúvida de que ele o levará até a água, se houver água em toda essa região. Se você mesmo estiver com sede no imenso deserto norte-americano, faça a experiência, caso encontre em sua caravana um professor de metafísica. Pois, como todos sabem, a meditação e a água estão casadas para todo o sempre.[41]

O propósito último é encontrar um reflexo que nos apresente à nossa ressonância.

Mas, além de criar uma vida estendida, oculta, mais funda que o próprio fundo das águas, o espelho também une céu e terra. Pode-se ver o azul, a abóbada celeste, desde o lago. As árvores altas e suas copas verdes se espelham, duplicando-se para o fundo. O pássaro pode ser visto voando dentro do espelho. Os cardumes de pássaros do pintor de simetrias oblíquas, Cornelis Escher, são exemplos desse imaginário de espelhamentos líquidos.

Essa união do céu com o líquido elemento faz da água um sonho abrangente, magnético, com capacidade de guardar seres alados, que vieram do altíssimo, para morar encantados nela. A Mãe d'Água é a física espelhar da natureza que guarda em si o altíssimo e o faz habitar em seu fundo. É a graça de toda água personificada nessa deusa, portanto *potestas* (poder), que se veste de azul, branco, prata ou, em alguns casos, verde. Entre as tantas lendas e mitos da Mãe d'Água, ela é um poder criador do cosmos e a atmosfera ao nosso redor. Reginaldo Prandi nos mostra uma dessas versões da deusa como energia geradora de formas sensíveis e suprassensíveis:

---

41. Herman Melville, *Moby Dick*, p. 32.

"Iemanjá dá à luz as estrelas, as nuvens e os orixás"

Iemanjá vivia sozinha no Orum.
Ali ela vivia, ali dormia, ali se alimentava.
Um dia Olodumaré decidiu que Iemanjá
precisava ter uma família,
ter com quem comer, conversar, brincar, viver.
Então o estômago de Iemanjá cresceu e cresceu
e dele nasceram todas as estrelas.
Mas as estrelas foram se fixar na distante abóbada celeste.
Iemanjá continuava solitária.
Então de sua barriga crescida nasceram as nuvens.
Mas as nuvens perambulavam pelo céu
até se precipitarem em chuva sobre a terra.
Iemanjá continuava solitária.
De seu estômago nasceram então os orixás,
nasceram Xangô, Oiá, Ogum, Ossaim, Obaluaê e os Ibejis.
Eles fizeram companhia a Iemanjá.[42]

42. Reginaldo Prandi, *Mitologia dos orixás*, p. 385.

Esse pequeno mito nos põe a todos, viventes, nos domínios de Iemanjá, cujo reino d'água contém as estrelas, as nuvens, os deuses orixás. O espelhamento, portanto, conjuga uma radical imersão. O oceânico se faz cósmico. Não à toa, a via é líquida, láctea. Assim, as cores prediletas da Mãe d'Água guardam este segredo: a prata das estrelas, o azul do firmamento, o branco das nuvens. Há uma relação da senhora das águas com o todo envolvente. As cores no conto "O marido da Mãe d'Água" estabelecem essa ubiquidade, esse espelhamento, entre o suspenso e o submerso. Ela se investe do tecido branco e azul, cobre o corpo, veste-se do firmamento.

Portanto, estamos falando de uma imagem de aproximação e ao mesmo tempo extensão, onde tudo se abriga em seus amplos domínios. O espelhamento, no elemento água, é uma abertura, uma expansão. Permite às crianças que fiquem "distantes diante do mundo"[43]. Permite às crianças serem tocadas – do profundo distante, esse alto submerso – por uma memória, por uma intensidade recordativa, uma "nostalgia do ser".

A criança, fisicamente diante de um grande lago, diante do espelhamento das árvores e do céu, livre em seu tempo, exercita extensão aproximativa. Do mesmo modo, o conto da Mãe d'Água faz mirar interiormente a aproximação extensiva. Pois essas imagens da água, elaboradas pela tradição popular, escondem, de maneira graciosa, tal ideário do espelho. Nasceram da saudade oferecida pela Alma das águas às almas.

Bachelard diz que, na articulação do espelho, "a água assume o céu [...] por seus reflexos, duplica o mundo, duplica as coisas. Duplica também o sonhador, não simplesmente como uma vã imagem, mas envolvendo-o numa nova experiência onírica"[44].

As crianças encontram, pela possibilidade do espelho, a operação de distanciar-se do mundo estando diante dele, modos de reaver suas potências, direito de redirecionar suas operações de

---

43. Gaston Bachelard, *A água e os sonhos*, p. 53.
44. Ibid., p. 51.

profundidade. Observar o que a água espelha, contemplar o lago, é deter-se na matéria natural multiplicante das formas de sonhar. O magnetismo especulativo (*speculum:* espelho; *specere:* fitar, olhar) refrata o entorno para dentro d'água. O magnetismo físico, que atrai o corpo para o frescor, leva o pensar para o fundo: a criança naturalmente se distende, descontrai o controle. Observar as águas e as nuvens lá dentro e a lua e o azul decantando em negritude e os peixes que dos musgos se ondulam e fadas e ondinas, e a morte advinda de uma boca nas sombras, é um modo de submergir na imaginação, deixá-la comandar, estar entregue à força elementar da imensa massa móvel.

Essa matéria densa dos lagos e rios mais escuros, ou de uma fonte com algas e limo, sombreada, dando peso à água, impõe um sonho acordado, do mesmo modo que sonhamos dormindo nas matérias do inconsciente. O espelho da água carregada de tons ramosos, copados, leva a criança para mais próximo de como os sonhos a movem, têm mais dor, mais saudade, mais angústia, absorve-a mais. Muito mais a comove. Tanto mais a lava e pacifica. Acontece aqui não simples imagem, mas "nova experiência onírica"; o sonhador é duplicado.

Por um lado, é restauro; por outro, prisão. No que diz respeito ao restauro, devolve à criança, exaurida pela violência conceitual, suas forças inteligentes, imaginantes. Reaproxima-a de suas crenças fantásticas, de suas investigações do impossível; devolve-lhe a inspiração de crer nas coisas (in)críveis, absorve-a para dentro, para o fundo do crível, interioriza o crível, para que ele restabeleça sua transcendência e volte a ser surpreendente. O viver da criança se sustém nas alegrias do não crível, encontra sua intensidade no inacreditável.

Chegamos, portanto, ao outro dinamismo do conto, seu contrário, a prisão do espelho. Pois a Mãe d'Água, quando se oferece para servir o pescador, viver com ele, está lhe oferecendo sua própria visão. Ela é o seu espelho. Um Narciso que será testado mais ao fundo, no miúdo do tempo, na constância que esse elemento exige.

Mas estará ele pronto para esse encontro consigo? Nos contos tradicionais das águas e nas mitologias de sereias e ondinas, quase sempre estão indiscerníveis a fortuna e o trágico destino. Esse é o anúncio do Colosso monstruoso de Camões à primeira frota, que, ao cruzar, com seu lenho insolente, as águas nunca dantes navegadas, pagará caro tributo. Tal ambição, que motivava a invasão do elemento água, misterioso, a homem nenhum nunca revelado – para outras terras e gentes espoliar –, teria o preço de sofrimento desmedido. Castro Alves, alguns séculos depois, faz o balanço da maldição do Colosso de *Os lusíadas,* com seu poema devastador, "Navio negreiro".

Há, portanto, uma dúbia relação entre a saudade ôntica e a sedução pelo desmedido, pela espoliação da fonte criadora. Atendido com a infinita bondade da Mãe d'Água, o pescador se esquece, se entorpece, e usa de modo abusado o sagrado. Força o vital para o apetite. Transforma o impulso em obsessão. Ativa o surto.

Mesmo assim, continuou sendo servido em tudo, contanto que não dissesse impropérios contra os seres das águas. Apenas que não negasse o mundo do meio, o imaginal. Pois de lá vinha a fonte de sua abundância. Mas não resistiu. Foi asfixiando o elo inquebrantável da Deusa das águas com todos os seus entes, foi enredando-a em sua rede como se a linha de pesca fosse sua, como se ele tocasse o fenômeno, e não o fenômeno o estivesse tocando. Deixou de perceber o alcance de sua pescaria quando não viu mais que eram os peixes que vinham até ele, e não ele que ia aos peixes. Abandonou seu direito à repercussão e à ressonância, confundiu-se de seu lugar, perdeu seu estado. Esqueceu-se, não viu mais sua relação hierogâmica. A deusa, com ele, uniu-se. Raríssima concessão!

Insuportável para nós é o convívio com a dimensão oceânica. Somos o constrangimento de ser uma individualidade. Quando ainda tenras crianças, forjamo-nos na têmpera do "é meu". As crianças não hesitam em usar essa bigorna diária. O estridente trinado "é meu", "é meu", "é meu" canta longe, anunciando a construção dos feudos, das fronteiras. Partilhar o amor, a permissão, não é um começo fácil. Também não é um fim promissor. Ao longo do tempo, entrincheirados no "é meu", vamos crescendo em corpo e minguando em alma, e a Mãe de todos os peixes só serve se nos servir na migalha dos caprichos. Tiraniza-se a graça e intoxica-se o mangue de Nanã Buruku.

A crescente fértil – nem sempre agradável e benevolente – é então preparada. O lamento saudoso dos seres e das pedras provocado pelo canto baixinho, pelo choro vagaroso de mamãe, anuncia o que está por vir. O pescador inflama-se, consome-se, até ao impropério proibido: arrenegar a Ela e aos entes que vivem no mar. Justamente é o que faz. Não tinha como escapar dessa sina. Esse é o resultado do coagulamento possessivo, violentamente racionalista. Só solta, só aprende a nadar, só se inteira dos demais entes habitantes do mar, se a Mãe d'Água se mostrar na face terrível do Colosso, e a tudo inundar, arrastar para si, lavar, misturar novamente, para que qualidades dissolventes, comunicantes, metabolizantes, quem sabe, ali se desenvolvam.

O elemento água, e seu desejo contínuo de restabelecer novos contratos, novos elos de organização benéfica, novas cocções, fluxos livres para que a saúde percorra todos os canais da circulação, não aceita coagulações, trabalha pelo fim do cerco, para que se desprenda o centramento, a conceituação neurotizante. Não há como prender o feminino entrópico. Sua natureza primeira é caótica e reconectiva, absolutamente irmanada aos processos de comunhão e solidariedade. Trabalha constantemente, em sua mobilidade, na livre lavra da pedra dura que, ao final, impreterivelmente, fura. Os degraus do humano não se dão na triste função analítica, mas na porta azul opalina da abóbada.

A criança necessita ouvir o canto baixinho da senhora das águas, seu sussurro vibratório, seu eco alcantil. O conto da Mãe d'Água não é um moralismo sobre gratidão, obediência, autocontrole, ou o que seja. É uma ressonância na consciência da criança, uma forma sonhante de sintonizar com o frêmito subjacente à vida, um modo de captar do espelho aquilo que ouve, uma percepção mnêmica, recordativa, um chamado para a retrovisão. O que há de cristalino na imagem da Mãe das águas acontece no silêncio auditivo da criança, dá-se como oração, é sobre a graça, a dádiva, a manifestação.

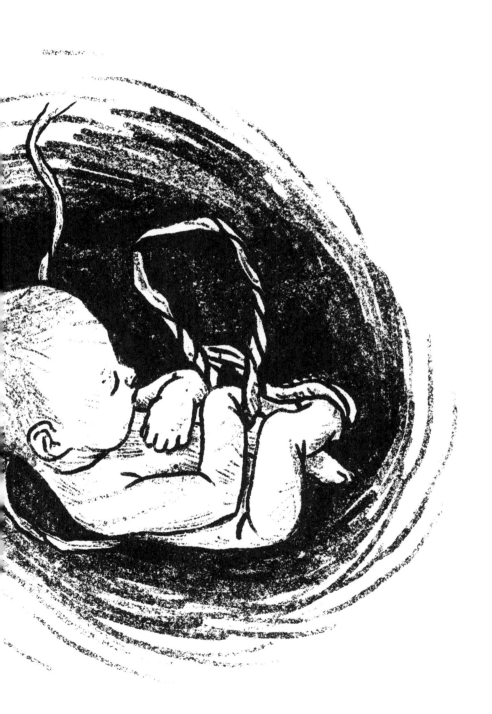

3

O repetitório, a inscrição e o corpo

A alma, como poças, forma a tatuagem.

Michel Serres, *Os cinco sentidos*

Se a água mole, em pedra dura, tanto bate até que fura, é por se valer de uma constância rítmica para tal tarefa. Aqui, tocamos de passagem nesse aspecto apenas para evidenciar algumas repercussões das formas do brincar líquido na criança. Falaremos ainda do ritmo em outros capítulos, adiante.

As brincadeiras e alegrias que sempre pedem um "de novo!" são como ondas quebrando na praia, escavando a rocha, ou o riacho aprofundando seu leito. Cursos são abertos, rotas sensitivas são construídas para o fluxo das forças de desenvolvimento da criança.

Repetir é o que a água faz na terra. Mesmo o rio nunca sendo o mesmo, ele mantém sua perpétua e recorrente dinâmica. Por isso, ela é a base, o meio, para os ciclos bioquímicos dos seres. Repetir é o que a criança faz no brincar. Especialmente quando escava a fonte da linguagem, essa água de ser. Dizem as crianças: "De novo!" "Só mais uma vez!" "Mais uma só, eu prometo!"

Assim, pedindo mais uma vez, elas seguem abrindo veios novos em seus leitos. Na enchente e vazante de suas marés. Criando rebentações contínuas em seus continentes. Esculpindo, intervindo, em suas malhas musculares e conjunções neurais. Compondo suas melhores memórias. As mais felizes. Marcando pontos de alma. Como diz Michel Serres, "a alma habita um quase-ponto onde o eu se decide"[45]. Espécies de marcos, de contingências, baixos e altos-relevos, para que o *eu* referende a si próprio como algo existente, experimentado, sulcado de energia bem empenhada no corpo.

A decisão da criança de buscar novamente aquela repetição é o quase-ponto onde está seu eu. Onde ela quer incrustar mais, marcar mais, desenhar melhor uma rota para si, para suas passagens corporais, para seu equilíbrio biológico, para a criação de sua própria imagem pessoal. Uma arquitetura de recantos única, do mesmo modo como faz a água nas rochas e falésias, escavando percursos muito próprios, impressões digitais nos continentes.

---

45. Michel Serres, *Os cinco sentidos*, p. 15.

As rítmicas brincadas hão de se territorializar no organismo, particularizando uma sensibilidade própria para experiências. Percursos compostos de quase-pontos ínfimos, mas capazes de deter a alma ali, tecê-la ali. Repetições marcam, firmam o ponto, no lugar de decisão daquele eu. Uma cantiga brincada no colo do pai, um cavalinho nas coxas da mãe, cria a duração no brincar, mas também repercute naquele lugar de decisão, punciona naquela parte do corpo da criança, desenhando mais peculiaridades para um *eu*, dando-lhe carne. Um modo de ser, próprio daquela criança, no modo de ser das coisas, próprio daquele brincar.

Michel Serres, falando das marcas, das linhas da pele, como recantos impressos de alma, muito bem traduz essas marcações, perfurações, do desejo de repetição das crianças:

> Nossa alma se difunde de tal modo que não estamos unidos. [...] A alma, como poças, forma a tatuagem, o conjunto dessas linhas cruzadas desenha um campo de forças: o espaço da pressão extraordinária da alma para apagar docemente as sombras do corpo, e os recuos máximos do corpo para resistir a esse esforço.[46]

Ficar por um tempo na mesma tecla é função de punção. É a onda explodindo no rochedo. É a alma se difundindo de modo tal em nossa infância que depois nos custará reuni-la. É uma energia imprimindo em nós os estados e as qualidades das coisas e, ao mesmo tempo, transmitindo estados e qualidades às coisas. Uma decisão abrindo caminho, restaurando territórios do corpo outrora invisíveis, não marcados. Repetir cria, portanto, um campo de forças, mais uma cava no mapa, uma complexificação a mais retirando as lisuras, impedindo o esvair típico das coisas muito planas, lisas e enceradas. Adere o sentido, permite a nucleação e morada dos significantes.

---

46. Michel Serres, *Os cinco sentidos*, p. 18-19.

O elemento água, no brincar da recorrência, nesse "de novo" e "de novo" e "mais uma vez", não é – enquanto textura simbólica – uma busca pela lisura e pelo deslizar, como veremos no brincar dos barquinhos e de pranchas que flutuam na "poeira d'água". Mas, ao contrário, a água aqui é de impacto e escarificação, cria linhas e caminhos aderentes, escava rastros, tatua – pelo percutir rítmico – conjuntos semânticos, moradas de imagens e ideias, tempos e temperaturas do *eu*. É uma espécie de bordado se alinhavando pelos percursos ainda virgens da mielina neural. Não só na pele citada por Serres, mas na voltagem neurológica. Rios e igarapés começam. Todo rio um dia começou. Começaram, lenta e pulsativamente, abrindo caminho na terra. A água não apenas corre pela terra, ela pulsa em sua própria corrente. Enquanto corre, ela continuamente recorre pulsativa sobre si mesma. A água volta-se a si, é da geometria dos sólidos redondos, por isso pulsa. A água é revolução elementar.

As brincadeiras corporais de crianças que estão no tempo de começar a caminhar e falar, inventadas por culturas agrárias e coletoras, por lavradores, caboclos, sertanejos e indígenas, acostumados às marés do mar, marés dos rios e marés das seivas, são, em sua maioria, brincadas num fluxo repetitório, pulsativo, num crescente de culminância e decrescente de aquietamento.

A pesquisadora e etnomusicóloga Lydia Hortélio, inolvidável no que diz respeito à cultura brincada brasileira, deu diversos nomes a esse brincar do corpo da criança, sempre acompanhado do plasmático elemento rítmico e melódico. Os brinquedos marcadamente cantados são muito dados à repetição. É bem nítido que, em tantas outras brincadeiras, a repetição é sempre um recurso e até mesmo um elemento constituinte de sua composição, ou regra (quando jogos). Mas os brinquedos cantados, segundo as vívidas intuições de Lydia Hortélio, nascem do corpo do lavrador, da lavadeira, da fiandeira e de seu diálogo dramático com o pulso irreprimível da natureza. Diálogo assentado no dom que transfunde, em todas as coisas, a repetição.

Lucilene Ferreira da Silva, que desenvolve cuidadosa pesquisa e documentação em cultura infantil, especialmente no campo das músicas tradicionais da criança brasileira e é estudiosa afim às coletas e investigações minuciosas de Lydia Hortélio, nos diz:

> Os brincos, brincadeiras para entreter e divertir as crianças pequenas, correspondem ao segundo momento da música tradicional da infância. São sempre feitos por um ou mais adultos. A eles se relacionam os gestos de balançar, esconder, fazer cócegas, ajudar nos primeiros passos, equilibrar a criança na palma da mão, sacudi-la e tocá-la de maneira delicada. Por corresponder a um repertório executado por adultos, com frequência são encontrados nele fragmentos de cantos de trabalho, cantos religiosos e cantos de outras manifestações populares. [...] Um exemplo é a "Cadeirinha", brinco no qual dois adultos fazem uma cadeira com os braços para a criança se sentar, ser balançada e, ao final da cantiga ou parlenda, ser colocada no chão.[47]

Muitos desses brinquedos são baías, continentes dados pelo corpo do adulto. Esse corpo exerce uma reverberação, uma confirmação pulsativa no corpo da criança, que, em correnteza, amanha, exara o mundo. Músicas e gestos de aprender a pular com o apoio das mãos dos pais, músicas gestualizadas de cavalinho no colo ou nos pés, músicas de pura música para fazer rir e brincar. Tais brincadeiras são como ondas vindo a explodir na areia, granulando, debulhando ainda mais o piso da praia. Um aparente misturamento, um transe caótico de microcristais rochosos suspensos no líquido de sal. Mas que, ao serenar, quando as águas descem, escorrem de volta ao mar, forma sulcos, rastros da explosão da onda, linhas de memória conjuntiva na areia.

Formam-se nesse brincar repetitivo os traçados neurais de imagens favoráveis, "marcos somáticos", assentamentos do bem-estar,

---

47. Lucilene Ferreira da Silva, *Música tradicional da infância – Características, diversidade e importância na educação musical*, p. 116. Dissertação (Mestrado em Música).

homeostase de mensagens empáticas, modos de assimilação positiva das experiências. Até nos nomes são recorrentes, se repetem, se querem soar novamente: bambalalão, pinhém-pinhém, cavalinho, serra-serra, cadeirinha de fom-fom, durim-durim[48].

Esses estados de ânimo, tais modos de palpitação, o contínuo desejo interno de mobilidade, o anseio recorrente, o impulso governante do repetitório nos levam à fonte das emoções. A origem do que chamamos emoções tem a mesma morfologia desses impulsos. Seu movimento é recorrência aderente, modeladora de respostas que se marcam, se riscam, se desenham como comportamento. São estados líquidos gravando córregos em nós, imprimindo em nossa neurologia.

Assim, anteriores aos estados emocionais, nossos órgãos também contêm os rastros anatômicos desses movimentos do repetitório. Contêm as linhas das águas como as mesmas deixadas nas falésias depois que a onda se esvai no mar. Os órgãos dos seres, seus corpos, são linhas líquidas. Portanto, em escala de complexificação, da morfologia à capacidade humana de dar significado, também nossos sentimentos e modos de expressão se compõem dessa linguagem formativa da água, desse impulso, em linhas neurais, do ritmo. À medida que os sentimentos ganham forma, eles criam sentidos sobre as coisas. Os impulsos rítmicos em nós humanos reagem desde as emoções, formulam-se em sentimentos e se autogeram em sintagmas de imagens.

Recuando ainda mais, há um impulso, uma substância elemental da água se movendo mesmo antes de ser água. Um padrão frequencial do qual a água se faz, cria sua matéria e gera seu movimento, o espírito de sua função.

Theodor Schwenk[49], em seu livro seminal para estudos do elemento água, melhor esclarece esse modo criador:

---

48. Lucilene Ferreira da Silva, *Música tradicional da infância – Características, diversidade e importância na educação musical*, p. 117. Dissertação (Mestrado em Música).
49. Theodor Schwenk, *El caos sensible*, p. 94.

Hemos avanzado lo suficiente en este estudio como para poder pararnos momentáneamente en una objeción: los órganos del hombre, de los animales y de los vegetales proceden sin duda del agua, pero su desarrollo se hace en un "tiempo" mucho más lento que el de los movimientos del agua. Las configuraciones del agua, semejantes a órganos, se realizan en un instante para desaparecer unos segundos más tarde. Por el contrario, las formas de los órganos, aun siendo portadoras de la marca de las leyes del agua, necesitan disponer de mucho tiempo para hacerse tangibles en la materia. Es difícil encontrar corrientes tan rápidas como las de los riachuelos; los fenómenos siempre van acompañados de desplazamientos mínimos. Lo que en el agua nace y muere en un instante, en los órganos se va modelando y transformando poco a poco. Parece como si el mundo de las fuerzas que crea y forma los organismos tuviese leyes análogas a las del agua en movimiento, pero de una forma invisible. Durante mucho tiempo repiten la misma forma, con ritmos fluidos, y ésta se incorpora poco a poco en la materia. La forma orgánica, bañada y atravesada por corrientes invisibles, va entrando lentamente en el mundo de lo tangible.[50]

---

50. Tradução nossa: "Avançamos o suficiente neste estudo para nos deter momentaneamente numa objeção: os órgãos do homem, dos animais e das plantas provêm, sem dúvida, da água, mas o seu desenvolvimento ocorre num 'tempo' muito mais lento que o dos movimentos da água. As configurações de água, semelhantes a órgãos, são criadas em um instante e desaparecem alguns segundos depois. As formas dos órgãos, ao contrário, embora tragam a marca das leis da água, precisam de muito tempo para se tornarem tangíveis na matéria. É difícil encontrar correntes tão rápidas como as dos riachos; os fenômenos são sempre acompanhados de deslocamentos mínimos. O que nasce e morre na água num instante vai se moldando e se transformando aos poucos nos órgãos. Parece que o mundo das forças que criam e formam os organismos tinha leis análogas às da água em movimento, mas de forma invisível. Durante muito tempo, repetem a mesma forma, com ritmos fluidos, e isso vai sendo incorporado, aos poucos, ao material. A forma orgânica, banhada e atravessada por correntes invisíveis entra lentamente no mundo do tangível".

Durante muito tempo, esses movimentos da liquidez repetem a mesma forma. Insistem, infiltram-se, encarnam para que a vida ganhe forma. Ao mesmo tempo que estruturam, também mudam continuamente. Ao mesmo tempo que, pela repetição, levam à decisão de existir, de materializar, ao seu lugar de configuração, à sua arquitetura, traçando suas linhas mestras, também, por outro lado, esses movimentos fluídicos são contínua mudança, ininterrupta superação de si, para a chegada de outras funções e qualidades.

Portanto, a repetição no brincar é a própria expressão desse impulso construtivo, formador, modelador do organismo. Quando a criança pede que façam cócegas novamente, e muito ri, e mais intensamente sorri pelo gesto que se repete e percute em pontos do seu corpo, ela está fluindo por dentro da corrente vital, pela força governante do elemento água. A força que cria a própria água. Esse rio universal, antes de ser água, engendra todas as linhas da matéria, especialmente nos seres orgânicos.

As linhas da nossa pele são a representação mais à superfície das linhas frequenciais invisíveis geradoras da água e, por sua vez, geradoras de nossas cavidades e ventrículos ósseos e orgânicos, consubstanciando-se em nós, habitando-nos. Nossa pele, nossa impressão digital, nossas rugas são rios, são rastros hieróglifos do rio subatômico que formulou o mundo. A tessitura dos ossos, dos órgãos, são marcas d'água dessa energia engenheira. É na correnteza intangível desses rios que a criança grita o gesto feliz: "De novo!"

A criança, quando pede repetição, está nos dando a fala do fenômeno aquoso, fenômeno que a leva a trabalhar na abertura de leitos, nas sulcagens neurais. Essa é uma pedagogia da correnteza. Há aqui um impulso de formular, criar fluência, singrar o mundo sem estancar nele, sem se cristalizar, ser arroio para ele. Pôr a alma em pulsação é desfiar ramificações, aprender a conhecer mais qualidades possíveis de uma mesma coisa, especular imagens, as mais variadas, sobre um mesmo tema, compor tantas melodias numa mesma rítmica. Se perdemos a melodia – renovadora do que se repete –, estagnamos e descemos ao ritmo seco, estritamente métrico, preso na pura forma. Assim, perdemos o espírito vivificante da forma e passamos a ser quase só forma, cristalizados, ao máximo densificados, neurotizados em mesmices.

A representação só nasce quando o *"eu* se decide", quando ele explode de intencionalidade, muitas vezes, repetidas vezes, num determinado ponto, quando a força da criança se dilata, avulta, plasticiza um modo que é sempre igual, remodela-o e transgride sua natureza estagnante. Aí a vida marca um ponto, demarca mais um estado de ser, cria uma imagem, um vórtice de energia que poderá ser revisitado indefinidamente como condutor, como canal subjacente à busca dos sentidos.

O *eu* começa a inventariar-se à medida que se inscreve pela repetição. *Eu*, esse historicizado, temporalizado, biografável, imaginável. *Eu*, esse sensível ao desconforto da inscrição temporal que o circunscreve, prende e afirma. Portanto, também se encontra no dilema de desejar o não ser, a não afirmação, a despersonalização. Assim, aflito, ele inquire a correnteza rítmica que o trouxe até aqui, a correnteza impressora, que o tatua, o imprime como um corpo. Caminha também em busca da nascente de tal influxo, pergunta-se sobre o seu nascedouro. Será o destino uma piracema? Teremos de subir de volta a correnteza para nos despregar da forma? Como poderemos não ser?

Eis a função rítmica primordial do elemento água. Ela é uma recorrência, pois, em grande medida, cumpre uma função do não ser. Ele doa a possibilidade formal, a instauração de um *eu*, o nascimento das coisas, já inseminando nelas a sua dissolução. Esses brinquedos, contos, sonhos noturnos, materiais líquidos guardam sempre o segredo da despersonalização em direção à doação absoluta, a uma teleologia da nudez máxima, da excarnação.

A repetição no brincar talvez seja – dos primeiros estados anímicos – ensinar a nos jogarmos na correnteza. Repetindo, a criança imprime as funções básicas de seu repertório reagente e significante, desenha um modo seu, sua rede de canais irrigantes. No entanto, esses mesmos canais são um complexo sistema circulatório que adiante terá de encontrar sua foz. Todo rio tem uma foz. A foz é quando o rio desprende-se de seu nome. Já não há *eu*.

4

Matéria da noite, fantasmagoria e cercadura do *eu*

O limite do organismo, o lugar em que ele se diferencia do resto e, ao mesmo tempo, trava contato com ele, "torna-se um órgão", um lugar de existência e de vida.

Emanuele Coccia, *A vida sensível*

O escuro é das mais ambíguas matérias por onde as crianças transitam. Fazem elas muitos contatos com o obscuro. A ausência advinda da escuridão, na representação da criança, é imediatamente substituída por uma presença, uma intensidade, uma sensibilidade. O escuro é cadafalso para o desconhecido, guarda presenças, açoites, sustos, bocas e murmúrios.

Muito antes da física e seus enunciados de grandeza cosmológica, a insinuação indireta da matéria escura e sua pressão sobre a matéria visível já eram pressentidas na naturalidade mais simples, como o medo de dormir das crianças. O inconsciente das crianças, em floração, toca o cosmos. Há um abismo na noite do sonho. Abismo em movimento, há e não se mostra, lentamente se aglomera, uma massa silenciosa, um espaço, absorve e dissolve todas as possibilidades táteis, ameaça o frágil fiapo de ser, oprime a criança. A noite onírica é uma boca grande. A boca da noite. Move com determinação uma grande quantidade de escuridão, engolindo o visível. Noite e deglutição. Na física, uma das características da fluidez é mover enormes quantidades de massa, em curto tempo, pelo espaço. A natureza, no sonho, é um pavor quando irrompe sua potestade fluídica.

A noite, antes de dormir, que prepara para a verdadeira noite, a noite dos sonhos, sempre foi tema muito importante e diariamente vivido entre a maioria das crianças até bem pouco tempo atrás. A hora de abrir os cadafalsos era esperada por meninas e meninos sentados nos terreiros, às portas das casas e nas calçadas, nas salas, em volta das fogueiras ou próximo às lareiras, ao fogão a lenha, ouvindo os causos e histórias dos adultos. Essas eram as noites que abriam para a grande noite.

Mas não só pelos causos e também por uma cultura da noite que perpassava a vida das crianças. Na minha infância, convivi com povoados e pequenas cidades de um Maranhão infestado de mitologias, espectros, rezas de defendimentos, superstições e encantarias. Talvez na percepção do mundo adulto a proporção não seja de uma infestação. Mas, na audição mitológica de minha infância, as crianças viviam alertas para o além, estavam quase sempre com um pé na margem de lá das coisas. Tinham até fórmulas para chamá-las. Mas não era todo dia que tínhamos coragem para chamar à nossa imaginação tais elementos corrediços e escorregadios. Porém, mesmo que não buscássemos, os acontecimentos nos traziam aquelas torrentes de fantástica.

Vivi, que me recorde, poucos eclipses na infância. Ouvi algumas histórias de um grande eclipse, quando tudo escureceu em pleno dia e até as galinhas se recolheram nos poleiros. Mas havia uma prática comum de nós, crianças, sermos chamadas a fazer parte dessa noite grande que é o eclipse. Noite de potenciação maligna, capaz de estender seus efeitos por um ano inteiro ou mais. Quando acontecia um eclipse solar ou lunar, as crianças pegavam panelas e latas e, com pedaços de pau, iam para os jardins das casas bater nelas e gritar em torno das plantas, das árvores. Durante todo o eclipse, faziam aquela batucada para que as plantas se mantivessem acordadas e não dormissem fora de hora e não morressem no sono, não sucumbissem nas trevas.

Essa é uma prática antiga, oriunda de muitos povos, de suas investigações astrológicas e pajelanças e de observações dos efeitos selênicos na saúde de corpos vegetais, animais e da própria terra. Em regiões de grandes quilombos no Maranhão, inclusive de áreas urbanas de São Luís, havia essa prática de crianças baterem latas para as árvores nas noites de eclipse. Outros Estados, como Amazonas e Pará, de maior influência indígena, também mantiveram algumas dessas práticas até há bem pouco tempo. Não eram de origem apenas de povos africanos e indígenas, mas também com resquícios de ciência quinhentista praticada numa Europa católica, vorazmente persecutória dos paganismos, mas que, venalmente, de modo secreto, era inoculada por medicina alquímica e seus tratados de astrologia rústica para diagnose das mazelas humanas, vegetais e pastoris. Tal ciência nos chega pelos almanaques, os lunários perpétuos, aqui desembarcados junto com médicos, padres e naturalistas. Mas talvez não trouxesse grandes novidades – a não ser pela roupagem cultural exótica –, diante das medicinas dos excretos e dos orixás, praticadas nas senzalas, e das pajelanças e da complexa fitoterapia ameríndia, não menos vinculada às estrelas.

As crianças e suas latas eram chamadas para se interpor às forças lunares e seus impactos nos vegetais. Alertavam, ribombando metais e panelas, os espíritos dos vegetais para o perigo daquela escuridão, tanto solar quanto lunar, com propriedades narcóticas, ebriáticas, hipnóticas.

Muitos de nós, meus pequenos companheiros e eu, com sete, oito, nove e dez anos, assumíamos – sonhando dentro daquela urgência mágica (não era ato pensável, era ato apenas sonhável, imaginável) – o lugar de interposição de impedimento da invasão das trevas na vida dos vegetais. Um gesto de feitiçaria. Só assumido inteiramente por um pajé ou por uma criança.

Esse é um exemplo de como a cultura tem instrumentos muito particulares para *enliquecer* crianças nas águas do sonho, na seriedade imaginadora. Eram ordens de preparativo para determinado horário. Esperávamos a hora do astro. Ligávamo-nos, não em pensamento, mas pela sensibilidade cultural, num imenso movimento celeste de alinhamento e sombreamento, de umbra e penumbra. Quando anunciado o ponto de começo, saíamos para o *front* de uma batalha estridente e alegre.

Tinha também a sua gravidade, pois a necessidade era premente, nosso dever era defender as plantas. Eram noites em que fazíamos parte de um mundo efetivamente mágico, do qual não havia licença para conhecer seus segredos, mas uma ordem para viver, por momentos, essas fórmulas de magia, fazê-las reais e ativas entre nós, crianças. Ser agentes de encantarias adultas era uma espécie de entrada autorizada e, ao mesmo tempo, desterro na grande matéria da noite, essa boca à espreita dos temores da criança.

***

As grandes noites da criança! Noites guardadoras de artes e sortilégios, abriam portas como umbrais, limbos que nos devolviam – a sós – aos nossos eus. Vivia eu, por ocasião de algum acontecimento que era extra ao ordinário, num vilarejo, por semanas dominado num redemoinho de mistério e medo. Corria quase surda e sussurrante a notícia trágica: morreu um anjinho! Tal anúncio bafejava sua umidade por entre as coisas, sentia um embaço nas horas, pegando-me pelas plantas, me enlameava os pés na terra, tudo ficava viscoso, sugava de súbito o sentimento para as águas grossas, lentas águas espessas.

Andar à noite para a casa do anjinho – lugar do velório –, só crianças, por ruas de poucas luzes e monotonamente atravessadas por insetos sem destino, cheias de recantos penumbrados, era já ir prenunciando o encontro com o caixãozinho azul, dentro dele uma criança muito pequena ou um bebê morto. Os panos que adornavam a urninha por dentro, para o conforto do morto, suas franjas brancas derramadas pelas laterais, exalavam um odor doce pegajoso, odor lento de cor arroxeada, uma cor que em seus extremos carrega uma súplica.

Caminhar até a casa do velório era uma preparação vagarosa, uma reunião de coragem, a permissão interna de olhar ou não a face daquele pequeno morto. Um morto cheio de vida, pois feito divino por toda a comunidade. Envolto todo ele, louvado, no choro contrito, expiatório, da vizinhança. Essa decisão custaria o preço de ter a companhia daquela imagem por muito tempo. Imagem que provavelmente cometeria seu dolo nos momentos frágeis, nas noites de medo, nas conversas noturnas de rua com outras crianças. Uma escolha (sem nem saber o que era escolha) sobre qual nível de intensidade daria aos dias.

A matéria noturna que se anunciava com a morte de um anjinho tirava as alças seguras da razão cotidiana. Esses festejos – digamos assim – eram acontecimentos que calavam os sentidos para o mundo e abriam visões para o invisível. Todo o acontecimento, da morte ao sepultamento, imantava uma quantidade de conversas, crenças e memórias que, nos meus sete anos, eram noturnos e autênticos festivais de louvação à morte. Era a minha implacável escola de metafísica. Vi-me, menino, em muitos momentos, rodeado pelos temas medulares da morte nessas noites de um Maranhão mitológico.

Éramos crianças enfiadas na mais estranha das linguagens, segundo Bachelard, na "sintaxe das coisas que morrem"[51]. As águas claras, as corredeiras rasas e alegres de nossas infâncias logo encontravam enseadas que nos seguravam em viscosidade. Enlodados, tínhamos de nos mover muito mais devagar, o silêncio nos insultava com presságios e agouros, a dor se ensebava em nós e nos recrudescia naquilo que seria uma "lembrança imperecível"[52]. Em dias como aqueles, as águas do destino assoreavam todos os nossos barrancos de puerilidade, nossos bancos de segurança, para reenlutar as memórias de outras dores. Águas emocionais, vagarosas e turvas, buscavam coagulação em outros temores de infância, faziam-nos revisitar velhos medos, liquidavam-nos mais um pouco, matando-nos um tanto mais nessas memórias estagnantes. As águas verdadeiras são sempre mais pretas, lentas, movem recordações, movem um estranho passado, o passado da profundidade, como diz ainda Bachelard[53].

Luís da Câmara Cascudo revela aspectos desse Brasil que desaguava por noites licenciosas. Atos de desgarramento, orações de sentinela contra os assombros do sonho. Os velórios de anjinhos carregam escatologias muito antigas que se fundem com os temas das crianças divinas.

> A criança morta, o anjinho, é posto no seu caixão azul, coberto de flores e fica sobre uma mesa, não numa alcova, mas na sala principal onde os amigos da família permanecem até a hora do enterro. Durante a "guarda" ocorria o debate poético de cantadores, glosando ao

---

51. Gaston Bachelard, *A água e os sonhos*, p. 13.
52. Ibid., p. 47.
53. Ibid., p. 55.

divino a passagem do menino para a corte dos anjos de Deus. Vez por outra estrondava a roqueira no terreiro. E gritava-se "Viva o anjo!". Circulavam bebidas de fabricação doméstica, o aluá de milho ou de abacaxi, o vinho de caju ou de jenipapo, a cachaça com casca de laranja, o café bem forte. As comidas eram secas, especialmente doces tradicionais. Nada de garfo e faca. Era bem uma refeição fúnebre, rápida, silenciosa, contrita.[54]

---

54. Luís da Câmara Cascudo, *Superstição no Brasil*, p. 155.

Câmara Cascudo[55] prossegue, com a narração de Félix Coluccio, um argentino que rememora o *Velorio del angelito*, tradicional no norte e nordeste do seu país:

> [...] *cuando fallece algún niño, los padres, si sus medios lo permiten, celebran en su homenaje una reunión a la que concurren todos los vecinos, amén de los parientes del muerto. Reunidos todos y amenizados por el tradicional bombo sonador, violines, guitarras y cajas, se realiza el baile que se conoce con el nombre de* Baile del Angelito. *Allí no debía faltar durante la noche, el café con caña, el aguardiente hervido con tala o poleo silvestre, numerosas vasijas con aloja de algarroba blanca debidamente fermentada para reavivar el espíritu pesaroso de los atribulados padres del angelito.* [...] *Seguidamente retumbaba en el silencio de la noche el repiqueteo del bombo, y al amanecer se entonaban algunos salmos o cantos propios del lugar para hacer volar al angelito, el cual terminaba lleno de danzas mímicas, lamentos y cantos. Además al mismo tiempo debían arrojar al aire muchas docenas de cohetes, teniendo muy en cuenta de no quemar el ala del inocente párvulo, que volaba buscando el seno de la gloria.*[56]

Festejos de desencarnação, cujo objetivo era desgarrar da noite úmida a alma necessitada de airar para viver sua sublimação. Como vimos, Heráclito sugeriu que a alma úmida é uma espécie de enlace pegajoso, um torpor, uma embriaguez com as coisas do mundo. Por isso, o anjinho necessitava de suas asas preservadas, de ar quente,

---

55. Luís da Câmara Cascudo, *Superstição no Brasil*, p. 156.
56. Tradução nossa: "[...] quando uma criança morre, os pais, se os seus recursos permitirem, realizam uma reunião em sua homenagem, com a presença de todos os vizinhos, além dos familiares da falecida. Com todos reunidos e animados pelo tradicional bumbo, violinos, guitarras e caixas, é realizada a dança conhecida como *Baile del Angelito*. Não devem faltar, durante a noite, café com cana, aguardente fervida com tala ou poejo bravo, jarras cheias de alfarroba branca devidamente fermentada para reavivar o espírito pesaroso dos perturbados pais do anjinho. [...] Depois, no silêncio da noite, reverberava o barulho do bumbo e, ao amanhecer, para fazer voar o anjinho, eram cantados alguns salmos ou canções típicas do local, que terminavam repletos de danças mímicas, lamentos e cantos. Além disso, ao mesmo tempo, deveriam lançar ao ar muitas dúzias de fogos de artifício, tendo muito cuidado para não queimar a asa do inocente infante, que voava em busca do seio da glória".

ígneo, seco pelos fogos de artifício, propício para sua ascensão. Carecia de um rito de natureza atmosférica, um propiciatório, uma mercê de evaporação. Sem o rio abissal da noite, como se poderia realizar tal deslaçamento, tal entrega de um bebê ao não visto?

***

Mas existem outras águas nessas noites límbicas. Águas capazes de mover as reações emocionais de fundo na criança, revolver memórias somáticas, especialmente as dolorosas. São noites instintivas, capazes de evocar imagens não existentes na memória visual. Imagens que habitam o mar, as ondas mais pesadas das emoções primárias. Aquelas emoções construídas por processos fisiológicos ligados à sobrevivência. Parte desses processos está na água ancestral ativa em nós, como batalhão de defesa comunicando substâncias químicas, umas com as outras, em seu meio hídrico, como o sangue branco do sistema linfático ou o líquor do sistema nervoso.

Portanto, não deixaremos de considerar, mesmo que brevemente, o caráter fisiológico do imaginário infantil. Na companhia de Bachelard, somos levados a perceber, mais adentro, que

> os primeiros interesses psíquicos que deixam traços indeléveis em nossos sonhos são interesses orgânicos. A primeira convicção calorosa é um bem-estar corporal. É na carne, nos órgãos, que nascem as imagens materiais primordiais. Essas primeiras imagens materiais são dinâmicas, ativas, estão ligadas a vontades simples, espantosamente rudimentares. [...] Uma coisa é certa, em todo caso: o devaneio na criança é um devaneio materialista. A criança é um materialista nato. Seus primeiros sonhos são os sonhos das substâncias orgânicas[57].

Poderíamos chamar, na noite imaginante da criança, esses sonhos de substâncias orgânicas, sonhos límbicos. São estados fronteiriços decorrentes da liquidez biológica. Ensinam-nos sobre a cercadura do corpo. O senso do *eu* nasce por ser, esse suposto eu, antes de tudo, uma bolha, uma membrana, uma vida circunscrita à bilha d'água. Uma vida que se ajusta e se regula, fundamentalmente, pelo exterior. O que acontece em termos ambientais e, no caso das noites límbicas, em termos *animosférico*, simbólico, *poiético*.

As periferias das culturas – não as sociológicas, mas as *poiéticas* – são desimportâncias cruciais só visitadas mais frequentemente por poetas, outros tipos de perturbados e crianças. São limiares credíveis só para aqueles possuídos de sonhos. São fronteiras temerárias, são também sumidouros. As crianças, especialmente, têm *hidroniria* suficiente para manter o mundo corpóreo e membranário em estado ativo, trabalhando, formando tessituras conjuntivas com maior poder fagocitante, mais preventivas. A biologia que trabalha colaborando com o nascimento de um senso de percepção própria tem, nos sonhos das extremas, nos medos e seus séquitos de imagens, bons testes de sua qualidade homeostática, bons experimentos de seu equilíbrio.

As crianças, em comunidades *animosféricas,* sentiam, muitas vezes, abalos em seus cotidianos, quando corriam pelas ruas assuntos, espécies de linguagem de feitiçaria. Certas épocas, alguma entidade, um espectro, era solto nas nossas noites. Diziam que entrava nas casas, levava as crianças e matava os pais chupando todo o sangue. Não lembro de ter ouvido descrições de como era a coisa ou seu nome, mas me recordo de uma convulsão de imagens nunca imaginadas, ou vistas, eclodindo como uma espécie de memória de algo sabido em algum lugar basilar e vulnerável. As águas do corpo sabiam. A proximidade com tal assombro era orgânica.

O único modo de defesa contra aquilo, alardeado nas ruas, pelas crianças, era desenhar, na porta de entrada da casa, com tinta

---

57. Gaston Bachelard, *A água e os sonhos*, p. 9.

vermelha ou, de preferência, com sangue de algum animal, uma cruz com a inscrição "Jesus, Maria e José". Um escudo intransponível, heráldica de combate, imagética de trincheira. Lembro-me de ver, não sem alguma aflição, nas portas das casas por onde perambulava com os amigos de rua, essas inscrições feitas pelas crianças. A minha aflição e indignação é que meu pai não se engajava nessas fantásticas e não permitia que eu – um partícipe tomado sem escolha por esses pavores – fizesse isso na minha casa. Era vulnerabilizado por aquela descrença espúria de meu pai. Pois eu, convicto, previa todas as consequências do fato. Era alumbrado, tanto pela luz quanto pela peçonha daquelas imagens.

Aquelas escudelas de tinta vermelha aplacavam as noites terríveis em que as crianças quase ouviam os arrastos do tal ente pelas ruas. Os escudos asseguravam melhor a impossibilidade de invasão de nossas almas. Essa cultura gráfica, de sinais, capaz de interditar fluidos destrutivos, criava estados limítrofes, trabalhava fortemente na circunscrição de defesas e torres para um *eu*. Uma cultura, uma membrana, uma tecnologia que nos mantinha circundados, defendidos por um pensamento mágico. Há aqui uma ideia mitológica de eleição, de escolhidos, de preservados por um emblema, por uma heráldica sobrenatural, superior.

As crianças fiadas nesses sonhos se entrelaçavam numa ideação de poderes ocultos. Nos momentos sombrios, entre perambulagens e brincadeiras, éramos magos de última hora. Não era qualquer coisa, nos píncaros agudíssimos dos sete anos de idade, engendrar um feitiço e afastar o ente assombroso que morava nas entranhas da noite. Era nossa escola de magia experimental. Não tínhamos livros de entretenimento inspirados em mitologias europeias, nem televisão, nem fantasias de magos para vestir. Vivíamos descalços, só de calção, nos resvalos milenaristas de uma imaginária medieval judaico-cristã, assimilada por uma epistemologia feiticeira de populações pretas e indígenas que sonhavam a realidade (não a pensavam), à revelia da pretensão civilizada.

Assim, contávamos com as receitas industriosas que sempre chegavam acrescidas de fascínio entre as crianças, mas também com a microtecnologia das reações instintivas do corpo, nossas águas primárias. Nossa memória somática. E esse é o ponto aonde quero chegar para falar dessas noites límbicas. Estados noturnos em que o sistema corpóreo trabalha com imagens oriundas talvez da linguagem de nossa química profunda, das águas mediadoras de nossa estabilidade orgânica chamada de homeostase.

Não poderia deixar de recorrer ao neurologista António Damásio e a Gaston Bachelard para sondar esses temas límbico-anímicos. Pois foi Bachelard quem se perguntou sobre a necessidade de investigar uma fisiologia da água imaginária. Não só um imaginário do elemento água, mas sua força anímica oriunda de sua própria função fisiológica, uma "psicofísica dos sonhos", um "mimetismo substancial"[58].

Brilhante a intuição de Bachelard, esse barqueiro da alma, pois procura no fundo, na elementaridade líquida do corpo, o seu halo imaginal. Desconfia que o elemento água, em sua visceral magia, transborda de sua bioquímica a estrutura semântica de uma imaginária. No entanto, para tal descida investigativa, Bachelard alertou sobre a necessidade de uma cultura médica. E isso nos leva à neuroimanência de António Damásio, que, em seu livro *O mistério da consciência*, investiga a existência de uma ideia de *self* associada ao nosso meio interno, orgânico, que, para funcionar, necessita de estabilidade, necessita da homeostase. É nessa estabilidade que se assenta um sentimento de *eu*, identitário, fronteiriço, a "bilha", como diria Peter Sloterdijk.

Mas de pronto quero alertar: nossa opção pelos argumentos de António Damásio é pelo acesso a uma quantidade significativa de recursos neurofisiológicos que nos aproximam, mesmo que muito indiretamente, do elemento água. Pois, aqui, trabalho noutra via, talvez contrária ao pensamento desse cientista e filósofo muito

---

58. Gaston Bachelard, *A água e os sonhos*, p. 5, 31.

bem equipado das evidências neuroanatômicas. António Damásio sustenta que a vida biológica, em seu decurso de bilhões de anos, traz consigo um imperativo homeostático com instruções básicas de equilíbrio e previsibilidade que, em sua evolução, complexificou-se para sistemas nervosos, sentimentos e consciência. Ou seja, a consciência nasce da organização da matéria biológica.

As referências que sustentam minha reflexão, neste estudo sobre o elemento água e a criança, indicam caminhos opostos a esse, navegam muito mais pela heresia platônica. O influxo vital, ou a consciência, é quem modula por dentro, em seu movimento criador, a vida biológica. A consciência criante é quem constrói a vida. A vida tal qual ela é manifesta-se como feição dessa consciência moduladora. O influxo vital trabalha na matéria biológica para que esta desenvolva um aparelho à altura da expressão máxima desse insuflar geracional. A consciência, criando a vida, deseja as condições mais ramificadas, mais complexas, mais belas, para que possa se expressar em sua infinitude e grandeza. Ou seja, a vida biológica é quem nasce da consciência, consciência criadora.

Assim, feito esse ajuste nas diferenças de pensamento, prosseguimos buscando, nas fecundas ideias de homeostase, produzidas por Damásio e por um esteio de microbiólogos que o antecedem, as bases bioquímicas para a água que sonha em nós. Não há aqui qualquer intuito de angariar provas científicas para minha argumentação, mas, sim, de se perguntar, por dentro do *kósmos* (beleza) corporal humano, se a função primordial da água é sonhar em nós, subjetivar em nós, especular em nós tantas formas de sonho, inclusive o sonho de que nascemos para desaguar.

Do mesmo modo que talvez os genes tenham sido os "instrumentais"[59] através dos quais a vida trafegou desde sua antiquíssima existência até o presente, quem sabe a água seja o meio onde a consciência criadora teceu seus propósitos de plasticizar matéria. Pois, retomando nosso curso, não é a biologia que desenvolve de

---

59. António Damásio, *A estranha ordem das coisas*, p. 40.

si modos de consciência, mas é a consciência que desdobra de si infindos modos biológicos. Modos esses que, em sua multiplicidade formal, amparam diversos graus de expressão dessa mesma e única consciência.

Assim, aos poucos, seguiremos por dentro das águas noturnas das crianças e seus medos primais, hipotetizando se esses animismos (co)operam para o trabalho de estabilidade e constância em nossa fisiologia líquida. Se cooperam por meio de uma imaginária que atua nos fundamentos de um *self* na criança, na construção de um continente.

Nesse sentido, Damásio sugere que

> a expressão *somatossensitivo*, como apropriadamente indica sua etimologia, designa a percepção sensitiva do *sôma*, palavra grega que significa "corpo". Porém, a ideia evocada por *sôma* é com frequência mais restrita do que deveria ser. Infelizmente, o que no mais das vezes vem à mente quando se diz *somático* ou *somatossensitivo* é a ideia de tato ou a ideia de sensação nos músculos e nas articulações. Contudo, descobriu-se que o sistema somatossensitivo está relacionado a muito mais do que isso, e na realidade não se trata de um único sistema. É uma combinação de vários subsistemas, e cada um destes transmite ao cérebro sinais sobre o estado de aspectos muito diferentes do corpo. [...] Para que se tenha uma ideia do que fazem os subsistemas e de como eles estão organizados, agruparei a sinalização em três divisões fundamentais: a divisão do meio interno e visceral, a divisão vestibular e musculoesquelética e a divisão do tato discriminativo[60].

Um desses meios citados por Damásio, o meio interno e visceral e sua relação com o sistema musculoesquelético e a grande víscera da pele, talvez possa demonstrar de modo mais claro, para esta investigação dos sonhos líquidos, que dentro do continente orgânico, do espaço limítrofe do organismo, correm rios de substâncias que

---

60. António Damásio, *O mistério da consciência*, p. 195-196.

se sustentam na água e trabalham continuamente, aprimorando a ideia sempre fronteiriça de uma individualidade, de uma consciência. Talvez aqui encontremos, como sugere Bachelard, uma causa material que sustente a noção de indivíduo, uma matéria com "poder individualizante"[61].

Bachelard, em sua "psicanálise" da matéria, nos provoca para o sentido da profundidade material. A energia da imaginação material se descola do interesse formal e não se preocupa em formar imagens, conduzindo-se à direção oposta, para uma energia interna à própria matéria. Uma força assente na originalidade, na constância ininterrupta do pulso material. Portanto, encontramos aqui uma ponte com aquilo que António Damásio chama de "estabilidade para o nascimento de uma ideia de *self*".

O meio ambiente interno, esse subsistema de quimismos, esse complexo comunicante que se sustém no meio líquido e trabalha em correntes e fluxos (física dos fluidos), em rios do nosso corpo, é a hidráulica venal de cicliciação, a energia geradora de diversos ciclos em nosso organismo, inclusive os emocionais. É nas águas que nossas emoções se formulam. E isso não é apenas metafórico. É material. Isso não é apenas uma imagem para remeter aos movimentos e instabilidades emocionais, mas é o sentido de profundidade do elemento água se movendo em nosso corpo. É nesse meio aquoso que se preparam as emoções em nós. É através de seus impulsos, de sua termodinâmica, da pressão arterial (força dos batimentos cardíacos e calibre dos vasos) que são realizados os comunicados, os sinais e as trocas metabólicas que desembocam em nossas marcas somáticas, que nos inscrevem comportamentalmente e atuam e condicionam positiva e negativamente na manutenção ou descarte de sistemas neuronais.

Assim também serão reguladas as águas de lavar e defender do sistema linfático. Inauguram-se ciclos novos quando sistemas neuronais são destruídos e novos neurônios ativos os substituem ou

---

61. Gaston Bachelard, *A água e os sonhos*, p. 7.

mesmo são criados. Essa ciclicidade, a criação contínua de ciclos, inclusive e fundamentalmente os ciclos neuróticos de proteção e blindagem do *eu*, provém da energia termodinâmica das águas no corpo. Todo o carreamento líquido de nosso corpo e seus tipos de fluidos é que sustenta qualquer forma de energia significante que nele se processa. Inclusive a transformação dessa energia em impulsos elétricos, neurológicos.

As noites límbicas da criança, as noites de assombro e terror, nascem dessas águas profundas de manutenção do corpo, de nossas vísceras. Portanto, esses medos e abismamentos emocionais provêm de fontes basilares que trabalham no ancoramento, na consubstanciação da ideia de *eu*. Pois, no pensamento de António Damásio, a hipótese dos marcadores somáticos[62] é demonstrada como uma cartografia neural em que o sistema nervoso central organiza, mapeia e simboliza ("sintagmas") as experiências registradas como dor e prazer, recompensa e castigo, captadas dos subsistemas somatossensitivos.

A finalidade dos marcadores somáticos é organizar um complexo sensível de relações com os meios (interno e externo) que garanta a sobrevivência e o equilíbrio do organismo. Para tanto, para garantir a sobrevivência dos organismos, a natureza pode pecar pelo excesso de zelo, mas nunca pelo desleixo. Nesse sentido, manter-se, perpetuar a vida significa estar mais em alerta que em repouso, armazenar mais experiências de dor do que de prazer, instando o organismo a estar mais predisposto à defesa, observando continuamente, mais vigilante, mais constrito e – por que não? –, nos extremos, mais neurótico.

Portanto, os medos imaginários que ganham formas nas noites das crianças são, em parte, os dutos de suas águas, seu mundo fluídico produzindo sintagmas de sobrevivência, corroborando para seu senso de individualidade, para seus estados fronteiriços, para a manutenção de sua bilha de solitude. Os "sintagmas", para

---

62. António Damásio, *O erro de Descartes*, p. 197.

António Damásio, são os sinais sintéticos, em forma imagética, em forma de percepção simbólica, oriundos do conjunto simbiótico entre emoção e cognição, capazes de ler, responder e interagir com o meio.

Mas não só: há nessa sabedoria hídrica uma estabilidade geral que se sustenta da morte, da escarificação, ou da contínua diluição da forma biológica dos órgãos, que aos poucos vão trocando os tecidos, se renovando, no progressivo devir de um corpo nunca o mesmo, sempre se decompondo para se refazer. Portanto, a água, no corpo, é a mediadora de duas vias: funde um senso de *eu* no biológico e, ao mesmo tempo, profundamente movente, trabalha anunciando a finitude desse mesmo *eu*, sua passagem, sua transitoriedade, a iminente destruição de suas fronteiras. Cria um *eu* imanente, já convencendo-o de seu gradual escoamento. Um devenir heraclítico.

Nosso sistema líquido já nos instrui sobre nossa passagem, sobre o rio que somos, sobre nosso destino de desaguagem e fusão em um receptáculo maior e oceânico. Talvez já aí, antes da cultura, ainda anfíbios, modelados por filamentos nervosos lacustres, formulamos, numa premonição morfogenética do fim, num desespero bioquímico, as neuroses de controle de nossa bilha para que ela não se rompa, para que ela se afirme própria e única. Será o meio aquoso a fonte pré-cultural e pré-consciente do ato binário, da tensão polar, entre controle e entrega, entre neurose e devir, entre ação e repouso?

Mas as culturas médicas ditas científicas há muito abandonaram a mística da matéria e da substância, mesmo as inspirações neurofilosóficas de Damásio; não se interessam pela profundidade material. Elas estudam os enervamentos dos sistemas plasmáticos, hemáticos, e até a flagrante beleza material do líquor; enveredam pelas imagens internas e pelo nascimento dos sentimentos, mas não se entregam à calma do senso meditativo. Descrevem as particularidades das substâncias viventes das águas, suas funções e interações, mas não tocam no meio aquoso em si, que é suporte energizador para todas elas. Essas trocas metabólicas só existem pelas águas que as sustêm. Sem a água, não haveria nenhuma dessas plásticas simbiônticas.

Os cientistas não se atêm à inter-relação profunda da água com essas substâncias. Trabalham no mesmo racionalismo, na mesma premissa cartesiana de filosofias estéticas que se envolvem apressadamente com a forma e não auscultam a profundidade material que garante sua existência. Assim como as ontologias e metafísicas que debateram por séculos – segundo a denúncia de Bachelard e Peter Sloterdijk – o "ser aí", lá no mundo, sem levar em conta o ser antes, na bolha, aqui, no ninho, na casa, no saco vitelino: a criança.

Essa busca pela matéria água, ou por esse limiar material que é a água, é o desejo de ser fiel a uma "imaginação aberta", de educarmo-nos para uma "meditação da matéria". Esses são dois termos bachelardianos que instigam para uma pesquisa sobre a criança e sobre o elemento água, para uma prática de uma imaginação suficientemente aberta, que transporte nossa consciência para a metafísica da imanência material, leve-nos a meditar na elementaridade como *anima mundi*.

Bachelard diz que,

> meditada em sua perspectiva de profundidade, uma matéria é precisamente o princípio que pode se desinteressar das formas. Não é o simples déficit de uma atividade formal. Continua sendo ela mesma, a despeito de qualquer deformação, de qualquer fragmentação. A matéria, aliás, se deixa valorizar em dois sentidos: no sentido do aprofundamento e no sentido do impulso. No sentido do aprofundamento, ela aparece como insondável, como um mistério. No sentido do impulso, surge como uma força inexaurível, como um milagre[63].

Seriam o sistema somatossensitivo (sugerido por Damásio) e seu vasto meio interno o depositário desse sentido de aprofundamento

---

63. Gaston Bachelard, *A água e os sonhos*, p. 3.

(sugerido por Bachelard) da matéria líquida em nosso corpo? Aí fermentam as funções da vida imaginária que se guarda no abismo? Pois, das matérias que continuam sendo elas mesmas, a despeito de fusões, deformações e fragmentações, a água é a mais estável, a mais fiel a si mesma e, por isso mesmo, a mais desgarrada de si, a mais impessoal e, talvez por isso, a única capaz de ser oceânica. Nem o ar e seu oceano atmosférico aberto tem em si zonas pelágicas, regiões de puro devir como os oceanos e suas profundezas. Nenhuma outra região material do ecossistema terrestre concentra tanta plasticidade de profundidade como o fazem as águas.

Em regiões abertas do oceano, de profundezas que variam de grandes a abissais, vivem seres que não necessitam das costas terrestres e dos fundos marinhos. Muitos desenvolvem toda a sua vida à deriva ou em imensos deslocamentos através das correntes e em níveis de variação extrema da presença da luz. Encontram nesse universo planctônico as massas de água mais propícias para sua sustentação, sendo eles próprios filhos do puro movimento material do meio aquoso. Essas são as regiões propriamente pertencentes ao reino das águas do planeta, onde se concentra a maior parte da água da Terra. Se um dia brotou uma filosofia do devir, foi pelo movimento da matéria pelágica que se doou à bilha humana. Só na água, ou nesse quase limiar material, somos tocados para o mais profundo mistério imerso em si próprio, mistério dentro de sua força material oceânica, e, por outra via, nessa mesma água que se segreda em si, que se guarda em sua matéria quase espiritual, há o impulso incontido de criação para fora de si: a geração dos seres e seus ciclos, suas existências constritivas, enformadas, imagísticas.

Portanto, o sistema somatossensitivo (e seu meio interno e visceral) nos parece a malha arquitetônica de atuação da força das águas imaginárias em nós, a região em que as águas profundas atuam. Por suas vias nervais simpáticas *(stress),* controla rios sanguíneos, inibe fluxos, constrange salivação (palavra que nasce da aridez), adrenaliza a circulação sanguínea, contrai o tubo digestivo, expande e alerta a visão, tirando-a de seu repouso. Ao passo que, por sua atuação parassimpática (descontração) e sinapses cardíacas, abre as águas a fluir, solta as lágrimas e a saliva (esse elixir digestório e fluídico do dizer), libera o trato digestivo, relaxa a retina (esfíncter da alma) e repousa a visão nas imediações, acalma o coração.

Temos aqui tanto a estimulação das águas violentas no corpo e seu coeficiente de adversidade e perda da energia (catabolismo) quanto a retirada das frenagens e afrouxamento dos calibres venais para o fluxo das águas tranquilas (anabólico), gerando mais energia para o corpo.

Esse sistema se liga ao movimento das emoções e à inscrição somática, ou seja, nossa memória básica – afetivocartográfica –, topografia neural, para a construção de escolhas e respostas ao meio. O medo, a dor, a ruptura, a desestabilidade são funções fundamentais que se desenham como experiências basilares de nosso corpo em relação com o território e seus mapas: traçados espaciais do que se sente. São, na verdade, as preponderantes emoções que delineiam esses mapas monitorados pelo sistema nervoso central como fundamentos de nossa relação com nós mesmos e com o ambiente.

O "coeficiente de adversidade"[64] do sistema nervoso interno e sua dinâmica de águas mais violentas e provocativas, mais estimuladoras de presença ativa, oferece-nos matéria hidrográfica para a montagem de uma reflexão que aponta para as noites límbicas de medo e mistério, ou para uma imaginação mais noturna e inata provinda das águas do corpo, que é partícipe do trabalho organizador das fronteiras.

Tais forças aquáticas tanto são a matriz material do equilíbrio anímico e da estabilidade orgânica quanto podem ser ameaças de invasão, penetração e ruptura da individualidade, causando reações neuróticas como as blindagens e o controle excessivo (músculos esfincterianos do olho, do ânus, outras vísceras e outros canais de abertura e fechamento do corpo), para manter a coesão necessária

---

64. Gaston Bachelard, *A água e os sonhos,* p. 165.

ao não rompimento total, ao não escoamento psicótico. Isso também não nos aproxima de uma fisiologia das neuroses?

António Damásio aponta para instalações inatas de algumas reações vitais, que chama de "emoções primitivas":

> Eu diria que não é forçoso que animais e outros seres humanos se encontrem inatamente instalados para ter medo de ursos ou de águias (embora alguns animais e seres humanos possam encontrar-se ativados para ter medo de aranhas e de cobras). Uma hipótese que acredito não levantar nenhuma dificuldade é a de que estamos programados para reagir com uma emoção de modo pré-organizado quando certas características dos estímulos, no mundo ou nos nossos corpos, são detectadas individualmente ou em conjunto. Exemplos dessas características são o tamanho (animais de grande porte); uma grande envergadura (águias em voo); o tipo de movimento (como o dos répteis); determinados sons (como os rugidos); certas configurações do estado de corpo (a dor sentida durante um ataque cardíaco). Essas características, individualmente ou em conjunto, seriam processadas e depois detectadas por um componente do sistema límbico do cérebro, digamos, a amígdala; seus núcleos neuronais possuem uma representação dispositiva que desencadeia a ativação de um estado do corpo, característico da emoção de medo, e que altera o processamento cognitivo de modo a corresponder a esse estado de medo [...] para se provocar uma resposta do corpo, não é sequer necessário "reconhecer" o urso, a cobra ou a águia como tal, ou saber exatamente o que provoca a dor. Basta que apenas os córtices sensoriais iniciais detectem e classifiquem a característica ou características-chave de uma determinada entidade (isto é, animal, objeto) e que estruturas como a amígdala recebam sinais relativos à sua presença *conjuntiva*.[65]

Aqui, encontramos uma mediação da ideia de controle, constrição, constrangimento (no mínimo, ligado ao sistema nervoso

---

65. António Damásio, *O erro de Descartes*, p. 160.

simpático e, talvez por extensão e consequência, às regulações neuróticas), ideia essa advinda da ação, da forma e do movimento de entidades e objetos, vinculada à termodinâmica das águas, meio ativador das emoções pelo sistema límbico e visceral.

Portanto, chamamos de "noites límbicas" a relação das águas do corpo (plasma, fluido celular, sangue, linfa, líquor) com operações imagéticas, com as formulações simbólicas nascidas da ação, da forma e do movimento de entidades e objetos. Daí gera-se imaginário. As correlações infinitas de uma imagem com outra dão-se pela dinâmica do movimento. O processo de criação de imagens oníricas é dinâmico e morfológico: dá-se pela afinidade de forma e movimento.

As emoções primárias, sugeridas pela neurologia, provêm justamente do movimento material, suas dimensões e pesos e traços formais. Informações inatas. Os corpos já as detectam sem contato prévio com o meio externo. Já trazem consigo uma memória dessas imagens. Portanto, elas advêm de fontes mais obscuras, ainda não totalmente formais e muito mais reativas. Talvez esses dinamismos límbicos nucleiem uma imaginação especialmente noturna (a noite da vida) vinculada a emoções basilares que estabelecem relação com o meio pelo movimento dos entes, pelo peso, tamanho, calor, som, velocidade, abrangência de sua ocupação no espaço. A relação com o meio não só externo, mas também interno, é ativadora de respostas do corpo para garantir certo equilíbrio de sua organização biológica que é alarmada. Um homeostático estressamento simbólico-motor.

Somos, por natureza biológica, um equipamento muito apto a se neurotizar, mas que, ao mesmo tempo, traz como virtualidade libertadora a capacidade de levar a si mesmo adiante, hidricamente conduzir-se. Nossa corporeidade hidrodinâmica tem a potencial ciência de lavar a si mesma, distensionar a si mesma, descontrair a si mesma, metabolizar os sentidos de si mesma pela matéria líquida das imagens.

Mas, para que a criança se encontre com esse aspecto zelador do corpo, de se lavar desde o interstício (sistema linfático) até as finas percepções suprassensíveis, é necessário dar a ela um senso de homeostase mais amplo, aproximá-la mais das águas noturnas, das noites límbicas. Levá-la a viver os aspectos mais basilares que potencializam o medo defensivo e que, por uma perspectiva mais aberta, podem ser vividos como experiências reguladoras, libertadoras. Aprender a contatar as águas pelágicas de nosso corpo e conhecer, trabalhar com seus fantasmas, com o universo fantasmagórico de emoções primárias por elas geradas.

A fantasmagoria é um conglomerado de imagens lavadeiras, aproxima as crianças das formas inatas e reativas. Permite a aproximação dos fluxos pré-conscientes e metabolicamente organizadores da vida. A fantasmagoria provém de nosso quimismo, de nosso rio de substâncias, das volições da correnteza bioquímica em nós, formulando replicações, realizando trocas, tocando em frente o antiquíssimo aparelho que trabalha filtrando e latendo misturas em si próprio. Os medos primários são emanações imaginárias da constituição do organismo individual e da individualidade. Especialmente, vinculamos esses medos ao ouvido e suas tonalidades do *eu*.

Cada *eu* tem seu tom e timbre. Há uma psicoacústica constitutiva. As perturbações e medos aterradores que surgem como iminentes invasões são provocações mais acústicas do que visuais. Existem infinidades de causos, contos e músicas de seres assombrosos que carregam crianças e as raptam nas "horas abertas"[66], especialmente à meia-noite ou depois dela, construídos todos sobre uma neurolinguística e uma concatenação neuromusical atuante na malha tonal do sujeito, no seu timbre originário, na sua formação acústica ainda uterina. Tal estressamento sonoro do monstro, do fantasma, do demônio devorador toca a imaginação líquida da criança, sua tessitura tônica originária, desenvolvida dentro da água, imersa na densidade amniótica.

---

66. Luís da Câmara Cascudo, *Superstição no Brasil*, p. 446.

Os medos tocam nessas bases protoacústicas. São instigados pelas sonoridades, pela oralidade que mantém a teia de conversas proibidas, os dizeres secretos e fervilhantes que rastejam sonambulamente esperando a hora de serem contados por algum menino psicopompo (xamânico, pontífice) e seus interesses por pedagógicas do terror, esperando o momento de atiçar as imagens infernais do mundo infantil. O medonho, e tantos outros fascínios, é mais ativo pelo estímulo sonoro. As mais fundas águas anímicas têm uma delicada feição sonora, frequencial. São o céu do feto ou, também, podem ser seu inferno.

Retornaremos a esse tema, mais adiante, quando trabalharmos com os acalantos. Por enquanto, é-nos suficiente indicar, depois dos caminhos argumentativos trilhados, que o boqueirão anímico das águas noturnas, os seres invasores habitantes da cultura (imaginal) da criança alcançam-lhe o tom estruturante do *eu* e sua intencionalidade primeira de ressonar, o começo do trabalho para chegar ao eu soo (sonar, soar, sonalizar). Preparação acústica imersa na laguna uterina.

5

A vida rítmica

Todas as coisas que podem ser atadas por vínculo são, de alguma forma, sensíveis, e, na substância dessa sensibilidade, observa-se uma determinada espécie de conhecimento.

Giordano Bruno, *Os vínculos*

Quando vê algo, dá-lhe o nome segundo a qualificação da coisa. Mas para fazê-lo, ele também tem de configurar-se numa forma semelhante e engendrar-se com seu som do mesmo modo que se engendra a coisa que ele quer nomear.

Jacob Boehme, *A aurora nascente*

O ritmo é um comedimento da vida infuso no elemento água. Talvez o ritmo seja a virtude arquetípica da água atuando no plano orgânico. Especialmente no que diz respeito aos seres e suas trajetórias metamórficas, o ritmo das águas atua de maneira indelével no senso espacial e no fluir temporal, forçando esses dois territórios da forma a um destino. Nossa noção de tempo e espaço talvez fosse ainda mais claustrofóbica, mais densificada no ilusório, talvez fosse ainda mais angustiante, estanque e cristalizada, se nossa estrutura orgânica tivesse uma porcentagem um pouco menor de água. Somente por essa abundância de água em nossos corpos e em nosso planeta é que se sussurra em nós o devir, sua atuação libertadora, porém pouco confortável.

A água cria mecanismos vitais para muito além dos atmosféricos e geológicos. Esse ritmo planetário assumido pela água sem dúvida cumpre uma função imprescindível em sua ciclicidade de condensação e evaporação, como geleiras, rios terrestres, intraterrestres e aéreos. No entanto, a água estabelece relações tão profundas no nível do imenso e do mínimo que, talvez, possamos dizer, ela seja a base plástica de toda vida imaginária humana. Sua sensibilidade sensória, seu magnetismo delicadíssimo captura a impressão dinâmica tanto dos astros como dos atos constitutivos da criação. Ela é uma espécie de antena, de cristal líquido que absorve do sistema solar o ordenamento dos planetas, suas forças gravitacionais, sua atuação eletromagnética. Ao mesmo tempo, é o meio plasmático, condutor da eletricidade neurológica, que grava em nós a atuação das palavras, o peso dado às emoções, as cores e as alegrias do corpo.

Theodor Schwenk[67] denota aspectos dessa sensibilidade dos seres, hóspedes do meio líquido, para as forças do cosmos:

> *Existe un tipo de "eperlano", emparentado lejanamente con los salmones y que habita en alta mar. Una vez al año [...], estos peces se dirigen*

---

67. Theodor Schwenk, *El caos sensible*, p. 69-70.

hacia las costas de California. Allí [...] esperan a la marea alta. [...] Entonces se dejan arrastrar por la última ola de esta marca [...] Las hembras desovan entonces sobre la arena [...] y los machos fecundan los huevos. Con la ola siguiente, los peces vuelven a nadar hacia el mar abierto. Pero esta ola es la primera de la marea baja y por lo tanto los huevos que fueron puestos en la arena no podrán ser alcanzados por el agua y devueltos al mar. Durante los trece días siguientes, el agua no llegará nunca a estos niveles. El decimocuarto día la marca volverá de nuevo a ser lo suficientemente alta como para que las crías, recién salidas del huevo, puedam ser arrastradas por las olas mar adentro [...]. Estos peces viven en relación tan estrecha con las marcas, es decir, con los movimientos cósmicos del água, que saben con una precisión astronómica de segundos cuándo la marea alta del mes de mayo alcanza su cota más elevada. Es el único instante del año en el que la constelación de tres astros – sol, luna e tierra – les ofrece las condiciones favorables para su reproducción.[68]

Tal impressionabilidade rítmica, tal vigília captativa infiltrada em todos os seres advêm da capacidade imitativa, especulativa (*speculo*, espelho), desse elemento. A palavra "espelho", em latim, vem do étimo *specere*, que significa "olhar".

Trabalhemos essa ideia do "ver a partir de um modo do neoplatonismo", especialmente na obra de Pseudo-Dionísio Areopagita, esse marcante influenciador da mística cristã. Entre seus escritos

---

68. Tradução nossa: "Existe uma espécie de 'eperlano', parente distante do salmão e que vive em alto-mar. Uma vez por ano, [...] esses peixes se dirigem para a costa da Califórnia. Lá, eles [...] aguardam a maré alta. [...] Em seguida, eles se deixam levar pela última onda desta marca. [...] As fêmeas então desovam na areia [...] e os machos fertilizam os ovos. Na próxima onda, os peixes nadam de volta para o mar aberto. Mas essa onda é a primeira da maré baixa e, portanto, os ovos que foram depositados na areia não podem ser alcançados pela água e devolvidos ao mar. Nos próximos treze dias, a água nunca atingirá esses níveis. No décimo quarto dia, a marca estará novamente alta o suficiente para que os filhotes, recém-nascidos do ovo, possam ser arrastados pelas ondas para o mar. [...] Esses peixes vivem em uma relação tão estreita com as marcas, ou seja, com os movimentos cósmicos da água, que sabem com uma precisão astronômica de segundos quando a maré alta do mês de maio atinge seu nível mais alto. É a única época do ano em que a constelação de três estrelas – sol, lua e terra – lhes oferece condições favoráveis para sua reprodução".

(provavelmente do século V ou VI d.C.), há um tratado de angelologia chamado *A hierarquia celeste*. Sua linguagem poética, arguta, faz uma rara e preciosa crítica à imaginária bíblica.

Uma avançada discussão sobre pedagogia das imagens é proposta nesse tratado acerca das alturas, e sua gradual condensação, densificação, que deu origem ao mundo. A luz e sua iridescência é a "substância" que alicerça uma ordem hierárquica, construída por Pseudo-Dionísio, assentada no desdobramento gradual de seres angélicos que descendem de Deus.

Pseudo-Dionísio questionou a imagística bíblica que se utiliza da "matéria grosseira" para criar analogia com a forma dos anjos. Segundo ele, o mundo formal, as imagens da natureza não têm sublimidade suficiente para provocar uma elevação de nossa consciência ao puríssimo mundo das inteligências angélicas. Inteligências cada vez mais apuradas na medida de sua proximidade com o Criador. Trata-se, portanto, do modo pelo qual a Luz, o Ser supremo, desce gradativamente através de inteligências até ao mundo humano e aos demais seres enclausurados na matéria.

São hierarquias celestes que, desde o altíssimo até as trevas materiais, inspiram umas às outras, alimentam as hierarquias mais abaixo, com sua radiância luminosa. Esse modo hierárquico, portanto, se dá por espelhamento. A Cintilância suprema descende a Si como geratriz de legiões de seres, todos cintilantes.

> Conforme essa harmoniosa lei da natureza, a admirável *fonte* de toda ordem visível e invisível derrama maravilhosamente (Sb 7,13) os plenos e primordiais fulgores de sua esplêndida luz sobre os seres de primeira hierarquia. As ordens seguintes, por sua vez, participam daqueles raios através dos primeiros. Primeiros em conhecer a Deus, desejam mais que outros seres deificados; mereceram chegar a ser, dentro do possível, os primeiros operários em poder e ação semelhantes a Deus. Estimulam amavelmente os seguintes a que compitam com eles. De boa vontade distribuem aos inferiores os raios luminosos recebidos (Is 6,2). Estes, por sua vez, transmitem-nos a outros ainda mais baixos. Deste

modo, em níveis distintos, os que precedem transmitem aos seguintes a luz divina que recebem. Luz que se reparte proporcionalmente a todos segundo a medida com que a possam receber.[69]

Um tratado fotossintético que acontece por espelhamento. Acontece num gestual infinito de especulação (*speculo*), espelhamento ideativo. A inteligência criadora é luz trabalhando para refratar sua força formativa em todos os seres. Alimenta a todos pela operação de coagulação da luz em energia e, nos planos mais abaixo, virtualidade formal. Essa teologia da fotossíntese necessita de um estado espelhativo, de "olhos" abertos para *specere* (ver). O olho, esse coágulo cristalino, esse espelho, em sua potência máxima, é introvisão da luz. Introduz-se no coração da criação ou deixa-se iridescer por ela. Desse modo, o olho é um espelho d'água, de cognição fotossintética, captura, absorve e refrata a cintilância criadora. Cintilância tanto externa e natural quanto interna à natureza, o ardor vital.

Portanto, especular na mística do deserto, na meditação dos ascetas cristãos, é propósito distributivo da luz. Luz absorvida da criação e espelhada, doada, para os demais viventes. A comuna dos místicos de todos os tempos e lugares do mundo sempre operou no despertar da introvisão, o olhar intrínseco, fotossíntese penetrante o suficiente para a tarefa de dispensação – para todos os seres – da cintilância: palavras luz, lágrimas luz, martírios incandescentes, candeias estoicas de silencioso servir.

A sensibilidade do elemento água é esse grande *specere*, esse imenso olhar para o cosmos, para os movimentos da luz em diversos estados de radiância (corpos estelares, marés, forças, campos, dimensões). A massa de água do planeta põe-se a ver o cosmos, põe-se a especular do cosmos suas refrações (adequações) para os seres. Absorve essa intencionalidade e a cintila em nós, a espelha em nós, trabalha nos formando segundo os intentos da luz.

---

69. Pseudo-Dionísio Areopagita, *A hierarquia celeste*, p. 65.

Bachelard diz ser a água um órgão da terra, olho da terra. E acrescenta ser ela um espelho mais profícuo e mais sonhante que o espelho comum e rígido, pois este é apenas devolvedor da forma fria e pronta. Porém, o espelho d'água, esse espelho natural, permite que os sonhos cumpram seu desejo intrínseco de absorver-se na natureza[70]. Os sonhos das crianças, especialmente, são absorvidos pela cintilância natural.

> Mas na própria natureza parece que *forças de visão* estão ativas. Entre a *natureza contemplada* e a *natureza contemplativa*, as relações são estreitas e recíprocas. A *natureza imaginária* realiza a unidade da *natura naturans* e da *natura naturata*. [...] Quando um poeta vive seu sonho e suas criações poéticas, ele realiza essa unidade natural. Parece então que a natureza contemplada ajuda à contemplação, que ela já contém meios de contemplação. O poeta pede-nos para "nos associarmos o mais estreitamente possível a essas águas que delegamos à contemplação do que existe". [...] Mas será o lago ou será o olho que contempla melhor? O lago, o tanque, a água dormente nos detêm em suas margens. Ele diz ao querer: não irás mais longe; tens o dever de contemplar as coisas distantes, coisas além! Enquanto corrias, alguma coisa aqui, já, olhava. O lago é um grande olho tranquilo. O lago recebe toda a luz e com ela faz um mundo. Por ele o mundo é contemplado, o mundo é representado. Também ele pode dizer: o mundo é a minha representação. [...] Ao pé do lago, compreende-se a velha teoria fisiológica da *visão ativa*. Para a visão ativa, parece que o olho projeta luz, que ele próprio ilumina suas imagens.[71]

---

70. Gaston Bachelard, *A água e os sonhos*, p. 24.
71. Ibid., p. 30.

Dos seres terrestres, a água é quem melhor vê toda a vizinhança cósmica. Vê como operação assimilativa, imitativa. "Recebe toda a luz." Uma visão devocional, uma empatia com o ser das coisas além. Um ver reflexivo (traz para si) e refratário (emite a visão). Esse é o ato mediador que a teologia fotossintética de Pseudo-Dionísio nos revela. Espelhar para os demais seres a cintilância mais além, capacidade de *specere*, de visão absorciva, a fim de ser espelho para os demais seres. Ver, portanto, é trazer e distribuir vida, uma bendição, uma redenção. Ser visto é ser salvo, redimido, abençoado, iluminado.[72] O *darshan* dos indianos é ser visto pelo mestre iluminado, por aquele que espelha a luz primordial, é ser abençoado por aquele que se desnudou de um *eu* e entregou-se por inteiro ao Um e, portanto, cumpre o espelhamento de uma Sua luz. Oferece possibilidade de fotossíntese para quem o vê em devoção. Devoção é a substância primordial da fotossíntese.

Ver a criança é abençoá-la. É um ato do lago, um olho cósmico das águas. O pai, ao ver sua criança, como o poeta diante do lago, é chamado a ver mais além. Ao refletir (interiorizar) a criança, ele a refrata (iluminando-a), refrata, para a criança, o que é a própria luz da criança. O pai é contemplado pela natureza que da criança provém e, ao mesmo tempo, devolve-a à sua substância na criança. O pai, assim, abençoa a criança. Vê o que nela é vida. Ampara-a nela própria, enxergando aquilo que, para além de sua personalidade, é ela como luz. Um educador deve se aproximar com qualidades espelhantes de suas crianças. Um educador deve ser água, espelho, olho, para que se cumpra a fotossíntese da bênção, do abençoar. Para que esse *darshan* pedagógico enleve a criança para o transcendente estado da água: gerar devir, dificultar aderências, ser a rítmica da cintilância.

O espelhamento de enlevo é proposto por Pseudo-Dionísio como prática anagógica, prática de elevação. Toda a sua teologia da fotossíntese é de empuxo, é ascensional, é atração dos seres em

---

72. James Hillman, *O código do ser*, p. 135.

direção à Luz, às inteligências divinas, os anjos. Uma espécie de refinamento da cognição, se pensarmos na fenomenologia de Goethe. Trabalhar com o fenômeno da luz contemplando-o, espelhando-o por uma pedagogia de imagens que apure nossa percepção, que desperte novos órgãos perceptivos e os depure da densificação das tantas necessidades e, assim, libere as faculdades da intuição.

Anagogia, nos termos de Pseudo-Dionísio, é meditação sublimativa no imaginário. Aqui nos deparamos com a genialidade de um mestre das imagens. Talvez só a mística tenha dado, ao longo dos séculos, o verdadeiro tratamento alquímico às imagens. Os místicos de todos os tempos viram verdadeiramente uma ciência, uma *empeiria* (experiência), uma real operação das imagens para expansão e gestação cognitiva.

Portanto, Pseudo-Dionísio Areopagita constrói uma possibilidade prática, pelo uso da linguagem, para a elevação das consciências à esfera angelical. Usa o termo "dessemelhança" para desenvolver uma anagogia imaginal. Sua crítica ao imaginário bíblico é justamente porque os profetas criam imagens do mundo material para fazer analogia, para aproximar nossa percepção do que seriam os anjos. Mas, segundo ele, a analogia promove o enlevo somente até certo ponto, por ser mais horizontal; somente a anagogia – pela dessemelhança – pode proporcionar, às consciências, condições de ação vertical com o dom de aproximação do fulgor da luz. Salto evaporativo.

A Bíblia usa também as analogias por motivos diversos, segundo o angelólogo neoplatônico. Um dos motivos é trazer para maior proximidade das esferas celestiais e dá-las a conhecer, em alguns aspectos, aos mais ignorantes. Outro motivo é velar os mistérios divinos, pois poucos estão aptos a essa jornada mística. Um outro motivo demonstra a analogia como uma forma possível de prática iniciante, quando as imagens são construídas de maneira não pregnante, não fixante, pois seu propósito é revelar o não formal, o invisível. Assim, a analogia não é de todo rejeitada, ela cumpre sua função.

No entanto, para o propósito de verdadeiro estudo e busca das coisas celestes, segundo Pseudo-Dionísio, o meio mais adequado é o uso da dessemelhança. Por exemplo, as imagens dos querubins narradas pelo profeta Ezequiel no capítulo 10, 1-22, do seu livro, são exemplos do imaginário de dessemelhança. Coisas tão díspares da realidade humana, mesmo tendo símbolos de feições puramente materiais para a mentalidade neoplatônica (águia, leão), mas que, em sua conjunção, integram uma feição de tal ordem transcendente, gerando mística na percepção, anagogia, elevação.

A construção de dessemelhança nas imagens cria desenlaces e fluências necessárias à elevação. Podemos encontrar exemplos de dessemelhanças em diversas tradições contemplativas. Em textos budistas, como o *Tratado da meditação de Amitaba,* datado do ano de 424 d.C., um dos sutras mais conhecidos do budismo japonês, podemos ver, segundo o próprio texto, um exercício de imaginação dirigida, uma prática avançada de contemplação, que o buda Shakyamuni oferece a uma rainha em aflição, cujo filho havia atentado contra a vida dela própria e do rei, seu pai. A rainha, pedindo socorro ao buda, evoca sua aparição. O buda, assim, oferece, para a rainha em desespero, a visão dos dez mundos e pede a ela que escolha em qual deseja renascer. Ela escolhe o reino de Amitaba, a terra pura sem sofrimento, o reino da luz infinita, a terra da água da imortalidade.

Depois de preceitos e preparativos de natureza moral prescritos pelo buda, é aplicada a prática de não aderência, de liquidez, para a rainha em aflição. O mestre cria um estado ascensional a partir de imagens que se sustentam na substancialidade da luz e da água. Portanto, imagens em descolamento, que já não são mais analogias, mas, sim, anagogias, expansões místicas com qualidades simbólicas desencarnantes, dissolventes, além das especulações imaginárias que nos aderem, nos estancam no peso das cargas, dos nimbos simbólicos contaminados de excessiva força formal. Uma qualidade extática, transcendente do próprio imaginário, como diria Henry Corbin. O sutra, recitado pelo próprio buda, foi extraído do livro *Psicologia e religião oriental,* de Carl G. Jung (p. 103).

Diz o buda Shakyamuni:

> Olha firmemente para ele, no momento em que vai pôr-se, quando parece um tambor dependurado. Depois de teres visto o sol desta maneira, conserva esta imagem fixa e clara, estejas ou não de olhos fechados. Esta é a chamada percepção do sol e é a *primeira meditação*. [...]
> Em seguida procurarás ter a percepção da *água*. Fixa o teu olhar na água pura e clara e mantém esse olhar claro e imutável dentro de ti. [...] Depois de teres visto a água desta maneira, procurarás ter a percepção do *gelo*. Vê-lo-ás luminoso e transparente. Também imaginarás a aparição do *lápis-lazúli* (lazurita). Depois que o conseguires, verás o *chão* como se fosse substituído de lápis-lazúli transparente e luminoso tanto por dentro como por fora. Debaixo deste chão de lápis-lazúli verás o *estandarte de ouro* ornado de sete joias, isto é, de diamantes e de outras (pedras preciosas) que sustentam o solo [...]. Na superfície do solo de lápis-lazúli estendem-se cabos de ouro, ligados entre si em forma de cruz, e suas partes são constituídas de fios ornados, cada um, de sete joias, e cada uma destas partes é clara e distinta.
> [...] Farás com que as imagens apareçam o mais claramente possível, de modo que nunca se dissipem nem se percam, estejas ou não de olhos abertos [...]. Não há dúvida de que aquele que tiver alcançado este estado do qual estamos falando viverá na terra da suprema felicidade (Sukhâvati).

Tanto em Pseudo-Dionísio como no sutra budista, vemos uma aguda atenção, um cuidado fenomenológico, um pressuposto epistemológico, uma compreensão tecnológica acerca da força das imagens. Depois de acurada observação do funcionamento dessas forças em nós, essas tradições, de origens distintas, oferecem modos de operação do imaginário, e apuramento deste, para propósito de enlevo.

Trabalham com as formas imaginárias só existentes a partir da densidade imanente (terra, diamante, água, sol, fogo, brilho, pedra, cores, ouro), criando composições entre elas o menos aderente possível, o mais dessemelhante dessa materialidade que a impregna. Desimpregnar-se da forma por aquilo que a forma tem de mais dessemelhante com ela própria: a luz, a substância imaterial contida na forma.

Portanto, aquilo que Bachelard afirmou sobre as filosofias do nirvana é uma realidade: elas trabalham pela extinção das imagens. Incluo também as filosofias da mística cristã. Bachelard afirma isso se contrapondo e demarcando, com grandeza poética, que seu trabalho, ao contrário, é pela proliferação das imagens. No entanto, não podemos negar que o exercício de extinção das imagens contido na mística advém de um conhecimento profundo do oceano imaginário, conhecimento fenomenológico.

O buda Shakyamuni talvez tenha sido um dos mais agudos fenomenólogos da consciência. O consistente assentamento desses filósofos do nirvana na complexa mitologia indiana e oriental, a profunda integração entre o som e o significado das palavras (a atuação de suas frequências de água, terra, ar e fogo) laboriosamente amalgamados na rítmica dos mantras, as danças sagradas e suas formulações de estranha natureza onírica, suas medicinas da substancialidade material elementar são provas indeléveis de que mestres como o buda Shakyamuni, Shankaracharya, *rishis* de muitas tradições, iogues da era moderna investigaram arduamente as correntezas mais significativas do imaginário humano. Trabalharam com a força das imagens para muito além de suas funções culturais, terapêuticas e pedagógicas. Lavraram com as imagens escolhendo detalhadamente seus aspectos de virtualidade espiritual, como última estação, para se lançar na experimentação das forças cósmicas, abandonando o imaginário definitivamente. Abandonando em si próprios, pois o inefável já se fez morada e as pulsões cederam. Mas nem por isso, como exímios professores e cientistas da consciência, deixaram de usar as imagens como alicerce de seus ensinamentos, como princípio epistemológico nos seus trabalhos de pedagogia da retirança. Contudo, sem fuga, mantendo-se na forma sem serem prisioneiros dela, sem serem vítimas de suas tormentas.

Para que as imagens lhes servissem no limiar da vida formal, escolheram formular imaginações o mais dessemelhantes possível da densidade aderente. Formulações que abrissem o sensório para suas fronteiras, criando nele mecanismos de percepção adiante dos parâmetros da vida constrita.

Jacob Boehme (1575-1624) foi um sapateiro e místico de origem luterana, que viveu os ares da ainda novíssima reforma protestante, testemunhou a Guerra dos Trinta Anos e foi considerado por muitos como o pai da filosofia na Europa moderna. Hegel reputava-o o pai da filosofia da Alemanha, enquanto Schelling reconheceu a presença de Boehme na construção de seu sistema filosófico. E tantos outros filósofos, como Rudolf Steiner, Fichte, Leibniz e muito provavelmente Goethe, foram influenciados por ele. Boehme nos revela um não lugar no ser humano que talvez seja a sua casa: "Onde o homem não habita, isso encontra seu lugar no homem"[73].

Nessa afirmação, o mestre alemão instrui introduzir a vontade humana no nada. Desligá-la gradualmente de todas as coisas externas e de todas as coisas que se movem na consciência (inclui-se inconsciente), para, aos poucos, ela se fundir na vontade que a tudo criou. Isso, essa instância da consciência denominada *nada,* reside no homem, justamente onde o homem não está, pois sua vontade é arrastada para a incessante projeção em todas as coisas. O mundo formal é uma miragem altamente aderente e viscosa. É preciso superá-la, mas isso só ocorre depois de longos ciclos de atolamento nessa viscosidade, quando a alma cansa das infindáveis repetições na dor, começa a se dar conta de que essa aderência é neurótica, repetitiva, sem saída, constrita, opressiva. Começa a operar seu ritmo para amolecer cascas, desfiar couraças, desenformar. Abandona a repetição obsessiva e pulsa na delicada latência da luz, pulsa mais interiormente (onde há alguma estabi-

---

73. Jacob Boehme, *A sabedoria divina*, p. 97.

lidade que possibilita ver o estado passante de tudo), convence-se da superficialidade da forma.

Portanto, não podemos perder de vista que a mística é uma ciência das imagens e conheceu com profundidade sua substancialidade redentora e movediça. Por conhecer seus meandros, optou por navegá-la com o intuito de superar esse imaginário marcado pelo psiquismo inconsciente, construindo conscientemente suas próprias imagens. A Mística criou metodologias artesanais, segundo as leis da dessemelhança, para formular exercícios de imaginação ativa capazes de usar as virtudes da fluidez, do despregamento, do desapego contido nas próprias imagens.

O elemento água e talvez, mais fortemente, o elemento ar e, ainda mais nas franjas da finitude, o fogo, esses transfiguradores do mundo, nos dão provas no comportamento de suas inteligências muito discretas e, mesmo secretas, de sublimidade e desencarnação. Estados livres – guardados envaginados –, estados de extinção para a luz, evaporação da forma, diluição definitiva de todas as tendências à *gestalt*.

Toda essa lenta discussão sobre imagens tendentes à sua própria diluição e liquidação, inclinadas ao vazio filosófico e à não permanência, evasivas da forma, aspirantes ao informal da infinitude, inspira qual serventia para nossa pesquisa sobre a criança e o elemento água? A criança não necessita das imagens? Mas, se até o exercício da mais alta percepção, criador de faculdades espirituais, às portas da iluminação, segundo o sutra de Amitaba, é de imagens dirigidas, por que então tratar da extinção das imagens na imaginação da criança? O que tudo isso tem a ver com o ritmo das águas, com o ritmo das crianças?

Nosso propósito aqui é demonstrar a vida elementar da água e sua rítmica como um atributo (uma qualidade da criação) capaz de tocar em estados muito aguçados da consciência. É um elemento não só formador dos corpos e seus atos de vida sensível, mas pode atuar na dinamização de faculdades potenciais. Faculdades não reconhecidas nas culturas do aprendizado e da constituição do sujeito, pelo menos no dito mundo ocidental.

É necessário que percebamos, logo nos inícios da vida humana: o transitório é uma das lições mais definitivas em nós. Ele se move, nos sonhos da criança, através das forças líquidas. Ele é uma filosofia oriunda do orgânico, e uma das mais impressionantes lições anímicas acontecendo na alma – via corpo aquoso – da criança. Formula enormes tensões no despertar da criança para o mundo, atirando sua energia vital como rio desembocando, se chocando com o mar do mundo. Entretanto, em nossas ingênuas intenções pedagógicas, não nos damos conta de que o mar devolve ondas revoltas rio adentro.

As pedagogias de massa só investem, muito precariamente, no lançar a criança no mar do mundo. No entanto, são alheias às ondas estrondeantes que voltam rio adentro, revolvendo, nas margens, tudo o que encontram pelo caminho. Talvez nunca tenham se dado conta de que a alma vive açoitada por ciclos de pororoca (do tupi, *poro'rong* = estrondar). Invadida pelas ondas do mundo. Quanto mais corredeira imprimimos no rio-criança, lançando-o no mundo-mar, mais o mundo invade em ondas violentas o rio, a alma da criança. Ondas que não pedem licença.

Tal correnteza transitória quase sempre se organiza, ou precisa se organizar, de modo rítmico. Atua de modo rítmico. Constrói seus filamentos, membranas e órgãos, pulsando, criando vórtices, fazendo redemoinhos, rebentando em ondas que sempre vêm e explodem – espraiando – tendências, estados, nutrientes ou assoreamentos.

O estado de dessemelhança é uma dessas rítmicas latentes na criança desde muito cedo. O uso de imagens desconexas nascidas de palavras invertidas – quando a criança as cria – já é uma função da água atuando, pela linguagem, na sua formação. Forma esta que não se quer tão formal e, portanto, tem como impulso o destino de passar, de se extinguir, liquescer.

Fazer-se carne é a destinação. Encaixar no corpo, criar um sentimento de *eu* – por ser um corpo – é inevitável. Para isso, o elemento terra cumpre suas funções mais centrais de ancoramento, vínculo e encaixe. Mas encaixar no corpo, por outro lado, também significa ceder a um corpo passagem, um corpo rio. Ele nunca será o mesmo, é apenas um suporte tecnológico trazendo em si, inclusive, o modo operativo de solver-se, liquidar-se, nas horas lentas de sua existência. O corpo é uma correnteza lenta. Assim, essas lições de finitude da forma, quem as traz é o elemento água.

Portanto, quisemos aqui fundamentar a ideia de ritmo como um corpo gestual da criação movendo-se de forma pulsativa em grandes extensões do cosmos e da consciência. Ritmo como estações de espelhamentos da luz, fazendo-a percorrer os tecidos da natureza, dos seres, das matérias e, especialmente, de seu veículo primordial na terra, o elemento água.

Propositadamente, fizemos um apontamento para os limiares da vida ritmada na matéria, intencionando levar nossa percepção para intuições de uma estabilidade adiante da constrição, dissolvendo a forma, evocando a incontestável verdade da transitoriedade. Vimos até aqui alguns atributos do ritmo dissolutivo, preparando a consciência da criança ou, no mínimo, de forma um tanto sonhada, levando-a a sentir verdades do transitório, da passagem, de um destino não material. Usamos e continuaremos usando a ideia de dessemelhança como argumento para um trabalho de aprimoramento e afinação das forças rítmicas. Nobilizar o senso de destino das crianças com imagens tresmalhadas, mais livres do peso material, menos imantadas da forma. Imagens que podem ser evocadas de seus centros de fluidez e cristalinidade. Veremos, a seguir, alguns exemplos dessas rítmicas de dessemelhança experimentadas livremente pela criança.

***

Demonstraremos, ainda neste capítulo, pelo fazer livre das crianças, alguns semblantes de dessemelhança se revelando discretamente em suas construções imaginárias. Imagens nascidas no brincar para fins de não aderência e necessária compreensão da contínua passagem. As crianças criam, pela atuação do elemento água, muitas fórmulas materiais do não pregnante. Mostraremos algumas delas adiante. No entanto, comecemos por investigar a dessemelhança no modo poético, centrado apenas no ferramental da palavra. São pequenas composições de uma mística da linguagem, uma anagogia semiótica.

Citamos abaixo trecho de um livro em construção (talvez construção perpétua). Trata-se de uma incursão incomum e rigorosa (tanto pela forma quanto pela substância) pelo reino da linguagem, das imagens e das filosofias objetais. Marcelo Peron é um desses filósofos que compõem um pensamento de traços ascéticos e trafegam inquiridores pelo desnudo da palavra. Em seu livro oficina, livro fábrica, livro artesania, livro manualidade, livro de aguçada malha sensória, que tem o título – não sei se provisório ou definitivo – *Caixa vazada: uma cartografia afetiva da modernidade,* ele constrói a seguinte poética (p. 22):

> Crisântemos cobertos de anátemas e suas pústulas empoeiravam o horizonte com fibras inumanas e olhos fétidos. Uma santa decanta no corpo – líquidos menstruais. Copo, corpúsculo, cópula, cornucópia. Um anjo de cabelos em hertz sorve em goles moles, goles moles, goles moles. Moles, moléculas, moelas: uma galinha sem bico, um peixe de asas, elefantes azuis aos pares com rouxinóis. O tigre se horroriza diante da mariposa que o estraçalha: cores estridentes, verdes tonais, vermelho si bemol. Nada está no lugar, tudo ocupa um lugar. Garganta, gargântua, granito, grunhido. E se o enunciado se organizasse não a partir da intenção de comunicar, mas com base no valor sonoro das palavras? Não, portanto, uma intenção para com a língua, mas o uso não comunicativo das palavras, a partir de suas qualidades musicais. Neste caso não estaríamos diante de um mundo sem sentido, mas de um universo

de sentidos bizarros, estranhos que a palavra contém, não ao arrepio de seus sentidos possíveis, mas exatamente com fundamento neles.

Talvez tenhamos a experiência dessas imagens como se estivessem em movimento puro. A musicalidade da palavra, mesmo aparentemente alienada de seu sentido, transforma-se numa potência necessária para se voltar ao fundamento dos sentidos da própria palavra: som como psicoacústica de cada palavra; som como homeostase ontológica de cada coisa falada. Não que o som crie um *self,* uma individualidade da palavra, mas seja uma voltagem de ser, estados de consciência e memória que sustentam as modulações infinitas que o som pode trazer ao leito do dizer. O som da palavra carrega maior correnteza de atuação, de intencionalidade, de significância, para além dos significados dela. Talvez os significados de uma palavra sejam formulações tardias de seu som primordial. Recuando à melódica, à rítmica da palavra falada ou cantada, talvez possamos encontrar os arroios (passagens) primeiros dos significados, a matéria da água que subjaz ao tom das palavras.

Mas o som primordial de uma palavra não está só na antiguidade. Pois muitas palavras já existentes parecem renascer hoje – pela poética – plasticizadas. Muitas delas, no passado, eram desconhecidas de seu pleno sentido; muitas só ganharam luz nos combates pelo nascimento do moderno; outras, das ciências da micropartícula; outras tantas, do acúmulo de frivolidade verborrágica; outras, da hidrorreia dos rios apodrecidos pelas distopias. Palavras estão em formação. Existem emergindo, evocando realidades introvertidas e mistérios. Como diz Bachelard:

> Palavras há que se acham em plena floração, em plena vida, palavras que o passado não havia concluído, que os antigos não conheceram tão belas, palavras que são as joias misteriosas de uma língua. Tal é a palavra *rivière* (rio). É um fenômeno incomunicável em outras línguas. Pensemos foneticamente na brutalidade sonora da palavra

river. Compreenderemos que a palavra *rivière* é a mais francesa de todas as palavras. É uma palavra que se faz com uma imagem visual da *rive* (margem) imóvel e que, no entanto, não cessa de fluir.[74]

A causa sonora de uma palavra eclodindo diante de nós como pictórica (imagem) se relaciona diretamente com a causa material da língua. O aspecto subjacente dessa causa material é o som. O som da palavra, sua articulação sensível, seu sentido de correnteza e fluência, é quem ativa, em nossa consciência, a mente do mundo, a mente de todas as coisas.

Em uma reflexão acerca da linguagem inspirada por Nietzsche em sua colagem de textos do seminal pensamento de Eduard von Hartmann e seu estudo *Philosophie des Unbewussten* ("Filosofia do inconsciente"), que, por sua vez, recorre a Schelling e sua *Philosophie der Mythologie* ("Filosofia da mitologia") e a Schopenhauer e sua obra *Seis ensaios de Parerga e Paralipomena,* encontramos uma linhagem de ideias postas em atualização, entendendo as línguas como obra do inconsciente (linguagem), como instinto inato que não foi criado por nenhum indivíduo ou coletividade, mas que nasce, como nascem as colmeias e o senso instantâneo das abelhas em realizar a obra. Essa linguagem inata, universal aos seres humanos, quando entoada nas palavras, cria os idiomas. Portanto, a língua já é uma limitação da linguagem. A língua de um povo é uma constrição, um constrangimento da linguagem. Mas ainda assim segue rio, segue como curso, produzindo vitalidade.

Anna Hartmann Cavalcanti, em seu livro *Símbolo e alegoria: a gênese da concepção de linguagem em Nietzsche,* esclarece essa trajetória desenvolvida pelo filósofo alemão em busca da origem da linguagem. Linguagem que se verte nas línguas. Línguas que se vertem em tecidos gramaticais, que, por sua vez, produzem de si próprios, dessa trama formal, desse modo organizado da semântica, da sintaxe, da morfologia, todo o pensamento filosófico.

---

74. Gaston Bachelard, *A água e os sonhos*, p. 195.

A filosofia nasce do construto linguístico. Por exemplo, a frase com um sujeito e um objeto já é a matriz inconsciente do conceito filosófico de juízo, segundo Nietzsche[75]. Mora um inconsciente na interação gramatical entre a destinação causada pelo sujeito e a receptividade cognoscente do objeto. Comunicante e percepção. Ato e cognição. Vive aí um núcleo gerador de reflexão filosófica: o juízo. Daí nasce o vasto prisma de especulação sobre nossa faculdade de julgar. E, portanto, a língua é vetor do pensamento consciente, do pensamento filosófico.

Consequentemente, à medida que as culturas se desenvolvem, as línguas mais modernas vão se empobrecendo da complexidade e simbolismos contidos na linguagem primordial, pois cada vez mais tendem a dar consciência, a racionalizar o inconsciente da linguagem, com a intenção de que toda ela seja língua, seja civilizada. Por isso, segundo essa linhagem de pensamento, as línguas antigas eram mais complexas e profundas de significados, pois, quando elas nasciam, mantinham mais vivamente o lanugo, o vérnix, o sebo protetor desse inóculo mítico guardado no sonho que é a linguagem. Linguagem e cosmicidade.

Uma citação de Schelling no mencionado *Philosophie der Mythologie*, extraída do livro de Anna Hartmann, ajuda a trilhar de volta a materialidade da palavra; nesse caso, a materialidade sonora: "A própria língua é uma mitologia privada de vitalidade, uma mitologia por assim dizer exangue, e que conservou somente em estado abstrato e formal o que a mitologia contém em estado vivo e concreto"[76].

A língua é exangue, pobre de glóbulos vermelhos, emaciada perante a linguagem e seu corpulento caldo mitológico. A palavra já é uma ação da linguagem tendente ao estanque. Já é enfraquecida dos códigos de dessemelhança da linguagem, já se formalizou, decaiu. Do mesmo modo que, quando as tradições orais decidem

---

75. Anna Hartmann Cavalcanti, *Símbolo e alegoria*, p. 53.
76. Ibid., p. 55.

escrever seus preceitos e ritos, já apontam indícios, entre outras coisas, de que elas não mais habitam com naturalidade a vida diária. Assim também, quando as línguas se estruturam em complexos sistemas comunicantes, e gramáticas e léxicos, elas já não estão mais na naturalidade inconsciente e mítica da linguagem. Há um movimento irrefreável de dar consciência à linguagem. Extraí-la o máximo possível da inconsciência, dar-lhe luz. Um parto esgarçado de toda substância.

Talvez, por isso, a cultura védica, mais antiga, assim como a indiana, posterior, tenha lutado tenazmente para manter a primazia da mente (*manas*) sobre a palavra (*vāc*). Mente, aqui, ao contrário do pensamento de Nietzsche, tem sentido de consciência primordial, aquela que, antes do não existir e do existir, já continha. Consciência que está na operação dos rituais, na sagração dos espaços, do tempo e das intenções. Na respiração dos seres. Aquela que a tudo permeia, mas que é, enquanto realidade perene, além de tudo.

No *Rig Veda,* pilar da cultura védica, texto antigo de hinos e rituais, fonte da longa primazia do invisível sobre o visível, monumento originário das filosofias da Índia, existe a descrição de uma luta entre a mente e a palavra. Transcrevo esse texto da profunda e original busca pela cultura védica feita por Roberto Calasso:

> Mente disse: "Certamente sou melhor do que ti, porque não dizes nada que eu não entenda; e, visto que imitas o que fiz e segues em meu rastro, certamente sou melhor do que ti".
> Palavra disse: "Certamente sou melhor do que ti, porque dou a aprender aquilo que conheces, faço compreender".
> Recorreram a Prajāpati para que decidisse. Ele decidiu em favor de Mente e disse [a Palavra]: "Mente é sem dúvida melhor do que ti, porque imitas o que Mente fez e segues em seu rastro"; e, realmente, quem imita o que fez um melhor e segue em seu rastro é inferior.
> Então, Palavra, por ter sido contrariada, ficou consternada e abortou. Ela, Palavra, disse então a Prajāpati: "Que nunca seja eu a te trazer oblações, eu que fui por ti rejeitada". Por isso, qualquer coisa no sa-

crifício que se celebrasse para Prajāpati era celebrada em voz baixa, porque Palavra não foi mais portadora de oblações a Prajāpati.[77]

Assim, mais uma vez, encontramos nos Vedas o fio de Ariadne buscado por Schopenhauer em sua incursão nas filosofias da Índia, pelos românticos, pelos gregos e gnósticos, por São João Evangelista, pelos mestres do Mali e suas filosofias da oralidade: o gesto inicial que coloca a palavra em intimidade prístina com a criação, mas, ao mesmo tempo, como canga da linguagem primordial.

Canga, julgo, ferramenta operatória do desígnio criador, a linguagem manifesta pela palavra; também como estreitamento e acocho, esforço de trazer o invisível e inaudito ao cognoscente e pedagógico. Mas também como origem do pensamento que se manifesta clarificando, dando vidência ao mundo e aos mistérios, e, portanto, como mãe da filosofia. Todas essas funções são uma espécie de queda, fazem decair o invisível para o sacral. Carregam, desse modo, a sina eterna de elevar o sacral de volta ao invisível. Cumprem o trânsito rítmico do que está no alto para o que está embaixo; da transcendência para a imanência; do que está embaixo para o alto, da imanência para a transcendência.

Esse *tantra* linguístico, que João, o Evangelista, e os gregos chamaram de "*logos*", constantemente corre o risco e vive a fragilidade de se degenerar em abstração, ameaçado de perder o contato com sua fonte vital pela dissecação do dogma e do rito. Linguagem é mito e energetismo, encarna na palavra, dinamizando-a; portanto, move-se no mundo movendo-o. Faz-se palavra para mover, mas, ao mesmo tempo, carrega o destino de parar em alguma forma, pois todo movimento, segundo Goethe, mesmo que temporariamente, para, estanca. Quando estanca crer-se como algo, cria a crença do *eu* e, portanto, abstrai-se de sua força vital.

---

77. Roberto Calasso, *O ardor*, p. 143.

Assim, tanto na imanência de Nietzsche quanto na metafísica dos Vedas existe uma luta arquetípica entre o visível e o invisível, linguagem e língua. Essas aparentes oposições filosóficas entre idealistas e materialistas, entre o ideal e o corpóreo, entre luz e sombra, imanente e transcendente, são riquíssimos estilismos, estéticas de excelentes combates, pedagogias de grande relevância investigativa, para necessários ajustes – dentro da corrosão tempo – de como precisamos reconhecer o vital e nos integrar às suas contradições.

Os poetas compreendem essa tragédia clássica, essa dramaturgia colossal, acionando um movimento no estanque formal da palavra. Querem palavras em desaguamento. As crianças também. Movem a *physis* e a *metaphysis* dos pronunciamentos sobre o real. Quando palavras estão muito encouraçadas na forma, na enformação, as crianças usam solventes mais potentes de deformação; quando muito para o invisível, usam amálgamas arrochantes para o tonal, o pictórico, o visível, o material. É preciso grande força para apertar a vida na forma e consolá-la ali, encabrestada na cor, no gesto, na matéria.

O grau máximo da imanência, seu extremo, é voltar a mover-se, acelerar-se novamente e entrar em metamorfose, dando continuidade ao seu devir. Até superar aquela forma, até liquefazer aquele sentido, até depreender novo desígnio. Assim, a palavra volta a ter a substância da linguagem, o modo aquoso da linguagem. Volta a atuar. A forma metamorfoseada volta a mitologizar-se para cumprir seu destino de perpétua extinção, de fusão com o invisível.

O grau máximo da imagem, depois de suas travessias nos planos líquidos do imaginário, é a extinção evaporativa. Nesse sentido, as filosofias do nirvana são implacáveis diante da fenomenologia das imagens de Bachelard. O próprio Bachelard anteviu, talvez dolorosamente, esse destino em seu livro *O ar e os sonhos*. O elemento ar é evaporação para a luz; portanto, não é difícil a vidência de um pássaro veloz que se extingue na azulidade absorvente do firmamento. Ele azula das asas às entranhas, firma-se na imensidão. Introverte suas asas em azul. Voa para dentro de si, azula-se adentro. Vira luz. Entra no invisível. Esse é o destino das asas.

Em planos ainda mais superiores, nas genealogias das criações e destruições dos universos, que só as antigas línguas sabiam criar, a última fronteira do incriado é – depois de seu deleite infinito habitando além do não manifesto – reabrir-se para manifestar-se novamente, fazer-se criação. É constranger-se para ser especulado (*speculum*), espelhado, dado a todas as coisas e seres, ver-se na multiplicidade fenomenal do tecido da criação. O não manifesto decide se manifestar novamente e move-se ao descendente da forma.

A anterioridade e autenticidade desse problema, o enlace entre a linguagem e a língua, é de tal modo constituinte que acontece em diversos níveis. Para os Vedas, esse tema é de ordem metafísica e está, portanto, no combate da queda primordial – ignição do motor do mundo – entre *manas* e *vāc*. Já para os gregos, como demonstra Roberto Calasso[78], deslizando para um plano mais abaixo, esse combate está no problema da palavra oral e da palavra escrita. A anterioridade e o fundamento da palavra oral sobre a escrita. A escrita já é uma abstração, um esquizogesto da oralidade. A tradição oral prescinde a fala integrada ao viver. A tradição escrita, visual, já nos provou que não precisa ser vivida. Pode fazer do vivido apenas uma abstração.

Com os exemplos acima, temos demonstrado o interesse humano em fazer da palavra uma ferramenta para a criação ou o despertar de novos órgãos perceptuais: aprimoramentos para transbordamentos suprassensíveis, ou intrassensíveis.

***

---

78. Roberto Calasso, *O ardor*, p. 143.

Mostramos algumas operações das imagens em que as palavras e suas entonações podem gerar visões. Não esqueçamos que os Vedas eram entoados em voz baixa para Prajāpati (a mente), pois a palavra (*vāc*) desincumbiu-se, abortou, esgarçou seu útero. Já não paria mais, não fazia mais oferendas ascensionais, pois fora relegada à inferioridade imanente. Entonar em voz baixa, portanto, é desenovelar-se do peso da constrição e verter-se no som de silêncio, quase inaudível, rumo ao incriado.

A criança – filha mais da linguagem e menos da língua – traz consigo produções constantes de dessemelhança. Sua relação, muitas vezes, assíncrona entre o sentido da palavra e seu som, cria visões e a conduz para tratos plásticos, entre a palavra e seu inóculo: o mito. Quando se traduz o sentido das palavras muito cedo para as crianças, ou quando se corrige seu modo de falar, elas são compelidas à abstração, dessubstancialização, à sua meta consciente, racionalizada. Convém que elas sigam por tempos livres e artísticos do dizer, despreocupadas de ajustes sonoros e sintáticos e desobrigadas da escrita por quase toda a primeira infância. Assim, estarão mais próximas da linguagem, a mãe das línguas. Mais próximas das possibilidades materiais da inteligência mítica, mais intimadas das qualidades estéticas do saber.

A palavra desancorada da obrigação gramatical e de seus possíveis significados é uma palavra rio, é de ordem líquida, sanguínea. Percorre os riachos, os dutos e os canais venais em movimento espiralado, fazendo redemoinhos, invaginando-se (numa embriologia) de possibilidades nascentes, reunindo intenções poéticas, enovelando nutrientes no devenir (criando existência) da corrente.

Vejamos um curioso exercício, comum entre as crianças, de plantar na forma um dom de solvência. As crianças criam uma forma, depois batizam-na. Esses batismos por imersão são da ordem do dessemelhante. Por um lado, são capazes de descolar a forma para o grau poético, um sublime, o arquétipo da própria forma; por outro, como um exercício complementar e simultâneo ao descolamento, afundam a forma em seu encrostamento máximo.

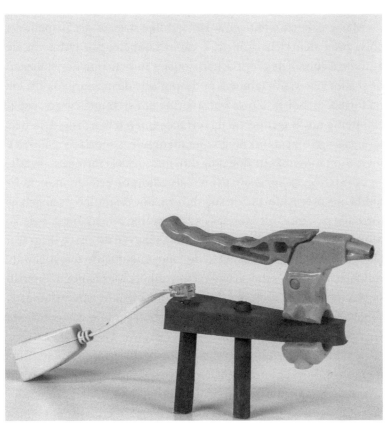

Figura 1

O artefato mostrado na figura 1 é uma criação feita de vários materiais: freio de bicicleta, borracha para fabricação de chinelos, pinos de madeira, plugue de aparelho telefônico. Com encaixes rápidos, a criança de sete anos reúne esses objetos, compõe uma forma. Poderíamos supor muitas coisas acerca desse objeto, colocá-lo em diversas posições. Assim também poderíamos não supor nada, apenas observá-lo com aquele respeito reverente ou aquele tabu, ou mesmo com a indiferença que se sente diante de um objeto de arte que nada nos diz. Ainda mais um objeto feito por uma criança, decaído para o plano do brinquedo, do pueril, do criativo.

Mas a palavra é feiticeira. Lança força nas coisas. Suspende a coisa para além dela própria. É capaz também, por outra via, de afundar a coisa nela própria, aprisionar a coisa no mais cristalizado de sua forma. Assim também pode, por arte de magia, explodir luz na forma, alegrá-la. Coisa que a forma em si, muitas vezes, especialmente no caso rupestre das crianças, não tem à vista. E jamais terá, caso não haja um mago que manipule, sonorize a palavra e inerve um movimento, doe uma dinâmica àquela forma estancada.

A criança, quando atua (ou é atuada) por arte de mancia líquida, desprega a forma de sua dureza, põe de molho os alicerces formais, permite que eles se dissolvam um pouco em si e de si, movendo-se. Especialmente quando a magia é do riso e da graça. Há sempre no riso um aspecto de fogo, queimando e castigando, ridicularizando, desconcertando em abrupto. Mas também um riso suave, totalmente mole, totalmente fluido, discretamente amável, solvente para o endurecimento da visão, tranquila correnteza de vida para a coisa coagulada.

Vejamos, portanto, o revelatório. A figura 1 foi intitulada "Jumento rosa" pela menina que a construiu. Então, nasce o riso em nós, nasce o jumentinho muito moderno, nasce a graça do anti-herói humilde e um tanto desconcertado, principalmente se pensarmos nos grandes cavalos brancos ou negros brilhantes dos heróis. Nasce a molência, e o jumentinho se move, supera-se como forma e já se estabelece para além dela. Entra em nós como imagem, dinamiza em nós uma criatura.

A palavra é dada, o nome é dado ao objeto, ele se torna consciente para nós quando sabemos de seu nome, achamos graça do engenho, divertimo-nos com o humor perspicaz da criança. A iridescência que se manifesta da palavra penetra o objeto, se fia em seus tecidos, se mostra totalmente empática a ele. Esse ato é um fragmento, um brevíssimo, fugaz exemplo, denotando que, quando a criança está trabalhando em sua invenção, algo já trabalha nela, a invenção já inventa na criança. A criança, desde a linguagem, antes de a linguagem ser palavra e língua, já atua na trama imaginante. Portanto, quando nasce a forma, ela, em certo sentido, é uma plástica da linguagem e tem um nome, um ser da linguagem, que virá à luz. A criança é uma língua antiga. Se pensarmos pelo idealismo de Schelling, as coisas nascentes da criança trazem o frescor da linguagem, a vida mitológica.

O nome da coisa, dado pela criança, é uma redução, dentro de um possível, de um estrito, mas que traz a penugem, o lanugo do recém-nascido, a membrana imunológica, um estado vívido da linguagem. Aponta para uma anterioridade, antes do *eu*, antes da forma, e, portanto, já trabalhando pela desconfiança da forma, deformando a forma, desmanchando, solvendo, levando-a a desembocar num oceano de protossentidos. O humor do objeto, seu desconcerto geral, é algo dissolutivo, uma liquidação anunciada, uma correnteza incessante, um adeus.

Figura 2

As formas criadas livremente pelas crianças são, em muitos casos, uma denúncia para além do psicológico, do cultural, do político, do antropológico. São para além de um sensório exteriorizado. São, muitas das vezes, um sensório introvertido, submergido, hidrificado. Quem sabe não seja o sangue da criança se fazendo linguagem, ou o coração e seu sistema hidráulico, ou os carreamentos linfáticos e metabólicos. Um som de dentro do aquoso, do tanque, um som ouvido do amniótico uma linguagem totalmente lacustre. São denúncias de que a diluência é uma lei inexorável do corpo, das coisas, do mundo. Um (des)esperar que não encontra esperança em nada que se confia ao formal.

Tais operações imaginárias radicais podem se mostrar tanto em diluições da forma como ser diáfanas, de ordem evaporativa, exsudada, desidratando uma liquidez que decola para o ar. Na figura 2, podemos rastrear esse gesto evaporativo. A criança de oito anos compôs um objeto com madeiras encaixadas, tecidos e fitas de cetim, arames de cobre e mangueiras de plástico: "As flores" – esse é o título de sua composição. De imediato, temos uma suspensão. O título revela para nós um jardim e, ao mesmo tempo, exala as flores para cima, não as encaixa nas próprias formas do jardim, enleva, faz com que as flores imaginadas por nós pairem acima das flores da composição. Sua composição já é um desencarne. Mas não como flutuação aérea, fantasmagórica, etérea, e sim como exsudação, exalo, evaporação.

Evidentemente, o título dado à composição só realiza sua mágica de diluição do aspecto formal se o próprio objeto contiver delicadezas diluentes que a vinculam com o título. Essa combinação insólita do material com a palavra gera o fluido evaporativo. Nas flores da figura 2, vemos traços que se querem esguios, compostos no alto por tecidos e fios de metal dourado. Tudo feito sem qualquer intenção de esguio ou de leveza ou de sublimação. Feito no ato de juntar e pôr de pé. Mas esse ato é da linguagem. A linguagem o impulsiona e deixa seu rastro. Sua força conduz a criança para marcá-la, sinalizá-la na forma. E, dessa mesma origem pré-consciente, em conjunto com ela, nasce o nome do objeto com capacidade para derramar a forma para adiante dela. No caso dessa composição, "As flores", fazer suar, ressumar a forma para acima, para além dela própria.

Não à toa, a criança colocou um forte marco ascensional, um pino de madeira, apontando o alto, em seu jardim. Quem sabe, sua atmosfera semiótica estivesse precisando da umidade evaporativa que se despacha do formal. Sai pelos poros da forma e se fisga nas moléculas do ar, ascende, se entrega à sua fluidez, flana – levemente líquida – ali. Assim, depois, recebe o choque térmico da noite, de têmperas mais frias, voltando a se orvalhar, gotejando a si própria nas palmas das folhagens, fazendo-se como mil olhos matizados pelo brilho de uma manhã. Talvez assim a criança se encontre surpresa, arredondada, em olhos-d'água.

Jamais saberemos das repercussões mais delicadas do elemento água na alma de uma criança. Mas, por suas lições na natureza, podemos imaginar um grande mundo arterial poroso e alveolado, imensurável em sua capilarização. Trajetos só sentidos nas tantas coisas por ela sonhadas, sem nem saber que sonha, pois, na realidade, está sendo sonhada pela vida elementar.

Mas sempre podemos nos perguntar se esse exercício de percepção dos fenômenos frágeis, erigidos pelas crianças, é de fato coerente. Tais composições são frações fenomênicas de suavíssimo brilho; quase invisível é a refração de sua aura espiritual, de sua linguagem, de seu inconsciente. Capturar o intrínseco desses objetos tão humildes nos põe em constante estado de vulnerabilidade perante a racionalidade colonizadora, muito à vontade e convicta da usurpação dos fatos. É sempre um susto, e até um pavor, imaginar a mentalidade geral, bruta, das pedagogias se deparando com esses fios finíssimos de luz na linguagem das crianças.

Portanto, por dever de honestidade com esse estudo, sempre devemos nos perguntar: não será nosso olhar, nosso exercício supostamente fenomenológico, conduzido por um pensamento já estabelecido que "tortura", como diria Goethe, o objeto para que ele confesse um suposto fenômeno? Não será, assim, uma expressão ilusória o que aqui fazemos, sem qualquer pulso real da linguagem? Existirá algum potencial de corrente vital sustentando essas práticas compositivas das crianças?

O próprio Goethe propõe em seu livro, incontornável nas buscas pela cognição fenomênica, *A metamorfose das plantas,* que nos mantenhamos "móveis e formáveis". Sugere ele que, considerando

> todas as figuras, em particular as orgânicas, perceberemos que nunca ocorre um algo que permaneça, que esteja quieto, terminado, mas, ao contrário, tudo se perde num movimento constante. Por isso, nossa língua costuma fazer uso de maneira suficientemente propícia da palavra formação *(Bildung)* tanto no que diz respeito ao produto quanto ao que está se tornando produto[79].

A ideia de metamorfose em Goethe, por si, já é desaguamento contínuo de um órgão de vida maior, nos seres. Manter a movência e a disponibilidade para ser formado junto à formação que ocorre talvez seja o único fluxo possível para sustentar uma intimidade com as produções das crianças. Observar suas criações é estar já nos seus gestos se encontrando com os materiais, nos seus interesses em juntá-los, na imposição que o material oferece e evoca na criança, na formação finalizada da coisa e no estado de abertura em que essa coisa se encontra, para seguir sendo mais coisas a partir daquilo que já se tornou. Sempre levando adiante, com intensa maleabilidade, aspectos semelhantes e dessemelhantes de uma semente primeira.

Essa seguridade de riacho, totalmente móvel e instável, nos ensina, bem aos poucos, a desenvolver percepções capazes de capturar alguns brilhos, novas sensorialidades epistêmicas. Portar-se formável é se dispor à modelagem, ao aperto de novas condições de apreensão. Não se aprende sem o abraço constritor dos fenômenos.

---

79. Johann Wolfgang Goethe, *A metamorfose das plantas*, p. 23.

A planta, segundo Goethe, quando flora e dá fruto, não está em expansão, mas em constrição. Em *anastomose*, termo botânico que significa "total concentração entre as partes, total comunicação, juntura profunda, troca quase constrita...", "as partes da frutificação amalgamadas umas nas outras, altamente sutis, são conectadas o mais intimamente, seja pelo tempo de toda a sua duração, seja apenas por um seu período"[80].

Portanto, necessito sempre fazer testes contrários, avessos, tensões rítmicas para os opostos, verificando a coerência e a real intimidade dessas pesquisas com a fruição das imagens na consciência da criança.

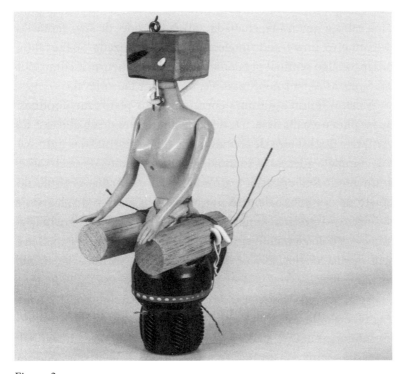

Figura 3

80. Johann Wolfgang Goethe, *A metamorfose das plantas*, p. 62.

Vejamos, portanto, para propósito de testagem, a figura 3. Observamos, aqui, quando a palavra não se compõe de liquidez, mesmo a imagem nos remetendo diretamente a um processo líquido, um exemplo de quando a graça e o riso são pregos quentes, em brasa, soldando o nome dado ao objeto na fundura da forma. Um fenômeno de fogo e matéria densa, um trabalho de serralheiro.

O título escolhido pela criança de dez anos é uma traquinagem: "Pensando no sanitário". Uma composição extravagante, de irreverência digestiva, nas franjas do digestório, derramando-se do intestinal para um vaso de gosto exótico. Uma aliviação. Um afrouxo das tripas. Uma fedentina serotonizante, um regalo, um bem. Enquanto isso, o foco irônico do título se direciona para uma cabeça quadrada, chapada, talvez fazendo, de suas fantasias de banheiro, uma fraude intelectual bem urbanizada. Só lhe faltou nas mãos algo seminal para uma psicanálise da neurose, como, por exemplo, as *Memórias do subsolo,* de Fiódor Dostoiévski.

Mesmo tendo aqui uma correnteza dos restos metabólicos, quase para uma diarreia, o tráfego de linguagem nesse objeto é, ao contrário dos estados de abandono da fixidez formal das figuras 1 e 2, completa aderência ao movimento estagnante, desacelerante, anunciando seu encarne e afundamento na forma. O título do objeto nos assenta nele, não por ele ser um assento de alegrias e desesperos intestinais, mas por conter uma intenção portuária, mover-se pelo elemento continente, conduzir a uma *gestalt,* a um sentimento conclusivo, a um ato concretado na forma – não a uma metamorfose.

Nossa percepção do objeto é conduzida para a continuidade lenta da execução de uma defecação. A reflexão devaneante (pensando no sanitário) que se elabora desde o reto, desde a paz intestinal, necessita seguir constituindo a forma dessa imagem, mantendo-a ao máximo, vinculando a duração de sua intenção formal à verdade do ato que o título expressa. Um ato, para que se cumpra segundo a obsessão dos olhos, necessita durar, desacelerar. Uma evacuação que se entretém em devaneios não se quer tão veloz, mesmo sendo uma expulsão, um aborto. Mas ela, nas reminiscências anais, nas nossas infâncias, é sempre um ritual, uma busca por perenidade, um bem-estar sempre procurado. É um sonho de buraco, de entrada, mesmo que às avessas.

Portanto, a vida elementar na criança move-se também pela total encarnação, pelo encaixe e intimidade muito lenta. A palavra tem seu vate mágico, os títulos dados pelas crianças, muitas vezes, são uma premonição arquetipal da forma do objeto, alcançam o *manas* (a mente) da forma, o protoformal. Mas nem sempre aderem ao proteiforme, ao metamórfico, ao movimento da forma, ao gestual invisível da vida se movendo adiante. Muitas vezes, suas produções necessitam do absolutismo esperançoso de parar, assentar, enraizar, construir melhor uma individualidade, aderir a ela na esperança de sua perpetuação. São todos movimentos necessários e acontecem no cerne do fogo, da água, da terra e do ar. Mas são móbeis com dínamos, muitas vezes opostos uns aos outros.

Com a figura 3 – uma oposição (princípio do prazer e da segurança) às nossas investigações da dessemelhança e do anagógico –, talvez tenhamos tido uma amostra das faixas em que, em suas criações, a consciência da criança navega. Um exemplo que talvez demonstre o jogo paradoxal que a alma faz em busca do contato com seus processos mais entranhados, trazidos à tona por imagens, para as praias do corpo. Sejam elas transformadas em objetos, sejam narradas, sonhadas ou gestualizadas.

Examinemos mais um exemplo de natureza gástrica e dos líquidos digestivos, vindo dos sons das onomatopeias aquosas, quando a criança liquida por completo as imagens de aflição, levando-as à dissolução estomacal. Uma menina de dois anos, numa noite, na varanda de sua casa, próxima de uma natureza com árvores, animais silvestres, pássaros noturnos, andava farfalhando e soltando os gorjeios das primeiras palavras, aquelas que se confundem com pios, balbucios e grunhidos agudos. A varanda tinha uma luz branda, uma claridade pálida. De repente, cantou alto uma saracura, seu trinado noturno, como um gotejamento rápido e grosso e uma certa gravidade dos pássaros que musicam a escuridão. A menina arregalou os olhos e, em suspensão de susto, paralisou por um segundo. Depois, olhou para o pai, que estava a uma certa distância. Não dava tempo de correr para o colo dele. Então, diante da surpreendente novidade daquele som desconhecido, chamando ou clamando de dentro do pretume noturno, ela reagiu instintivamente, pegou de uma mesinha um brinquedo pequeno, uma onça de madeira, voltou-se para o lado das árvores de onde partira o canto, apontou a oncinha naquela direção e fez o seguinte som: *nhame – nhame – nhame...*

Estendeu-se, demorou-se um pouco nesse *nhame-nhame*. Talvez para ter certeza de que aquele medo fora definitivamente mastigado e engolido pela oncinha que cabia na palma de sua mão. Esse exemplo não é, propriamente, um deslindar da imagem. Dessa imagem assustadora que, para a criança, talvez nem tivesse imagem completa, mas só textura de escuridão ameaçadora, só o abismo, a boca da noite aberta. Mas a menina não operou a palavra, ou melhor, não operou esse ato da onomatopeia, de tempo verbal (prontidão do ato), de modo a diluir a forma do medo, dando a ele um contínuo dissolvente, fazendo-o seguir adiante e liquefazendo-se. Ela poderia ter feito um verbo sonoro de silêncio, um chiado expressando o desejo de silêncio, levando o canto do pássaro assustador a recuar, a recolher-se, a se invisibilizar ou a passar. Ou, mesmo, simplesmente largado tudo e corrido para o colo do pai (o que, pela sua reação, por um momento, pensou em fazer) e deixado a coisa se assentar, o desconhecido completar seu trajeto sem ser dragada por ele.

Ao contrário, a menina, corajosa, simplesmente mastigou, pelas presas de uma felina também noturna (a onça), engoliu, atirou no solvente gástrico aquele susto. Usou todo o seu poder de deglutição. Recorreu ao som mais primário dos instintos, depois da sucção, que é a mastigação. Num *nhame-nhame* reparador da ordem, jogou, na bacia digestiva, aquela maldição desautorizada que resolveu invadir seu idílio na noite. Fez assim a imagem sucumbir para dentro, ingeriu, sorveu a intromissão impertinente.

A imagem assustadora, quase formada, que só teve tempo de ser susto na noite, foi interrompida antes de ganhar proporções maiores, forma mais concreta na sensorialidade auditiva. Essa é uma maneira de o elemento água aparecer, na imaginação da criança, criando fluidificação quase instantânea, gerando correntezas homeostáticas, modos adaptativos em que o escoamento não será na desembocadura do rio lá adiante, mas na embocadura (pela boca) que leva para o oceano interior da criança.

Um acontecimento de devoramento imaginário na brincadeira de uma noite. Vocalização antropofágica cujo destino está no calor dissolvente do ventre. Uma antropofagia do próprio medo. A criança engole aquilo que a assusta. É canibal de seu corpo de inseguranças. É certo que os engolimentos e mastigações trabalham muito mais nos enraizamentos do elemento terra, mas só podem acontecer pela água do lago gástrico e com uma boa generosidade salivante. Ainda mais quando são engolimentos de dissolução, e não de renascimentos, como na história do Pinóquio, no conto do Chapeuzinho Vermelho, no mito bíblico de Jonas ou no Pequeno Polegar.

Mas a onomatopeia, nesse caso, foi o elemento aquoso, dando-se diretamente no som todo integrado à "palavra". Criou uma rítmica de maceramento nas imagens de medo da criança. Foi a liquidez necessária para que o peso material daquela imagem sonora (saracura) tivesse sido moído. Gerou a plástica favorável para a imaginação da criança ativar o metabólico, a transformação daquela imagem que ameaçou invadir a noite de brinquedos seguros.

O impulso imaginário da menininha foi o mais instintivo possível, o mais natural possível; quem reagiu foi sua memória corporal e logo o corpo acionou a boca e toda a salivante maquinaria devorativa de dentes (uns poucos dentes), garganta, esôfago, estômago. Do fundo digestivo, dissolutivo, dessa câmara de ressonância da linguagem, subiu a onomatopeia. Correnteza sonora medrando da gruta linguística: *nhame-nhame-nhame-nhame*. Sonoridade sinuosa, lenta, interiorizante. Ondas sonoras, fluidificação tonal criaram a intenção apaziguante para a bebê. Uma água cadenciada, um redondo lactante, capaz de transformar as garras da noite numa coisa comestível, digerível.

Se a criança apenas apontasse a oncinha para a mata, sem fazer sons de mastigação, sem ativar sonoramente o moinho, a maceração, será que o sentido de segurança teria completado seu trajeto? A brincadeira seguiria tranquilamente na varanda? Talvez se fosse uma criança muda, ela tivesse, em vez de sonorizado, grunhido e gesticulado a devoração. Pois certas imagens na criança necessitam da dinâmica material do gesto ou do som (que sempre é um gestual) para cumprirem seu destino. Especialmente as imagens de socorro, de reorganização, diante das ameaças, só se cumprem se ressoarem na estrutura musculoesquelética da criança. Ou pelo gesto, ou pelo som. Nesse caso, a onomatopeia da mastigação aprofunda um leito somático por onde correm águas químicas, metabólicas, (trans)formativas.

A mobilização somática, os marcadores do *soma* são funções neurológicas da formação de nossa interação com o meio (prazer e dor). Mas e a desmobilização somática? Existe essa atuação neurológica como elemento constitutivo da desindividualização? Qual função a desindividualização neuronal cumpre nos traumas da infância? Qual desenlace promove nas culpas imputadas à arquitetura somática? Será mesmo que na neurologia tudo se organiza pelo registro e memória? Não há uma forma de constituição no esquecimento? Existem as defesas criadas pela alma contra o empachamento sensorial. Uma das funções vitais da água na imaginação da criança aponta para a não pregnância, para a desindividualização, para a passagem sem registro, para a possibilidade de não aderir. Por entre as barricadas de arames farpados da modernidade, a não aderência se excedeu nas patologias do esquecimento do *eu*, de sua anulação. Mas, na saúde da criança, a desindividualização é um aspecto tonificador, do aprimoramento de um si, menos dado à sua pretensa convicção de ser, à sua hiperinflada noção de *eu*.

Brincar de onomatopeias é um trabalho de salivação das crianças, explode respingos e enchentes bucais nas fricções labiolinguais. Esses sons rítmicos são naturalmente aquosos e perfazem correntes em suas construções. Concluo, portanto, esse exame do gestual da menina e sua onça enfatizando que os sons, especialmente os que criam a paisagem do movimento, os que dão fala a um gesto, os que evocam toda a forma do gesto através de uma onomatopeia são movimentos de natureza líquida. A dinâmica dessas ações sonoras constrói ambiências aquáticas na atmosfera tonal da língua. Muitas vezes, ambiências descoladas de seu sentido. Mas, outras vezes, totalmente harmônicas no sentido aquoso da palavra.

O *nhame-nhame-nhame* é um exemplo desse harmônico entre som e significado aquático, diluente, digestivo. As consoantes "nh" já formam uma onda mandibulolingual. Desenham a formação da onda. A vogal /a/, ajustada ao dígrafo /nh/ ou à sonoridade materna do /m/, cria um sistema fluido de expressão hidráulica em curso. A letra /m/ é a letra de sucção dos mamíferos acoplados aos úberes maternos. Por isso, quase todos aqueles que berram, mugem, balem, bufam e falam tendem a emitir um vigoroso "m" – especialmente quando chamam as mães – construído de forma ondulatório-helicoidal por seus sistemas de sucção alimentar que se irrigam a partir do leite materno.

Diante desses demonstrativos do nascimento da dessemelhança, nas práticas da criança, encontramos a vida rítmica. A dessemelhança, pelo neoplatonismo de Pseudo-Dionísio, é uma tensão contrária, uma elasticidade que busca retirar a forma de sua paralisia, de seu encaixe, de sua função telúrica, para reanimar novamente seu movimento ao máximo desencarne. É uma água que, de tanto bater, abre sulcos novos, leitos novos, canais da diluência nas arestas da forma solidificada. Astúcia metamórfica. Escapatória, em última e máxima instância – depois do lento trabalho de liquidação formal –, para uma água aérea, almejando a oportunidade de nunca mais querer a descida do orvalho e se extinguir para a luz. O sublimático intentará sempre abandonar a umidade da água e se esconderá, evaporado, nas mais rarefeitas moléculas do ar. O sublimático deseja todo o azul e, para além, toda a luz.

Mas não estamos trabalhando com a sublimação, e sim com a diluição. A sublimação é do ar. As águas em rios aéreos, evaporantes, vivem a tentação do sublimático, acessam a memória da extensão, aspiram as securas libertas. Essas fases extremas da liquidez cumprem-se melhor nos estudos do ar.

Já o diluente elabora-se na carne do mundo, é um apocalipse da carne. Revela todas as suas tendências a se desfazer. E esse apocalipse dá-se pela tensão rítmica. Todo empuxo para adiante de si é uma tensão de elasticidade, maleabilidade, que depois reage em retorno, em contração. Retorno profundo para dentro.

Quando a criança cria um objeto que se mostra diluidor de sua própria forma, é intrínseco a esse fazer o exercício tensional do ritmo. A forma já nasce com a insígnia da passagem. Quer-se forma, pois nasceu, mas já anuncia sua movência transformadora. Esses brinquedos são arquétipos de nossa condição corporal. Estamos em diluência contínua. Despregam-nos de nossos próprios tecidos, em microputrefações rapidamente fagocitadas, todos os dias e seus instantes. A água é o meio garantidor dessa plástica de finitude flagrantemente anunciada.

***

O ritmo nos ordena e nos estabelece em diálogo com o meio. Mas seu último apontamento é revelar a passagem. A matéria que catalisa todos os fatores do ritmo no planeta é a água e sua pulsação metamórfica. Portanto, o ritmo e seu movimento dissolvente são um elemento mediador, um suporte, um impulso, para tudo aquilo que almeja mudar. Ele atua ligando pontos equidistantes, unindo forças do cosmos e seus corpos saturados de energias permutativas, de trocas especulativas. O cosmos se espelha na água da Terra. Deixa seus semblantes nela; grava, portanto, no planeta, uma sua memória. A água, como espelho, absorve e refrata essa permuta de forças. Ela e seu movimento esferoidal são o portal biofísico que captura o cosmos para nós.

As cognições dos seres terrestres trabalham absorvendo, por meio da água, as cognições das forças e marés extraterrestres. As marés oceânicas são ressonâncias das marés solares, lunares e de outros planetas do sistema solar. O jogo gravitacional, como as descomunais forças de atração dos astros, influi a movência e modelagem da paisagem, dos movimentos atmosféricos, das estações, das temperaturas, da geração de alimentos e nutrientes, das fases de procriação, dos assentamentos humanos, das culturas sensoriais, dos hábitos, das festas, dos ritos.

A Terra, dizem os astrofísicos, em seu movimento em torno de si e do Sol, foi sendo freada, na velocidade de sua rotação, ao longo de milhões de anos, até alcançar a estabilidade de 1.670 quilômetros por hora na linha do equador. As águas exerceram um papel essencial nesse gigantesco mecanismo de freios. Pela influência gravitacional, a massa de água do planeta em movimento, em atrito com a crosta, foi freando sua velocidade. Ao mesmo tempo, o Sol, com o calor lançado na massa de água, causava sua expansão e impulsionava a Terra para continuar girando a certa velocidade. Assim, as noites, outrora muito longas, foram se equilibrando com a duração dos dias, o que possibilitou chegar a essa estabilidade de horas na qual vivemos. Só assim, com mais luz solar, a vida encontrou possibilidade de se complexificar e eclodir nessa infinitude de manifestações. Os dias e as noites, com praticamente a mesma duração, se mantêm assim graças à força de ressonância que balanceia esse movimento numa regularidade rítmica possível à vida como hoje se configura.

Podemos, portanto, sintetizar a ideia de ritmo pelo mecanismo da frenagem. Todos os sistemas de frenagem dos organismos e suas hidrodinâmicas circulatórias, das tecnologias e ferramentais humanos, bem como da simbólica cultural, trabalham com uma regulagem abrasiva, atritiva, escarificante, pulverizante, para diminuir a velocidade dos fluxos, das forças, das intenções, das operações e dos encaixes. A frenagem é estabilizante, acalmadora, sedimentadora, cumulativa, organizadora, distributiva, pulsativa, doadora. Como essas vírgulas após cada oração, após cada movimento. Eles promovem uma oxigenação da palavra, silêncio regulador dos sentidos. A frenagem organiza, acalma a teleologia do ritmo, essa sua finalidade de evocar continuamente o que passa, o transitório.

Se pensarmos na velocidade dos corpos nos vastos e vagos espaços cósmicos, veremos atitudes vertiginosas, que só não são descomunalmente destrutivas devido à ação gravitacional que se ordena num gigantesco sistema de freios ressonantes, balanceadores. Imensas marés de impulso e retração. Pela astrofísica, todos os planetas vivem suas marés e são elas que modelam as faces de suas paisagens e a regulação profunda de suas sobrevivências. Só assim podem existir enquanto unidades colaborativas de um todo.

A ideia de mar, de dinâmica das águas e das marés, na astrofísica, se multiplica em imensidão, transmitindo, por essa imagem, a noção de ritmo e ordenamento dos conjuntos (organismos) de vida das galáxias.

O grande movimento freia a si mesmo no rugir de sua emergência em vir de si. Sem mecanismos de frenagem, o viver, se fosse possível, seria tóxico e venenoso. Seríamos seres ainda mais encolerizados. Habitaríamos abrasados somente a "cólera de Deus", como diria Jacob Boehme em sua cosmogonia acerca do abismo da luz.

Portanto, a criança, em sua chegada, em sua ramificação e enervação, no enlace de seus filamentos conscienciais à massa musculoesquelética, irrompe do órgão intencional da criação, advém de um propósito com virtudes morfológicas, é mais um aspecto da experiência universal iridescendo a matéria com a luz da gênese, fótons místicos do fito vital. Tal chegada estabelece um estado de autogenia, gestará de si própria a complexificação de seu organismo, uma força apta a trabalhar e criar um semblante de si no orgânico, de se instalar no orgânico através de uma dinâmica de fluidos, especialmente uma hidrodinâmica.

A virtude inaugural traz o holograma, o gérmen de uma forma que se modulará de modo membranário através de correntezas. Fluxo de um rio sanguíneo que corre à temperatura média de 35 graus Celsius e requer canos, dutos, câmaras, túneis, cilindros, septos, válvulas e microcaniços arteriais para verter uma velocidade média de 2 quilômetros por hora. A velocidade média do rio Amazonas, no baixo e médio curso, é de 2,5 quilômetros por hora, variando até 8 quilômetros por hora em regiões mais estreitas. Portanto, somos correnteza, nosso curso sanguíneo pulsa na mesma força de corrente do rio Amazonas.

Somos vida corrente que, por seu natural estado de práxis, gera de si frenagens. Impõe-se uma plástica interveniente a essa inspiração movente que é puro devir. Cria, assim, para seu benefício de formação, condições mórficas transversais à corredeira. O movimento da corrente sanguínea modela intervenções sobre si através de apêndices, cânulos, encavos, convexidades, invólucros, placentas, membranas e invaginamentos. Essas pequenas e naturais barragens favorecem a pulsação. A insistência do ritmo gera depósitos, terraços, bancos, galerias transitáveis, porosas, dando ao movimento um padrão. As contenções geram padrões. Nosso corpo é nutrido pelo rio sanguíneo graças a essas cavidades, galerias e septos. Saberíamos identificar toda a vida pensamental que nasce nas aurículas e nos ventrículos do coração? Pensamentos venosos e pensamentos arteriais. Um pensamento venoso talvez já nasça cínico e asfixiado de sentido; um pensamento arterial, já mais oxigenado, talvez seja incorrigivelmente utópico.

No movimento de um rio, as águas trituram uma imensa quantidade de materiais, orgânicos e inorgânicos. Burilam pedras corredeiras abaixo até moer tudo, transformam em pó, fazem a poeira mineral dos solos. Trituram e decompõem madeiras, folhas, insetos e animais, promovem limo, humos, agricultura. São caldos férteis que transformam as bacias dos grandes rios em regiões de assentamentos populacionais, geram prosperidade por séculos e milênios, para gerações humanas.

Toda essa moenda diluente é processada numa métrica de marés e forças de correntezas. Atuam desde o fundo até as margens dos rios. Nesse movimento das águas em hélices, ondas e redemoinhos, vão surgindo escavações, bancos, terraços, ilhas e deltas pelo acúmulo de sedimentos ou retirada deles. Esse processo revolvente é a vida do rio e dos mares. Esse trabalho construtor de enseadas e golfos é gestual da água, fluido suscitador de continentes.

Também o corpo das crianças é um complexo sistema de frenagens em formação. Trabalha para ser continente. Não se quer liso, deve aprimorar seus sulcos, suas quedas, suas dobras, suas galerias. É assim no profundo orgânico; assim também na superfície da pele. As marcas de freios no corpo são o resultado de uma boa pedagogia da fricção. As quedas, os cortes, as cicatrizes, os arranhões, os roxos e as inflamações são topografias do tempo, instalações espaciais da memória. Insistimos por muito tempo em pedagogias da lisura e do escoamento, sem atrito. Culminamos, hoje, assustados, nessa correnteza sem contenção. Vivemos um tempo que já quase não acontece no espaço, uma abstração sem carne, uma conceituação sem a realidade constrangedora do corpo. Isso, na linguagem do rio, é perigosa inundação, destruição dos sistemas naturais de diques, raízes, bancos, barragens, sistemas de filtragens e acumulação nutricional.

O tempo, segundo Michel Serres, não corre, "ele corre porque percola"[81]. Só corre porque filtra, só filtra porque contém. As contenções naturais nos bancos dos rios, as ilhas e margens das curvas são depósitos de vida, matérias trabalhadas até, muitas vezes sua última decantação – são o biogeo resultante da moenda d'água e do trabalho de alguns animais, como os castores.

Cada caldeirão formado na pedra contém um tanto de água, um tanto de tempo, vive uma filtragem perene dada pela ranhura

---

81. Michel Serres, *Os cinco sentidos*, p. 181.

e atrito, pela escarificação. Um trabalho físico. O tempo é um conceito que só adquire algum grau de realidade e significação por se realizar no atrito físico. Só assim, pela cicatriz, se faz memória. Não o perceberíamos como tempo não fosse seu roçar, sua presença tátil, sua agulha penetrante, sua dor.

Há um tipo de lisura bem sincera, que resulta de intensa e duradoura percolagem, é efeito da lixívia atritiva, um sólido moído na direção do solúvel. Assim são os seixos: lívidos, exaustos, polidos, devido à demorada fricção. Voltaram-se ao máximo para si próprios, estão em posição fetal, são lisuras resultantes de brutal boleamento na roda de moer do rio. Atiraram-se ao máximo com os demais seixos e, agora, repousam encolhidos. Mutilaram-se junto aos demais. "E se tua mão te faz tropeçar, corta-a" (Mc 9,43).

A correnteza no corpo da criança, corpo que se enforma, curso que só se mantém graças ao movimento de dois fluidos, a água e o ar (circulação sanguínea e respiração), tende – nesse tempo liso que inventamos – a se descomedir para os desaires obsessivos da aceleração, da morbidez, da culpa, da desesperada adicção por coisas. Se não houver a ação dos mecanismos de frenagem alojados no próprio organismo e na cultura, a velocidade se torna encolerizada. A cultura pedagógica necessita compreender a física das frenagens instalada na vida anímica da criança e nos códigos culturais.

O elemento água, antes de ser escoamento, como alegorizou Zygmunt Bauman nos estudos de uma modernidade arrastada no liquefeito, promove uma *solutio* (retorno a um estado original) exitosa quando trabalha em *coniunctio* (dissolução e união), como metaforizou Carl Jung ao investigar o trabalho dos alquimistas[82]. Um trabalho de dissolver para unir, muitas vezes ocorrendo no moinho d'água.

A água deve ter força suficiente de escarificação e reengendramento. Necessita trabalhar escavando o leito, mas também modelando margens nas crianças. O continente corpo necessita da

---

82. Edward F. Edinger, *Anatomia da psique*, p. 71.

tromba do rio alma, da densidade do lago imagem, do ribombar do mar sonho. As águas trabalham na paisagem corporal também pela aderência, retenção, freando para absorver, estabilizando ritmos e velocidades, criando estações de repouso, espalhando o ser em cada cruzamento da malha neural.

As sazonalidades das brincadeiras, os festejos ligados à natureza e às artes celebrativas, que inserem as crianças nos mundos das linguagens (padrões), são sistemas de guardar energia, estabilizações, frenagens. Mas, aqui, numa brevíssima passagem, a fim de não cairmos tão inocentes na descompensada imitação praticada nas festividades escolares, atenhamo-nos um pouco para falar do impacto de nossas escolhas ao celebrar.

Talvez as festas nas escolas devessem usar a bússola da natureza para criar sua ritualística de aderência. Festas em que as crianças imitam frevo, maracatu, danças indígenas, maculelê, rezas de pajelança, como forma de aproximação da dignidade cultural, são pálidos exercícios com um tom de falsificação dos códigos culturais. É estelionato pedagógico dizer para as crianças, após uns dias de ensaio e apresentações desengonçadas, que isso é cultura dos povos. Triste pauperização!

Se a educação puder abrandar seu autocentramento, logrará observar as décadas e décadas em que as escolas vêm repetindo essas imitações grosseiras e, ao mesmo tempo, na mesma proporção, assistir ao contínuo esquecimento e morte dessas tradições. Tais imitações, inclusive, fazem parte do mecanismo de destruição sistêmica das tradições. O pensamento pedagógico instalado nas escolas é um dos responsáveis pela degeneração cultural dos povos. Quantos milhões e milhões de crianças e famílias brasileiras, de inúmeras gerações, já participaram desse triste circo da dita "valorização da cultura popular", em apresentações, imitações impostas às crianças, sem nenhum contato com o *ethos* desses povos, com suas corporeidades e semânticas?

Essa mesma desprezada cultura, invisível, morre à míngua, longe, muito longe do interesse de olhos e ouvidos das famílias, e nem sequer as comove, sequer uma única fase de seus corpos interiorizou aquela melodia, ginga ou estado sincopado de refletir. A síncope do sentir e do pensar é enxotada das práticas pedagógicas e seus discursos vazios de valorização cultural. As estruturas escolares, sejam elas de quaisquer matizes, do modo como se organizam, impõem-se brutal alienação do campo estético. Estética para as escolas é imitação de fórmulas expressivas ou, no máximo, terapêutica para acalmar corpos. Daí nascem populações inteiras sem discernimento simbólico, sem arguição ética, sem localização política.

As celebrações com as crianças devem, sim, trazer a memória das práticas culturais. Mas, para tal, a sistêmica pedagógica – caso ela exista – necessita se fazer das complexidades de uma filosofia da memória. Necessita compreender a função estética como função estésica, encarnatória, corporificante, evocativa do vital. Necessita construir senso espiritual, pois as tradições, especialmente as orais, produzem seu sentimento estético dentro da noite grande, na porosidade onírica, na viscosidade anímica. Imprescindível ter-se cosmovisão para saber chamar a vida para a celebração. Cosmovisão é afetividade rítmica, diálogo com algo maior do qual fazemos parte, licença para cadenciamento, orquestramento com o todo, princípio de inclusividade. É uma artesania, feita mesmo com a mão e com o corpo, capaz de convidar a magia transformadora para o fazer, para o participar, para o sentir, para o pensar.

O rito é, evocando Santo Agostinho, um *distentio animi* (repouso da minha alma). Uma forma de reconciliação com o espírito da vida, com o sagrado, com a qualidade existencial das coisas. O rito dá significação ao tempo, pausa numa função curativa. A forma ritual dilui fronteiras entre a natureza e a cultura, desfaz a maldição intelectualista que nos separa do cosmos e dos demais seres, quebra o feitiço de um mundo apenas visível, chama os quatro elementos para a assembleia, conversa com o rio, dá ordens ao fogo, obedece aos ventos, ouve as flores, desimanta do campo vital remédios, novas gramáticas, artes, condutas, novas éticas, muda os estados de consciência num simples cantar.

O rito não é propriedade dos códigos religiosos. A religião intuiu o rito da força matricial de nossa psique. A alma é ritual. As aspersões simbólicas que partem da alma para o pensamento transformam-no em ondulações de padrão ritualístico. Pensamos de modo ritual. Mesmo no caos pensamental de uma mente dispersa, os *inputs* subconscientes organizam uma repetição que se quer ordenada, ritualizada, uma neurose, uma obsessão em repetir algo para que aquilo entre no modo ritual e, de algum modo, ache um repouso. Mesmo sem possibilidades de repouso, a agonia mental se quer num modal ritualístico (impulso repetitório), pois essa é sua melhor hipótese de distensão, sua informação fractal para achar descanso.

Um psicopata violento organiza com requintado ritualismo seu projeto para delinquir contra a licença cósmica. O rito, na mente doentia, é um apelo de profunda inconsciência, um pedido obscuro de licença, um desespero silencioso por alcançar alguma licenciosa ordem de comunhão com a vida. De outra feita, o rito, no sofrimento psíquico, nas dores agudas da alma, é uma boia para não sucumbirmos de vez no lago gélido e escuro da aflição.

Mas a criança não necessita pedir licença, não carece se reconciliar com o tempo, nem com a moral de seu tempo. Ela vive um devir despreocupado, um *distentio animi* salutar. O vir a ser ingênuo do tempo, vivido pela criança, faz de seu modo ritual uma confirmação, uma com-sagração, uma reafirmação de seus laços, um novo dia de assembleia com os seres, mais um dia feliz de encontro com a multidão de vidas que vivem tanto no visível quanto no invisível. A criança não necessita ritualizar para se reaver no tempo vital, ou para se desculpar de sua queda do paraíso, ou para se restabelecer numa ordem maior. Ela pratica a fortuna do rito, insere-se no engrandecimento de seu lugar no mundo, e não na suplicância culposa pela redenção.

Os festejos, os começos e fins dos encontros, o alimentar-se, o iniciar e concluir ou a preparação para realizar, a lógica em como projetar, a expressão da linguagem, a consciência corporal, os estudos abstrativos, as linguagens analíticas, todos esses modos pelos quais se realizam os trabalhos num contexto educacional – estreitado pelo tempo e pela sacralização da razão – devem ser tecidos numa epistemologia ritual. A aderência a todas as disciplinas e afazeres das crianças está vinculada à fluidez ritualística. Necessita ter cosmovisão.

Muito estranho aprender os números e não os vincular à matéria misteriosa do cosmos. É uma incorrigível letargia pedagógica as escolas não se darem conta de que números são grafemas da origem, da partição, da negação, da comunhão, da morte, do finito e infinito, da divisão sem conciliação, da companhia, do par e da parceria, da impossibilidade e da totalidade, dos tons, dos sons naturais e dos sons complexos, das melodias, das nossas idades, do que se subtrai em não ser, dos acúmulos humanos, da memória, da geração, da fortuna e do infortúnio, do tempo, do avaro e do multiplicável.

Número apenas como conceito no deserto da abstração, sem qualquer categoria filosófica, é um sacrilégio, um cinismo violento à sensibilidade de povoamentos ontológicos, natural na criança e nos jovens. A criança, quando desperta para o sentido numeral, deve ser instigada a encontrar, em sua alma, o ente de cada número. Deve ser levada aos sonhos da velha academia de Crotona, para sentir a vitalidade terapêutica das intuições pitagóricas. A infinita vida numeral, como os princípios ativos dos fármacos musicais do mestre Pitágoras. Assim, também, o grande matemático Ramanujam, ainda menino, numa pobre aldeia da Índia, soube, pela Mãe Divina, do ser dos números.

Pensar imaginando, ou melhor, imaginar pensando, pode ser um estado ritual. Levar as crianças gradualmente à complexificação do pensamento imaginador até à abstração mais pura impõe interligar aquilo sobre o qual se pensa a uma existência primordial, com cosmicidade. Exige levar o pensamento a um extemporâneo, para uma potência iniciadora, vincular a razão a uma humildade mítica, a um espírito vital, a uma virtude metafórica. Assim, podemos realizar uma lógica ritual, um senso reverente, uma atitude integradora, permeando todos os campos de estudo. De tal modo que, na hora do rito propriamente dito, do rito coreografado, do rito recitado, da performance celebrativa, a criança tenha uma intimidade visceral, um alinhavo das funções transcendentes de sua consciência com as funções rituais de enlevo comunitário. Ela se integra a um espaço sensível de comunicação com as feições do todo instaladas na vida de cada coisa.

Não por acaso, tradições orais se organizaram em torno do rito. Suas pedagogias de terreiro são cognoscências do reconhecimento: tudo o que se aprende deve designar-se como possibilidade de servir, colaborar, ser ferramenta de melhoramento, uma cumplicidade com aquilo que desde muito vem vindo e sendo nas vidas todas. São pedagogias da inserção colaborativa na multitudinária comunidade do cosmos.

Portanto, o estado ritual é mecanismo de frenagem na criança, de desaceleração, de lenta pontuação da atenção para aquilo que opera vidência, de reificação de suas intuições acerca de uma vida que sustém o viver. Promove contenção nos braços do sentido. Restitui ao imperativo social sua condição de inspirar uma existência maior do que a própria existência ali contida. Devolve ao sentimento da criança, nos termos de Espinosa, uma *natura naturans* (força fundacional da natureza) para além da *natura naturata* (as coisas naturais). Esse pouso, tal repouso naquilo que o tempo tem para doar, é um solvente de certezas, desestimula o armazenamento de respostas e informação. Por sua conduta de unificação, o rito, o tempo inteiro, expande o olhar estreito para a visão vasta, eufemiza uma convicção forte para uma devoção. Transforma o individualismo arraigado numa silenciosa partilha.

A repetição ritual promove uma moenda incalculável daquilo apto a morrer. Somente dessa maceração a criança adquire substrato para outras qualidades a nascer. O calcar, o esmigalhar de um padrão, de uma forma pensamento, de uma fixação na criança, abre um vão arquitetônico em seu corpo e em sua percepção temporal. Isso é nítido quando as crianças entram em novas fases de suas vidas bem apropriadas daquele ciclo. Toda a criança muda: os ossos da face, os olhos, a testa, os cabelos, a postura, o modo de falar e pensar. Algo novo se arquiteta naquele vão. Um vale – na verdade, um vau de sentidos – é vislumbrado.

Um trabalho bem-feito pela criança – fazer-se propícia para novos ciclos – exige que ela acesse em sua consciência o senso escandidor do tempo. A consciência traz consigo o tempo, pois ela detecta passagens, mudanças, transições. Por isso, ela escande, ela formula uma métrica chamada de tempo, ela percebe a lua e sua relação com as horas, as marés, as noites, as emoções. A consciência temporaliza. Portanto, a criança, ao viver mudanças contínuas, mesmo aos dois anos de idade, quando o tempo sequer é sonhado, percebe subliminarmente pulsos, marcações, ritmos. Justamente por isso, suas brincadeiras martelam na repetição. A criança já escande o tempo sem sequer se dar conta dele. É nesse trabalho de medir, de observar começo, meio e fim de uma alegria, de querer voltar a sentir, de repetir, que ela se constrói ritmando. Essa é uma tecnologia do elemento água em nossas consciências, são nossas marés, nossas monções, nossas inundações e secas.

Tal tecnologia pode se aprimorar imensamente dentro da função ritual. Quando a criança, desde cedo, tem o privilégio de viver os ritos, ela encontra neles algo próprio a seu modo pulsativo de estabelecer relação. Mas encontra mais do que pulsar. Encontra uma tecnia escultórica, um conjunto significante, sonoridades, alimentos, histórias, alegria da festa, o corpo celebrativo que dança, a comunidade, o sentimento do sublime nas culminâncias, luzes e ovações. Encontra um escandir mítico. Já se enamora do atemporal.

O estado ritual, uma pedagogia ritual, se manifesta – antes de ser liturgia – num entrelace fluídico que pulsa na base de todo fazer. É um sangue oxigenante da forma de pensar, dos modos de desenvolver conhecimento, dos entrelaces afetivos, do modo de encontrar nosso lugar transitório nas coisas. Essa dissolução, quimismo misturador, união mística, guarda em seu útero um contínuo acrescer de novas possibilidades, novas condições de restabelecimento dentro do fluxo que não cessa de fluir. Continuamente, convence-se da transformação. Uma pedagogia ritual compreende a transformação, a metamorfose, como uma água subjacente a todo pensamento de cosmicidade.

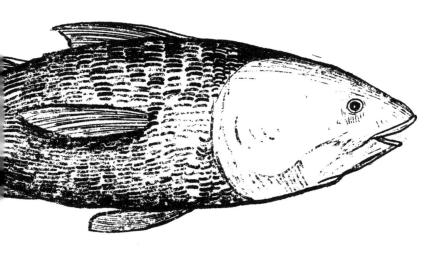

6

Acalantos e sereias

*Desde que chegaste ao mundo do ser,
uma escada foi posta diante de ti, para que escapasses.
Primeiro, foste mineral;
depois, te tornaste planta,
e mais tarde, animal.
Como pode isto ser segredo para ti?*

Rumi, *Poemas místicos*

Sigamos examinando os encadeamentos do ritmo e suas práticas de frenagem, portanto de pulsação, cultivada desde muitas gerações no cuidado com as crianças. A prática de cantar para elas é muito bem estabelecida nos gestuais linguísticos de natureza arquetípica.

A energia que está na origem do trabalho da fala ou do canto é uma fonte, uma vontade, uma força de significar, segundo Alfredo Bosi[83]. Tal energia espiritual gera as correntezas e as hidrelétricas verbais que, muito antes dos pronomes pessoal "eu" ou possessivo "meu", já trabalham no delicado entrelace de uma consciência de *eu*, de uma ideia de individualidade e apropriação de um corpo, como sugere Ernst Cassirer[84]. Não necessita nem coincide a criança dizer "eu sou" para, a partir daí, começar a manifestar-se uma consciência de individualidade nela.

A entoação verbal, as palavras que trabalham o mundo e o querem mover, os verbos, já criam as primeiras roturas de uma partição que virá adiante, entre aquele que intenciona fazer e a coisa que é realizada. Já sinalizam para a própria criança a decisão de um *eu* que se põe no ato e um outro *eu*, uma outra coisa, que nasceu da vontade daquele ato. Os primeiros sensos de alteridade não se guiam nem são manifestos pelos pronomes pessoais, mas, sim, pela formulação aplicada, prática, dos primeiros verbos (quando o verbo faz a criança fazer), pelo desenredo das palavras de ação, essas oficinas dos marcos e também das marcas identitárias.

A construção desses gestos verbais, de referendar a si próprio no ato das coisas, tem suas mais tenras melodias na fonação. Os tons vocálicos, ainda muito distantes dos verbos ou de qualquer pronome pessoal, são objetos do laborioso mergulho das criaturas aquático-acústicas (os bebês). Os tons vocálicos certamente distam da formulação de verbos e pronomes; no entanto, guardam a intuição verbal na sua prática. Já são propósitos dinâmicos, arquétipos do verbo. Um bebê de poucos dias descobre no seu tubo digestivo

---

83. Alfredo Bosi, *O ser e o tempo da poesia*, p. 51.
84. Ernst Cassirer, *A filosofia das formas simbólicas I – A linguagem*, p. 299.

um elemento fonador de cantorias intrínsecas à fonte. Desde seu abdômen, já treinado nos esforços de evacuação e nos espasmos de soluços e regurgitos, o bebê encontra recursos guturais para ninar a moringa d'água que ele próprio é, capaz de ficar, durante o sono, ressoando, muito delicadamente, desde o tubo digestivo, grunhidos entoados nos *hertz* da fluidez serena de um riacho.

Os grunhidos de um bebê dormindo, sopros laringonasais, aspergidos de pequenas locas de água, saem levemente trinados, com os tons da liquidez do corpo, dos líquidos da garganta, dos frenados rítmicos de suas cordas vocais. Ouvi-los é pôr-se na beira de um olho-d'água habitado por recém-nascidos mamíferos aquáticos. Uma pequenina algazarra, muito fresca e aquietante. Uma algazarra que acalenta a si mesma em brincar sem pressa, ritmadamente, até o mais profundo do sono. Até o sono descer à sua corporeidade inteiramente líquida. O bebê faz de si um arroio quando entona no sono.

Talvez aqui encontremos a embriologia do canto da sereia. O canto irresistível. Cuja sedução arrasta aquele que não tem poderes para suportá-lo para um estado autoemoliente. Circe, a feiticeira, segundo a *Odisseia*, de Homero, aconselhou Ulisses a um experimento radical de psicoacústica. Disse-lhe que, para sobreviver ao canto das sereias, seus tripulantes deveriam pôr cera nos ouvidos e ele, ser amarrado no mastro do navio. Só Ulisses ouviria o canto, mas amarrado (os bebês eram atados a seus cueiros com propósito de coesão). Se desse ordens para soltá-lo, seus homens deveriam apertar ainda mais as amarras. E assim o fez. E ouviu os sons do mundo sirênico. Acústica psico-hídrica.

Antes de voltarmos aos bebês e seus gorjeios emolientes, examinemos um pouco do ambiente imaginário em que viviam as sereias. A substância material primordial que sustenta boa parte da travessia de Ulisses e sua "bojuda nave escura" é a água. Em grande medida, seus infortúnios provêm dos monstros, hidras, figuras titânicas, deusas e ilhas envoltas do grande mar. Até o Hades, aonde Ulisses vai para encontrar o sábio Tirésias e buscar conselhos para o final de sua jornada, é no limiar das águas. Por encantamento, ensinamentos da feiticeira Circe, Ulisses evoca o mundo de Hades e da "terrível" Perséfone, na região das grandes águas, de poderosos remoinhos, no limiar do horizonte (abismo).

O ambiente desses pássaros canoros, as sereias, também é o mar, o espelho do mar. As sereias de Ulisses não habitam o fundo das águas, elas têm asas, vivem em ilha, espreitam de suas premonições aéreas, inebriam os marinheiros por sobre o mar. Elas habitam ilha remota e florida onde carcaças humanas se decompõem. Todos sucumbiram ao canto doce e mortal. Só Ulisses, por conselho de Circe, sobreviveu, atado ao mastro.

Mulheres-pássaro, melodiosas (quando assim convém), vibrando seu som no espelho acalmado do mar. Como se o som tocasse o cristal salino e tangesse em recuo, com intensidade, a alma do ouvinte. Como se a água fosse o elemento material único, propiciatório, desse encantamento regressivo. Do mesmo modo que o vibrátil cristalino se suspende de uma taça de cristal, sonado delicadamente pelo dedo que desliza molhado na superfície da borda. Um som que recita a aquosidade de quem o escuta. Não vem de fora, a promessa é de "um decisivo surgimento do sujeito no centro da canção"[85]. Não é uma encantaria em que o marinheiro seja atraído à terra, ao centro da ilha, como no palácio de portas brilhantes de Circe, a manipuladora das ervas e substâncias enfeitiçantes. Ele acontece no mar.

O canto envolve quem está nas águas. O infortúnio acomete na ressonância líquida. É um canto preparado para uma água interior. Como o canto da mãe quando acalenta seu bebê no útero. Já a mãe, quando canta, não traz o infortúnio das sereias de Ulisses. Em nosso estado embrionário, o canto da sereia pode ser uma fortuna, uma boa-vinda, uma riqueza nos aguardando fora, na ilha que jorra colostro, nosso continente materno.

O canto da sereia se dá dentro, não toca a bigorna, o martelo e o estribo da caverna auricular, emitido de algum lugar externo.

---

[85]. Peter Sloterdijk, *Esferas I* – Bolhas, p. 446.

A cera nos ouvidos da tripulação é um placebo da magia de Circe. O som é intracelular, sinestésico, advindo das águas corporais do ouvinte. As sereias cantam de dentro do nosso mar. Não são seres insulares, mas oceânicos. Em Homero, surgem de asas, talvez para caracterizar a propagação, seu poder sonoro e a extensão (ar) implícita em tal poder.

No caso da voz da mãe na vida uterina, a dignidade desse canto que opera no modal épico, que divinza o ouvinte, que o concilia com seu silêncio e o faz abrir (ouvir) o próprio corpo, que dispõe o corpo do bebê para fora da própria vida ovípara, interessado no chamado, não poderia ser só a sedução da fama, da autocomiseração pública, do hedonismo disfarçado de heroísmo, como especularam tantos intérpretes da simbólica das sereias de Homero.

Os salmos da alma são sopranos. Quando recitados pela voz da mãe, trafegam o elemento úmido, socorrem o feto desde sua paisagem neonatal, de sua morada aquática, criando coesão e centro na virtualidade líquida. As sereias cantam e atam, ajuntam ainda mais o ouvinte à sua sina. Circe ofereceu a Ulisses o antídoto contra a morte do canto. Ser atado. O antídoto é a chave do destino: manter-se coeso.

O canto da sereia, na *Odisseia*, por muitos foi interpretado como sedução narcísica que mata os homens em virtude da sede de seus próprios anseios humanos. O ato de cantar das sereias, na descrição literária, é uma passagem um tanto breve da *Odisseia* de Homero, no capítulo XII; na verdade, é um hino a Ulisses. Um salmo, uma louvação ao herói, o reconhecimento de seu destino e também a promessa de que, se ele ali detivesse sua nau, ouvindo-as, se tornaria "conhecedor de muitas coisas", pois elas, as sereias, sabiam "tudo quanto, na extensa Trôade, Argivos e Troianos sofreram por vontade dos deuses, bem como o que acontece na nutrícia terra"[86]. As sereias queriam dar a conhecer a Ulisses tudo o que houve na guerra de Troia, tudo o que aconteceu durante aqueles dez anos.

---

86. Homero, *Odisseia*, canto XII.

E, mais sedutoras ainda, prometeram a Ulisses que cantariam toda a sua origem e o que sucedia em sua terra natal. Cantariam apenas para ele o seu destino único.

Elas sabem o que ocorre na "nutrícia terra", na matriz biológica de plasma, ossos, peles e músculos que formulam o bebê. Em sua ilha florida, havia peles retorcidas, ossos e restos decompostos dos corpos dos marinheiros enfeitiçados. Seriam as sereias as regentes das células-tronco? Serão, essas deusas, as cirurgiãs plásticas da natureza com seus bancos de peles membranares? Bancos plasmáticos de sons (re)criativos, reconstitutivos? Sons que necessitam estar na água para incorporar qualidades mutáveis, de hábil modulação formal, com o dom mutacional?

Depois desse acontecimento, Ulisses, com o coração inundado do desejo de ouvir as sereias e entregar-se a elas, pede a seus companheiros, com um arquear das sobrancelhas, que soltem as cordas que o atam ao mastro. Eles, porém, o prendem ainda com mais força, apertam com mais vigor os laços ao corpo e à coluna (mastro) de Ulisses. E, assim, a nave segue, distanciando-se do canto de morte.

Essa breve narrativa sobre as sereias na imorredoura *Odisseia* é um intrigante interesse acústico interpretado de muitas maneiras, mas quase sempre em torno do canto sedutor de autocentramento. Contudo, nas poderosas imagens das criaturas sirênicas, podemos encontrar elementos de formação embriológica, pesquisas psicoacústicas voltadas para a recepção dos bebês. Quem nos esclarece sobre o canto das sereias como destino é Peter Sloterdijk:

> A teoria do efeito sereia desemboca, desse modo, em um estudo da primeira saudação. [...] O homem é o animal mais ou menos bem saudado, e, para se dirigir mais uma vez ao seu centro de emoção, é preciso repetir a saudação praticada na origem, no momento de sua iniciação no mundo. A saudação correta, ou os corretos votos de boas-vindas, é a mais profunda resposta que um sujeito pode encontrar. Certamente, a canção das sereias, no Canto XII da *Odis-*

seia, também pode ser ouvida como um hino de saudação: a canção do herói já significava exatamente – sem que seu ouvinte sequer se desse conta disso – uma saudação de boas-vindas no Além, pois as fabulosas sereias, como os antigos sabiam, pertencem a esse outro lado. [...] Mas, enquanto as cantoras homéricas instilam no ouvido dos homens convites irresistíveis para que se consumam, as boas vozes maternas transmitem à testemunha no interior de seu corpo o convite para começar de maneira animada sua própria existência. O que há de notável no efeito sereia é, portanto, que ele cria uma espécie de intimidade evangélica ao engendrar uma boa nova que, por sua natureza, só pode ser percebida por uma ou duas pessoas.[87]

Tais efeitos psicoacústicos investigados por Sloterdijk se referendam nas pesquisas de um psicolinguista francês, Alfred Tomatis, que,

> com sua acústica platônica, construiu um aparelho de recordações que permite à alma restabelecer sua ligação com estados que conheceu em um lugar supraceleste. [...] Na regressão acústica profunda, ele proporciona aos ouvidos dos insensíveis, dos obsessivos e dos infelizes uma audiência junto da voz original. [...] No processo de revisão terapêutica, há boas perspectivas de um renascimento acústico – supondo-se que se consiga persuadir as mães de indivíduos perturbados a gravar com suas vozes uma mensagem retroativa de amor à criança, que é depois processada para corresponder às condições acústicas do meio intrauterino. [...] Para inúmeras pessoas, parece ter-se aberto, por meio dessas imersões acústicas, um segundo acesso à boa vida. As manipulações psicofonológicas representam, por natureza, os primeiros passos em direção a um procedimento teotécnico[88].

---

87. Peter Sloterdijk, *Esferas I* – Bolhas, p. 457.
88. Ibid., p. 460, 461.

O espaço virtual é a água. O primeiro amor no espaço virtual é a própria entrega da água, a integral disponibilidade plástica da matéria líquida para que a gestação esteja continuamente abraçada na camada fluido-nutricional. O som imerso nessa camada soa naquilo que virá a soar, soa num vir a ser pessoa. A voz da mãe, elemento aéreo, um espírito da respiração, se infunde na camada líquida do ovo que ela carrega na barriga e vibra na estrutura do bebê. Os animais marinhos conhecem essa vibração, que não é só auditiva, mas esquelética. O esqueleto do bebê recebe a ressonância sonora da mãe.

Especialmente as ressonâncias agudas, os sopranos, mesmo na opacidade amniótica, soam uma lentidão que aveluda a frequência aguda, cria sonoridades transcendentes na plasticidade líquida, transformando a liquidez numa arguição aberta a paisagens distantes, a comunicações muito recuadas, a uma audição que se põe a sondar o que escuta.

O agudo na liquidez da câmara gestacional é o som do encontro. O carinho é de frequência mais alta, de tonalidade mais acima, mais penetrante, é afeito a esta intimidade de um amor único: a voz da mãe. Os bebês preferem os agudos. Quando nascem, dão muito mais atenção às crianças e suas filigranas vocais do que aos adultos. A voz da mãe e sua práxis acariciante, de fisiologia alcantil, refilada, penetra o saco vitelino e se adensa na água e, ao mesmo tempo, enleva a atmosfera desse líquido para tons celestes. Quem sabe, os tons agudos da mãe sensibilizem – ainda mais – as qualidades captativas do elemento água e, portanto, toquem, soem, vibrem nas entranhas da biologia úmida do feto, gerando, assim, nessa matéria de vida, a intuição angélica?

Seria – o tom oxítono da mãe – a voz do anjo Gabriel (que transpassa a gestante para velar o filho)? Seria essa voz a anunciação, a segurança do lugar nativo, da natividade? Será esse estrídulo de amor a hospitalidade, a saudação? Saudação, portanto, é uma onda sonora de natureza embriológica. A preparação do ser no caldo biológico é um quimismo de mesura, uma reverência por sua chegada, uma embriogênese do aconchego.

Ela, a mãe, ligada ao portal misterioso do nascimento, falando – cantando amor filial –, é quem chama as delicadas e infinitas nuances do vital encarnatório? Ela, sereia dos inícios, mar do feto, faz a mediação sonora para que seu filho se converta ao ser? Trariam – os sopranos da mãe – mais vontade, mais vida perceptiva, mais cognição do infinito ao nascente?

Os tons altos são motivos de píncaros e limiares nas mitologias. As trombetas e os búzios celebram pactos com divindades, ou anunciam sua chegada franqueando a entrada para séquitos de seres fantásticos, anjos inimagináveis; revelam alturas incomensuráveis, estremecem o chão humano, desestabilizam alicerces, derrubam muralhas e pontes, prenunciam o nimbo escatológico, fraturam o *eu* em seu apocalipse, confluem a atenção para a batalha sagrada, sincronizam o mundo inferior com os sons das esferas, alertam – são sirenes de pânico, sereias de morte, cantos de encontro, timbres que atingem diretamente o coração.

A voz da mãe, na salinidade amniótica, ressoa nos ossos da criança (a nutrícia terra de Ulisses) uma ternura onírica. É na sonoridade sonhada que a pessoa constrói, no útero, seu tom vital. Deveria ser escrito com letra maiúscula – Tom Vital –, pois é um deus secreto. Para isso, não necessita que o feto sonhe: o som, a voz da mãe, já sonha o feto. A mensagem de chamado da mãe, de recepção, de encontro, já é um sonho de vir a ser. Quando a mãe canta para a criança em seu útero, o som submerso opera na paisagem gestativa a fotossíntese do mistério. A voz da mãe tece – já no útero, antes que ele nasça – a luz do próprio bebê, luz em processo de síntese gestacional, constitucional. A mãe canora cocria embriologicamente seu bebê. Ela o ajuda a decantar – desde o mar insondável da vida amniótica – mais de si naquela *mátria* (mar nativo ou pátria) primeira de seu corpo. Um chamado para que venha – o quanto puder – todo. Para que realize toda a sua neuromatriz na carne em formação, essa carne entoada. Para que, mais do que carne e inteligência biológica, ele prepare, já nessa primeiríssima terra nutrícia, sua angelização, sua animização, sua inspirituação.

Mas esse som balsâmico, que resulta numa propagação de extensão enigmática e ao mesmo tempo numa nucleação (coesiva), é um ocultismo do destino. Talvez sejam os primeiros acordes da subjetividade, antes mesmo de serem ouvidos com o embrionário aparelho auditivo do feto. Uma psicoacústica acontecendo, consubstanciando-se nos ossos, músculos e órgãos da criança. E só mais próximo ao perinatal poderá ser melhor ouvido pelos ouvidos.

A ressonância da voz materna causa longa extensão, expande de forma estelar (cósmica) o som de matiz tubular até as profundezas do cosmo aquático. O pequeno saco amniótico, devido à dilatação mística gerada pela voz imersa no ambiente plasmático, sensibiliza-se num espaço oceânico. Perde suas membranas maleáveis e se abre à imensidão do mar. A criança, no útero, é circundada da memória de cetáceos e bramidos lentos dos seres da liquidez.

O som, em sua percorrência veloz nas águas, recebe uma doçura, uma redução sensória para o lento, arredonda-se no impacto da sua onda sonora. A onda se espirala, toca esfericamente, toca convexamente, torneando o destinatário, oferecendo-lhe de modo generoso o contato com a forma de seu destino, com morfologia esférica, que é verdadeira origem. O tato convexo, abraçador, é a técnica de modelagem empregada pelo meio líquido. São as mãos da água que esculpem o vir ao tom, vir à tona dos seres, que esculpem sua origem mais concreta. Como nasceriam os seres se não fossem totalmente abraçados pela primordialidade líquida? Talvez incompletos. Sem esse primário abraço, sem esse abraço mineral, não haveria possibilidade de formular uma vida, de enformar um ser. Se abraçados fôssemos só de determinados lados, nossa gestação concluiria seres pela metade, derramados de uma banda, sem hemisférios.

Portanto, a voz da mãe, esse sopro advindo do coração, destina-se ao encontro mais pleno; ela atravessa a água (que a enternece ainda mais) e acende lentamente, por vibração acústica, uma luz na criança gestada. A voz da mãe participa do preparo de uma arquitetura somática do chamado. Elabora uma catedral de devoção com muitos vitrais translúcidos, esperançosos dos efeitos infinitos da luz. Ela esculpe um espaço acústico dentro da membrana de feliz compleição. Tal espaço, idealizado pelo chamado, sempre será um centro, a mais reentrante morada de um eu. Uma ermida de convencimento, um estado meditante, nunca detratará a origem nem desdenhará do fundamento da existência. As mães são seres canoros, sereias, metade mulher, metade peixe, que moram em ilhas floridas, circundadas do argênteo mar de sal. Elas detêm o segredo da pátria nutridora, são bancos de peles, santuários de células-tronco, senhoras da regeneração.

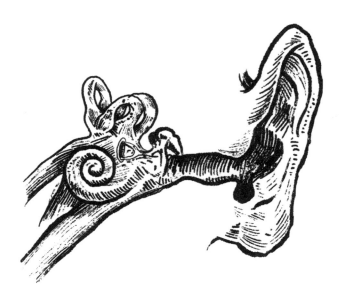

***

As mães também passam a ser as principais vozes que cuidam dos bebês quando eles nascem e já não fazem parte só da ovípara morada-mar, mas habitam a casa da família. Elas aprimoram seu amor e o amor dos filhos nas entonações ainda abraçantes, convexas e líquidas. Aí encontramos a música cantada para ninar, embalar, balançar nas ondas brandas de águas. A cultura musical das populações, especialmente de regiões rurais, nos ensina os acalantos, músicas que embalam. Segundo Bachelard, o único elemento que embala, entre os quatro que compõem a natureza, é a água.

Examinaremos os acalantos por alguns aspectos do som vocálico. Demonstraremos o vocálico como guardador de águas nas sonoridades do ninar. Os sons vocálicos talvez contenham matrizes dessa morfologia da voz na liquidez. Escolhemos, como exemplo, a vogal /u/ para examinar. Seu *telos* (finalidade, senso de destino, ventura), quem sabe, seja a descida. A letra /u/, e sua curvatura para baixo, pode não ser um mero ícone em forma de recipiente ou poço, ou uma simples curva acentuada da linha, mas uma convexidade mais interessada em abismos. Ela pode ser um exemplo de isomorfismo do símbolo.

O isomorfismo acontece quando a forma do objeto ou seu movimento, seu som, ou seja, aspectos de sua estrutura, têm similaridade com as expressões simbólicas que esse mesmo objeto evoca. O símbolo que nasce da provocação de um som possui aspectos de sua estrutura, aspectos similares ao som que o convocou à superfície. No nosso caso, o objeto é a letra /u/. Sua sonoridade, sua forma e seu movimento combinam com uma quantidade de palavras que lembram a descida, a noite, as trevas, o medo, a paralisia, o sufocamento, os sonos profundos, o mergulho, a queda.

Silvia de Ambrosis, em seu precioso livro *Canção de ninar brasileira,* no capítulo IV, "Murucututu: de terra, água, ar e de terror", cria apontamentos significativos e indicações bibliográficas seminais para compreendermos a natureza repercussiva da letra /u/. Ajuda-nos a examinar, nos acalantos, a relação dessa vogal com o despertar sonoro de uma sintaxe de fundear. Seguimos algumas trilhas indicadas por Silvia. Uma delas é o ensaio de Alfredo Bosi *O ser e o tempo da poesia,* em que o autor organiza uma série de palavras ligadas ao tônus da letra /u/:

> 1) Ao campo semântico da *obscuridade* material ou espiritual pertencem, por exemplo: bruma, bruno, cafuzo, crepúsculo, dilúculo, dúbio, escuro, escuso, fundo, fundura, furna, fusco, gruta, lúrido, negrume, negrura, noturno, núbilo, penumbra, profundo, túnel, túrbido, turvo.
> 2) Ao campo semântico do *fechamento* pertencem [...] as seguintes: aljube, apertura, baiuca, brusco (= enfarruscado; ex.: céu brusco), buque (= prisão), cafua, cafurna, canelura, canudo, caramujo, casulo, cissura, conduto, cuba, cuca, cumbuca, curro, espelunca, furda, juntura, lura (= furna), obtuso, ocluso, oculto, ofusco, recluso, sulco, sutura, tubo, tugúrio, urna, útero, úvula, vulva [...]
> 3) [...] o campo simbólico do triste, do aborrecido, do mal-aventurado: agrura, amargura, amuo, angústia, azedume, calundu, caramunha, carrancudo, casmurro, cenhudo, infortúnio, jururu, lamúria, macambúzio, pesadume, queixume, rabugem, resmungo, soluço, soturno, taciturno, tristura, urubu [...].[89]

Alfredo Bosi ainda segue com a lista por mais campos semânticos do putrescente, do sujo, mórbido, e ainda pelas palavras da morte. Na morte, ele demonstra palavras como ataúde, catacumba, defunto, fúnebre, lúgubre, luto, moribundo, múmia, sepulcro, tumba, urna, viúva. E segue seu argumento:

> Mas a ocorrência simples da vogal não é tudo; a leitura expressiva das palavras poderá ressaltar com vigor as conotações que as penetram;

---

89. Alfredo Bosi, *O ser e o tempo da poesia*, p. 56-59.

e dar ao sujeito que as profere a sensação de um acordo profundo, um autêntico *acorde vivido* que fundiria o som do signo e a impressão do objeto.

Se *tumba* não contivesse no centro tônico a vogal fechada /u/, daria acaso a quem a articula a sensação que dá, de um recinto escuro, profundo e fúnebre? *Subjetivamente*, parece inegável que a palavra responde, por natureza, aos estímulos que se recebem do objeto. [...] Chega-se, por essa via, ao limiar da *expressão*, que supõe movimentos internos ao corpo. Os signos a que se atribui maior dose de motivação seriam portadores de certas sensações que integram experiências fundamentais do corpo humano. Os signos motivados não seriam, porém, "pintura" de objetos exteriores ao corpo, pela simples razão de que a matéria da palavra se faz dentro do organismo em ondas movidas pelo poder de significar.[90]

Certamente, esse modo de compreender o isomorfismo na linguagem apresenta muitos problemas e pode ser bastante relativizado por linguistas modernos. Mas, sustentamos aqui, pelas cosmovisões do nascimento da linguagem em povos antigos, a atuação de uma força dos sons das palavras e sua repercussão isomórfica, anímica, constituidora, desde o ouvido até o centro acústico-vocal da criança – até sua "pedra mar".

Em povos antigos, em línguas como o guarani, o hebraico, os hieróglifos e o sânscrito, o isomorfismo sonoro e formal do alfabeto é sinônimo de ato criador. Há uma ritmia do *eu* contida nas letras e sua frequência atuante no corpo, na psique, no destino. O corpo fica atuado pelos sons das letras, das palavras. Os mantras em sânscrito são, por exemplo, codificações da matéria primordial dos quatro elementos em palavras e suas sonoridades. Essas junções sonoras atuam na afinação da consciência, do sistema anímico e somático.

No hebraico e sua gramática transcendental, a cabala, toda a criação é linguística. A vida nasceu da força sonora das letras.

---

90. Alfredo Bosi, *O ser e o tempo da poesia*, p. 61.

Antes de criar o mundo, יהוה (*Yahweh*, Deus) criou o alfabeto, seu recurso plasmador da forma. A forma do mundo e seus infinitos entes, inclusive os ocultos, são de natureza totalmente linguística, ou, talvez, mais precisamente, a natureza sonora orquestrada, enformada, organizada de modo fonético. Mesmo o alfabeto hebraico, tendo apenas consoantes, seu território vocálico, guarda-se de modo misterioso no sentimento da oralidade, e não no grafismo das letras.

As vogais (impulsos do feminino na língua), no hebraico, não encontraram passagem para que suas qualidades simbólicas, e também abstrativas, e, ainda mais, cardíacas, pudessem se espacializar em forma de letra. Não ganharam forma no alfabeto. A ponte não foi feita? Elas se mantiveram na oralidade da língua e, apenas mais tardiamente, foram ancoradas na escrita através de pontos, simples pontos. Na escrita, as vogais hebraicas são recolhidas, invisíveis, silenciosas, enquanto grafia. Usaram posteriormente os pontos, talvez como sinais, sinas sonoras de uma redenção dos pecados patriarcais. Quem sabe, punções para recordar uma memória do coração e sua humilde presença recalcada, tolhida, da visibilidade da língua escrita. Um feminino interiorizado, talvez intimidado. Quem sabe, encasado, protegendo-se no ninho ou sendo banido para ele.

Uma língua, entre outras, que se partiu na hora crucial, mantendo-se, com suas consoantes, como escrita e, com suas vogais, como oralidade. Foi esse um desejo de manter o segredo de que Deus é mulher – Deusa? Ou terá sido a censura intencional do patriarcado sobre a feminina síncope vocálica (mãe de toda semiótica)? As vogais são mães que nos põem no colo da memória e nos cantam os rios dos sons distendidos do /a/, da existenciação do /e/, da lírica soprana, doce e ardente do /i/, da súplica sublimante do /o/ e do mergulho nas profundezas do /u/.

O discurso de Deus – segundo os mestres do ocultismo hebreu –, sua fala criadora, atuou no plasma para gerar a forma, as coisas, os seres. Repito o texto, já citado, para agora o revermos pelo som: "A terra porém estava sem forma e vazia, havia trevas sobre a face do abismo, e רוּחַ (*Ruach*, o Espírito de Deus, vento, ar) fremia (vibrava) sobre as águas" (Gn 1,2).

Quando Ele fremia sobre as águas, Ele entoava, soava? Quando criou, Ele tonalizou-Se nas coisas? Seu próprio nome evoca a vogal /u/ *(ruach* = Espírito*)*, com sonoridade gutural ligada à profundeza espiritual e, no texto do Gênesis, bem próximo às "trevas sobre a face do abismo". Tudo foi criado dentro do /u/? Na face do /u/ (abismo)? Cada coisa, portanto, tem um nome e seu nome é escrito, desenhado, grafado com letras que são o resumo visual, a imagem, a grafia ôntica, sua natureza, sua força.

Os guaranis, segundo Kaká Werá Jecupé, em seu livro *A terra dos mil povos,* descrevem a estrutura do corpo como ressonância do grande Ser a partir das vogais. Também a partir de algumas poucas consoantes de natureza gutural e ligadas ao silêncio e ao impronunciável. Uma espécie de instrumento, de natureza pitagórica, capaz de realizar uma afinação "do corpo físico com a mente e o espírito". Nessa cosmovisão, a letra /u/ "é o tom do *angá-mirim* água e vibra nessa direção. Sua morada é o umbigo. É o tom da vitalidade emocional"[91].

O umbigo é a morada do som água que se corporifica na letra /u/. A cosmovisão tupi-guarani – sua antiquíssima fonte linguística –, instruída por ancestrais que detinham uma sabedoria dos tons da alma (*ayuu*), apresentada por Kaká Werá, também compreende um Ser que gesta o mundo pela linguagem. A estrutura sonora de seu alfabeto constitui o corpo, a psique e as funções espirituais do ser humano. As letras e seus sons são instrumentais para que o *eu* rítmico possa organizar sua sintonia com a criação. O corpo é um som do grande Ser. "O Corpo-Som do Ser." As vogais vibram notas, são entoações criadoras. Linguagem que, em nós, infiltra-se através dos quatro elementos. A letra /u/ faz despertar desde o umbigo o elemento água, segundo essa tradição.

A topografia tonal do elemento água pode ser, no corpo, sinalizada nos rins ou mesmo no coração ou no ouvido. Mas, na ciência

---

91. Kaká Werá Jecupé, *A terra dos mil povos,* p. 24.

isomórfica guarani, ela se situa no umbigo. Justamente pela letra /u/, por esse som da descida. Descida compreendida no imaginário linguístico do português, quase sempre, como algo negativo, como algo sem luz, algo assustador, como a perda do controle, trevoso, como a depressão ou o apodrecido. Assim como a água que tende a procurar as depressões, os baixios, as câmaras escuras da terra. Mas o centro tonal da palavra "luz" é justamente a vogal do umbigo, a vogal do mergulho, a vogal em que o vórtice gestacional acontece na escuridão calórica do ovo líquido.

Para muitos, essa memória vai dar em tumba, em negrume, em fundura, em profundo, em morte. Populações indígenas da Amazônia devolviam os corpos mortos em posição fetal dentro de urnas (placentas de barro) para o útero da Terra, a mãe prodigiosa que religa seus filhos ao umbigo gerador.

Numa junção livre, à revelia gramatical, mais ligada à homofonia da língua portuguesa do que à etimologia, a palavra "sepulcro" guarda a expressão "sé" (sede) e "pulcro" (belo). Pois o útero não deixa de ser – como antecâmara de entrada no mundo – uma sepultura, a santa sé, a mais bela sede, a sede celestial.

A alma líquida do /u/ é a memória do fio umbilical, protótipo daquilo que funcionará como aparelho gustativo, nutricional, digestivo, do bebê. Por enquanto, tudo o que desce para dentro, para nutrir o feto, é pelo umbigo. Depois é que essa descida alimentar acontecerá pela boca, esôfago, laringe e por todo o aparelho gustativo. O umbigo nos mantém nutridos enquanto somos gerados nessa pátria pura, átrio de águas mornas. Ele é a nossa primeira linha, a protoforma do fio de Ariadne que, ademais, nos será de grande valia.

O umbigo, portanto, é o filamento, o sinal transcendente dessa morada, uma quase translúcida gelatina, por onde a liquidez plasmática, de sangue, água, ar e de intensa matéria recordativa do reino mineral, percorre, dando forma a uma nova vida. Informando-a da memória criadora. Uma vida abaixo, dentro, introvertida, oclusa. O umbigo é o vórtice e o sinal, o fio de saída, ele aponta para a cumeeira em que está a luz. A mãe é esse cume. Ela é a deusa que chama o bebê em gestação, o encanta, faz cantigas de amor para que ele venha e não se perca no abismo das águas. O umbigo realiza o diálogo unificador, a ponte, o vínculo engenhoso, o fio de ouro que nos leva à luz. Ele é a anunciação, gravará em nós para sempre a memória de que há uma linha pela qual podemos sair do labirinto. Pois o labirinto interior é dado a se autocentrar, tendemos a escutar só a nós próprios e negligenciamos a voz – na luz – que nos chama.

O umbigo, portanto, é um sinal do transcendente, pois ele é o centro gerador que, numa ponta, alimenta o primeiro sulco neural do embrião e, na outra, é a placenta acoplada ao útero da mãe. O embrião não é algo em si. Faz-se num outro, é hóspede, está inoculado em alguém, descende, provém de uma operação que exige um organismo superior e toda sua virtude de recordação. Não pode se abster dessa hierarquia. O umbigo é o sinal dessa dependência. Ele ficará marcado em nosso corpo no centro. Cabalistas o chamam de primeira ferida.

Os tupis-guaranis, segundo Kaká Werá Jecupé, dizem que a elaboração das emoções começa pelo umbigo[92]. Mora nele, em forma pequena, a alma da água em nosso corpo. A força emocional, se vitalizada, leva-nos aos sentimentos, ao outro, ao grande Ser; se presa, carreará perdição na vida reativa, vida adentro, no labirinto das emoções.

Na sonoridade umbilical do /u/, muitos acalantos são criados por essa acústica de unidade. Silvia de Ambrosis, em seu livro já mencionado, demonstra dedicadamente diversos acalantos da descida, entre eles alguns de origem indígena, identificados pelo naturalista João Barbosa Rodrigues em estudo intitulado *Poranduba amazonense*, sobre povos da região amazônica do século XIX. Porém, exemplifico aqui um dos aspectos apresentados no trabalho de Silvia de Ambrosis: as imagens de monstros engolidores oriundos desses cantos. Esse som, saído da caverna abdominal, é uma

---

92. Kaká Werá Jecupé, *A terra dos mil povos*, p. 25.

boca grande. *João Curutu* é uma dessas canções, com elementos de povos africanos, em que o cantante, com a criança nos braços, diz:

> João Curutu
> atrás do murundu
> toma este menino
> papa com angu...
> ru, ru, ru, ru
> ru, ru, ru, ru
> ru, ru, ru, ru
> De trás do murundu
> Teu pai e tua mãe
> Não têm medo do Tutu.[93]

Eis um canto peculiar. O canto da musa, um chamado angustiante, a voz da mãe cuidadora de seus filhos, a mergulhá-los na noite funda, nas águas escuras. Mas esse canto não é daqueles que nos atiram a sós nas águas. É cantado com o bebê nos braços ou no continente afetivo. A mãe desce as escadas lentamente em direção ao rio, entra nas águas junto com o bebê. Um canto que mantém a criança ligada umbilicalmente à mãe, ao pai: "teu pai e tua mãe não têm medo do Tutu", mostrando que a boca da noite é grande e, por isso, mantemo-nos ligados, não fugimos das vistas, não perdemos o fio, não rompemos o cordão transcendente, sob a ameaça de cairmos liquidados nas águas sem fundo. A gestação continua, mas agora fora, no marsúpio afetivo, nutrida pelas sonoridades de fisiologia umbilical, pelos cuidados com o bebê.

Esses cantos acontecem em submersão, dentro da água da noite, no saco vitelino da música. Não são cantigas de arrebatamento que levam o bebê para um céu claro, cintilante, de tons nascentes. Ao contrário, mergulham, pela sonoridade, o bebê na cosmicidade das

---

93. Silvia de Ambrosis Pinheiro Machado, *Canção de ninar brasileira*, p. 154.

águas escuras. Sua função é levar, de forma segura, para o repouso das águas. Águas decerto temerosas, pois órgão cósmico. Mas, quando com amor, também repousantes, necessárias ao sono sem sonho, à mielinização do tronco encefálico, à preparação das sensações na criança. Trabalham para maturar as "zonas de projeção" no cérebro, onde moram os primários lóbulos occipitais (visão), temporal (audição) e parietal (tato e somatossensitividade). Não há ainda significado do que se canta nas palavras; há sensação dos sons e aprofundamento sinestésico sem imagens delineadas, mas com senso de unidade, integração. Uma mística senciente.

A mielinização do tronco encefálico, esse entroncamento, essa boca do rio Solimões, afluído de todos os rios e igarapés do corpo, faz-se devagar e através de sensações que integram o bebê com sua corporeidade. A inervação da energia vital (a consciência) no corpo, o pouso do ser (a criança) em sua casa biológica, essa diplomacia entre influxo vital e carne têm como linguagem primeira as sensações. Elas são um modo percussivo que leva o bebê a perceber o meio em sua volta a partir do que ele sente. Percebendo essas sensações, ele, aos poucos, se inerva em si, construindo lentamente sua propriocepção, aprendendo a ser uma alma, aprendendo a ativar as memórias biológicas que recebe de seus ancestrais na força inaugurante de sua energia. Ativando não de modo consciente, mas latente, despertando a energia de sua personalidade, a vitalidade de sua percepção, sua quantidade de vontade, os impulsos que o levarão à atenção.

Demorar-se nas sensações, aprender, pelo cuidado, sentir-se bem nas sensações, é uma preparação primeira e fundamental para alcançar percepção (contemplar o nascimento dos significados, estar apto aos benefícios provenientes do silêncio). Mas, para chegar à percepção, há ainda um longo caminho de preparação e cultivo de algo anterior: a atenção.

A mãe canta quando sente que o bebê está apto a ouvir os sons mântricos dos acalantos, com conforto, pois muitos bebês, no início, choram e se sentem apreensivos com a voz cantada. O bebê é levado ao reino das sensações, aos lóbulos primários. Quando as sensações percutem nessa zona inicial de captura do mundo, o bebê de poucos meses de vida é levado à experiência de sentir o entranhamento em seu corpo, levado por ondas sonoras, irrigação sonora, sinais, desembocando nas cavidades mais profundas do espaço cerebral. Tais sensações se movem do corpo para o cérebro e do cérebro para o corpo, por dentro do imenso golfo, o entroncamento encefálico. Aos poucos, esse tronco se mieliniza, se faz comunicante, torna-se apto para os trânsitos mais complexos.

As cantigas da descida são inteirezas, são uma água natural e, portanto, necessitam ser cantadas para que prossiga a gestação, a alimentação anímica, a mielinização, o contato com os tons vocálicos de duração. São acalantos de afinidade com todo o aparelho de engolimento, nutricional e fonador. Esse aparelho começa na boca e termina na região abdominal, morada da ferida umbilical. São cantos que ainda vibram a corda umbilical. Portanto, perfazem o cuidado somático, o bem-estar em chegar, habitar a casa, saber senti-la como feita para ela mesma, como receptiva.

A continuidade do trabalho das sensações, a ajuda ao bebê em sua aproximação inexorável com a carne, o assentamento nela requerem forças de aprofundamento, infiltração, capacidade esponjosa. Os acalantos da descida se unem ao neurológico para preparar filamentos, linhas para as águas emocionais, sensacionais percorrerem e formularem inscrições somáticas, impressões que serão a base de construções contínuas em direção à atenção. Se pudéssemos acompanhar o efeito somático das águas dos acalantos, à medida que se canta para o bebê, quem sabe, pudéssemos ver finíssimos igarapés, cheios de redemoinhos, desenhando lastros helicoidais em seu cérebro, músculos, ossos e cânulas sanguíneas.

Essas águas de amor, quando cantadas, movem-se no bebê junto com o giro da Terra, afinadas com o vórtice do sistema solar, com o balanço do imenso mar. Não são só cantos, são forças. A intuição da musicalidade cabocla, de povos da natureza, sua alma musical, emanou essas águas de cantar como um sopro da criação para que a cultura se ponha pedagogicamente – como a natureza o faz – afinada com os tons – não fisicamente audíveis – do cosmos, com os gestos originários, com os arquétipos dos movimentos.

Nessa jornada em direção ao desenvolvimento da atenção, necessitamos trabalhar com delicadeza. Pois, no vale-tudo antiestético do estímulo por estímulo, como algumas pedagogias cerebralizantes pregam, sem o cuidado com a alma de cada criança, corre-se o risco de gerar, muito cedo, ansiedades e desorganização, águas de arrasto das corredeiras.

É provável que os acalantos da descida sejam bem adequados à liquidez, à plasticidade, ainda densa das grandes quantidades de neurônios no cérebro do bebê. Os caminhos perceptivos ainda não estão organizados. Haverá ainda, adiante, um trabalho do corpo para selecionar, entre essas massas turvas de células, águas escuras, os que ficam e avançam em novos sulcos – os igarapés e furos –, até as margens, onde a vida é flora em terra úmida. São cantigas adequadas, pois sua fonação é também escura, é mãe preta, mãe do mangue. O mangue é uma noite de nascimentos. *Nanã Buruku*, do saber brasílico-iorubá, é estrelada. É uma trindade da letra /u/. Em tal água preta, em tal dilúvio de escuridão, lama líquida, é que a fonação da descida atua chocando – como a galinha junto de seus pintinhos – a vida celular. Esses acalantos são, provavelmente, apoios, meio fértil para as podas na neurologia do bebê, para que delineiem formas, caminhos para o nascimento de particularidades, para a luz. Para que criem as primeiras emoções, ou seja, as primeiras sensações que se protodesenham como agradáveis e desagradáveis, claras ou escuras, fechadas ou abertas, leves ou pesadas, urgentes ou calmas, agudas ou graves. Os dois primeiros riachos da polaridade, as primeiras entradas no tempo e no espaço, as coisas da carne, da terra, do chão.

As sensações no bebê se demoram por ele não ter ainda elaborações de significados. Quando significamos, rapidamente descartamos, abandonamos o estar atento. Mas, quando sentimos, sem significar, tendemos a nos demorar, criamos espera, intuímos (sem saber pensar) alguma esperança de que se mostre o ser daquilo. Os bebês demoram nas sensações preparando o eremitério da atenção.

Sentindo as coisas nessa zona primária sensorial, sentindo o mundo pelo bem-estar, organiza-se o senso de estar na vida, de olvidá-la. Essa é a zona pré-consciente da atenção. Se formos na direção de sobrecarregar um bebê com sons muito elaborados, com músicas cheias de complexidades declinativas e semitonais, se atirarmos nas águas lentas e sonolentas da criança nova esse mundo de sentimentos especializados da música, por exemplo, certamente estaremos apressando o que não está maduro.

A região sensória primitiva, o lago das sensações, é um santuário das águas no início da vida humana. Não pode ser invadido abruptamente pela lógica superestruturada e mental de músicas especializadas da época moderna. Deve-se chegar a esse santuário com parcimônia. Pelo canto que lhe é natural, proveniente do corpo, da voz, da tonalidade carinhosa, como o manejo de um canoeiro que lentamente leva seu casco, penetra o remo na água sem alarde, com calma e silêncio, gerando ondas mansas, sendo brando, sem querer assanhar e acordar os peixes. No máximo, ouve-se o tom recolhido, amadeirado, oco, do remo que toca o casco e se une discreto ao silêncio que levita sobre as águas imaculadas.

A água da noite é uma calma insuspeita. Jamais me esquecerei do silêncio das travessias noturnas, de canoa, por extensos charcos de um Maranhão de meus avós, submerso nas águas de maio. Uma criança, conduzida por um canoeiro, seu remo e uma grande canoa de madeira rugosa, os três sob as estrelas, atravessando um lago manso, recebe uma fundição material primitiva, não poderá jamais livrar-se de sua procura noite adentro. Um bom canoeiro aprenderá a saber quando os peixes dormem. Aprenderá a acalantar peixes para que pousem e sonhem na lama do fundo. Para que suas carnes tenham a maleabilidade, a viscosidade, o intumecido aroma da lama vegetal do lago.

O refrigério corporal, a distensão duradoura dessa lama balsâmica, é trabalhada no lago das sensações. Ali o bebê aprende a se ater ao que é seu. A se aproximar confiantemente de sua morada corpórea, a se modelar nas estremaduras de seus movimentos motores que ainda almejam ordem. Por esse motivo, a cadência da letra /u/ é umbilical. Ela ainda está grávida. Não mais com um feto no útero, mas com o bebê no mundo. Gesta a sensorialidade da criança, trabalha na demora, para que nasça uma das virtudes filhas da lentidão: a atenção.

A atenção é uma qualidade concêntrica que se direciona, intenciona aflorar para algo. Uma abertura de caráter esférico ou côncavo (meio esférico). As antenas que captam ondas longínquas têm a concavidade, a abertura concêntrica voltada para a direção das ondas. Mesmo a atenção se voltando para dentro, para si, ela é abertura. Já de início ela evoca uma acústica da consciência, uma postura desperta, um aconcavamento. Os animais, quando se põem em alerta, erguem suas duas conchas de escuta, seus ocos, suas cumbucas ressonantes. É pelos ocos arredondados que as ondas deslizam para o centro, neles se concentram, buscando equanimizar aquela força formativa que acabou de chegar.

A atenção é uma audição. Mesmo que não necessite de ouvidos, ela se expande em direção ao fenômeno, estende-se para ele em forma de concha, dispõe-se a atendê-lo, é um *attendere* (estender), tem na sua natureza um cuidado, uma disponibilidade, uma hospitalidade. A atenção, portanto, é hospitaleira, acolhedora, em sua origem, uma disposição a algo, a alguém, uma prontidão, um pré ou protossenso de servir. É uma disponibilidade a estar e deixar – antes de qualquer coisa – que esse algo ou alguém apareça. Não se antecede, permite que aquele outrem se dê, possa vir, e manifeste, seja. Sua forma é côncava e sua arquitetura, alveolada, esponjosa. Suas cores são miméticas, aderem aos tons do fenômeno para se parecer com ele, para se aproximar dele sem ser percebida como algo estranho, mas íntimo a ele. A camuflagem dos seres na natureza é um gestual pictórico e padronal da atenção. Não apenas para o binarismo reptiliano de fuga ou ataque. Move-se também no empático, no coreográfico (grafia conjunta) dos corpos, na vontade de ser hóspede do outro. Ao ponto de reconhecer o fenômeno, essa duração no tempo, como intuído do íntimo. Deixa de ser um outro, um algo lá, e vincula-se a uma extensão sistêmica da consciência. Portanto, o que nasce da apreensão do fenômeno são os verticilos (órgãos reprodutores autogênicos) da atenção. Assim, ela prepara sua floração numa origem: a contemplação.

Entre os órgãos reprodutivos da atenção, essa flor das águas, não está a análise. A análise é um órgão secundário do tino, hipervalorizada, hipertrofiada pela educação ocidental. O amadurecimento da atenção nos leva à contemplação, e não à crítica analítica. O encavalamento da análise por sobre o tento, por sobre o cuidado discreto em não julgar, em não supor direções de desbravamento do outro, macula o centro procriador da atenção, dirigindo-a para as picuinhas e fuxicos do fenômeno. A análise já contém um déficit de atenção. Uma dispersão com pretensões de controle e domínio. A análise começa a entrar em ação quando da ânsia, do estressamento do bebê para que ele logo abandone sua duração na zona primitiva das sensações. Para que logo entre em acordo com as fórmulas padronizadas de ação e significados. Essa moral já é o cupincha desviante, a perversão da atenção na criança.

Iniciada cedo demais na análise, deseduca-se a atenção da criança, forçando-a ao julgamento, à pauperização da experiência. Desaprende a se demorar nas zonas primárias dos sentidos, a sensacionar sem pressa nesses filtros receptivos. Rapidamente, quando o falatório do mundo desperta a criança, ela é induzida a arrancar-se do recipiente, órgão mimético, aproximativo, hospedeiro, é obrigada a atirar-se em avaliar (Valor), averiguar (Verdade), abstrair (Desligar) aquilo que ainda nem completou a sensação nos lóbulos receptivos. O solavanco analítico invade já o primeiro recinto da atenção, com seu bumbo e banda barulhentos, onde deveria crescer a espera, o silêncio e a mimese.

Vejamos ainda mais um desdobramento dos acalantos e a sonoridade /u/ em seu aspecto nasal. Encontramos outro modo de relação com o umbilical e sua memória de religação. Observemos o *hum,* esse som em que se diluem quase todos os acalantos. Silvia de Ambrosis diz que a presença dos nasais é marcante; mais do que isso, essa presença é intencional, porque a canção tende a acabar cantada pelo nariz, como que para não despertar a atenção do pequeno ouvinte para as articulações e dicções das consoantes e das vogais. Um som emitido pelas narinas para subtrair o "ataque" inicial do som, uma forma de arredondá-lo. Assim, versos que se diluem em esparsas palavras que, por sua vez, se desfazem em sons nasais (cantados e ritmados pelo nariz) são recursos comuns à entoação da canção de ninar. É um recurso vivo no canto daqueles que hoje embalam crianças pequenas[94].

O redondo nos vale para encontrar no *hum* a atuação hidrante de coesão, uma nucleação para a criança pequena. Mas, sobre o redondo e o elemento água, tratarei deles no próximo capítulo. Agora, é importante investigarmos que o *hum*, onde todos os acalantos se derramam, é fundamento mântrico da consciência. É um rio lento serpenteando calmamente, fazendo pequenos poços (ninhos, buxos, úteros) em suas curvas, para que os peixes possam repousar e dormir nas noites de luar. O *hum* é um afoxé. Tange lentamente seu cortejo em ondas. A palavra "afoxé", em seu significado iorubá, é o dito que cria, a enunciação que faz.

O *hum* é uma ecumenia sonora irreprimível nas culturas. É o paganismo mais puro, o modo primeiro e último de união com as cordas vitais, o som-mãe, o subjacente, o enunciado de sintaxe total, cordão de todas as contas: um rosário. Os místicos do Oriente, pajés ameríndios, a terapêutica pitagórica constatam um som que está no silêncio, um som que não se encontra no espaço físico, no ar. Afirmam a existência de um som que se ouve do interior.

Os planetas em movimento naturalmente produziriam sons, teriam sonoridade, os quais não conseguimos ouvir em virtude da ausência de oxigênio – não existe ar para eles se movimentarem. Os registros de sons dos planetas são mecânicos, não são

---

94. Silvia de Ambrosis Pinheiro Machado, *Canção de ninar brasileira*, p. 161.

capturados de sua propagação no ar. Assim, tais sons das esferas estariam num silêncio matemático, numa perfeição, numa alma geômetra da vida. Ou, nas práticas iogues, de introversão auditiva, por dentro da bilha d'água de nosso corpo. É possível sintonizar uma corrente vital sonora a partir da prática de introaudição. O som do silêncio é uma escuta que talvez o bebê já perceba antes mesmo de seu aparelho auditivo estar pronto. Uma escuta umbilical? Uma escuta formadora? Uma entoação que cria? Um afoxé que se debulha celularmente nas águas uterinas?

As musas – semiótica grega para a devoção do som – são a imagem dessa origem, o canto perpétuo da originação, a música subjacente que se entrelaça aos movimentos embrionários, às nascentes da criação. Portanto, uma vorticidade sonora, espalhando-se pela qualidade líquida e plasmática da matéria, pode nos dar rastros sobre a embriologia profunda. O estado fenomenológico da consciência poderá nos dar intuições do som embriológico. As musas, no microcelular, cantam pelo cordão do embrião. Cantam em iorubá. Um afoxé. Silencioso, de ondas e esferas líquidas com folga e calor suficientes para se dinamizar o molho espiritual, anímico-biológico, inoculado no útero.

Portanto, o *hum* cantado pelas mães logo após o palavreado de todo acalanto, ou de toda música que intenciona ninar, é a memória do som pitagórico borbulhando da fonte, em qualquer mãe de qualquer lugar. É o desejo, agora sem palavras, de apascentar o sono, apascentar o corpo da criança, conduzi-la nessas formas redondas e calmas do som, formas que não se culminam, não se insurgem, quase não se formam, conduzem para o berço genitivo. No *hum*, toda língua, todas as palavras, toda a cultura desaparece. É uma fórmula sonora que abraça qualquer música numa diligência embaladora irresistível, que embeleza o som em direção à sua paz, em direção ao seu centro silencioso, um amor com cada palavra que ele envolve. No *hum*, somos *panliglotas* ou *preliglotas*. Cantamos o primeiro impulso, pomo-nos no olho da palavra, no olho da noite, no olho do céu, no olho do mundo, no olho da criação, no olho da fonte, no olho da flor, no olho d'água, no olho do corpo, no movimento umbilical das coisas. O *hum* faz o pedúnculo e o cálice de sustentação.

Todo *hum* terá seu cordão, seu pedúnculo, sua morfologia umbilical? O *hum* constitui o som da religação, das coisas que se ligam e se sustentam numa cumplicidade germinal? Da placenta ao feto, percorre, pelo duto gelatinoso, o som da embriologia cósmica?

Já não mais articulado por palavras, mas cantado no *hum*, o acalanto segue mantendo a criança numa outra fase amniótica. Ela não está mais no útero; está fora. Agora, no útero da casa, dos braços, do berço, da cozinha, das palavras de carinho, dos cuidados de trocas de roupas, trocas de contato. A criança, agora, também está nos avexos e afrouxos (sem contenção) da vida cultural ansiosa. O *hum* é uma água da casa, o amniótico do lado de fora. O *hum*, esse *om* ou *aum*, ajuda na nucleação, religa à origem, à água gestativa, ao arredondamento concêntrico; cria uma evolução contenciosa, resistente à ansiedade, à corredeira do rio social. O *hum* é uma tecnologia de invólucro, de ovo, de membrana, numa segunda etapa da gestação. Ele inscreve a memória do som salutar, do som organizador, do som mais além, da entonação para além do eu e do nome e do tempo.

O *hum* permanecerá e criará em nós – num futuro e possível devir da consciência, se nos quisermos em maturação – novos órgãos perceptivos. Vamos nos surpreender com sua presença inusitada em um provável pouso na paz, em uma fresta do tempo, caso o infinito nos acene.

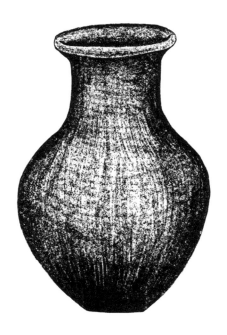

7

Brinquedos metamórficos, linhas e o labirinto

Pois, os primórdios entrecruzam-se aos movimentos dos princípios, tal que nenhum possa ser separado, nem sua potência pode ser dividida no espaço, são como fossem muitas forças de um único corpo.

Lucrécio, *Sobre a natureza das coisas*

O bebê, até por volta dos três meses, mantém seu ritmo ligado à mãe. Aos poucos, vai se desvinculando do pulso da mãe e, ritmicamente, começa a basear toda a sua ritmação no sol. A luz exterior, o movimento da estrela solar e seus nascentes e poentes, passa a ser sua guia cronobiológica, circadiana, uma influência externa que se relaciona com processos endógenos. Sua regência hormonal, sua simbiótica elaboração com o meio serão governadas pelo despertar com a luz e deitar-se com ela. Recolher-se junto com a recolha do sol é preparação indispensável para os misturamentos vitais, os quimismos com o meio (dentro e fora), a ritmação do corpo com o tempo do mundo, a noite do mundo e sua luz lunar. O sol se deita e arredonda sua luz na mansidão lunar, brilha na lua. Os seres sabem dessa luz em suas noites mais profundas, mais escuras, mais fecundas. A lua, quando míngua, guarda-se em nosso interior, lá é seu poente, lá segue brilhando. Seriam os zênites dos minguantes as horas mais propícias ao sonhar, ao metabolizar? A lua e o sol interiorizam-se na luz do sonho, nas químicas do corpo.

A luz do sol, seja vinda da própria estrela, seja espelhada pela lua, seja ela o astro do sistema planetário ou o mesmo astro atuando no sistema alma, é a urdidura áurea de ordenança dos ritmos. De longe, o mais importante doador de tempo entre todas as funções rítmicas. Mas só o é porque se encontra com a água. A luz do sol amanha-se, faz química pictórica nas águas. A luz do sol abranda-se nas peles das folhas e flores para unir-se às seivas e fazer respirar, metabolizar, ritmar os seres. Fotossíntese é fotocoagulação. Quando o sol se casa com as águas nas criaturas vegetais, imprime aspectos delineadores, desenhadores, padronizadores. Quem desenha os padrões de formas, de linhas nos seres biológicos é o sol matizado de água. O sol propicia a cadência para a atuação das forças formativas da *physis* (o espírito da imanência).

Nos demais seres – também vivos – líticos, minerais, químicos, as formas e padronizações lineares são engendradas pelo estado líquido da matéria (acionada pelo calor). A liquidez na matéria remete à distensão da água, e o calor, ao concêntrico do sol. É certo que o estado líquido da matéria prescinde da água e a têmpera de fusão independe do sol, mas essas duas qualidades (calor e liquidez) são os estados naturais das duas rítmicas da vida planetária (sol e água).

A água é a liquidez em estado natural, não precisa de calor, de fogo, para ser líquida. O restante da matéria seca, na natureza, precisa do calor para ser líquida. O fogo da terra na litosfera produz os cristais pela fusão em alta temperatura, pela liquefação desses minerais, até se tornarem cristalinos de riquíssimos padrões geométricos, resfriados pela ação dos séculos, dos milênios, das eras. Já nos seres biológicos, a atuação é direta e muito mais espontânea: acontece em virtude do estado líquido constante e natural da água e devido ao estado calórico natural e constante do sol. Um entrelaçamento estético entre o calor centelhado do sol e a fluidez argêntea da água. Nascem daí a respiração dos seres, suas peles ordenadas pelo mundo linear, suas formas, seus ciclos sublimáticos. A modelagem do planeta e sua temperatura em equilíbrio nasceram e se mantêm fundamentalmente por causa das correntes oceânicas e do calor do sol.

Já o bebê se matiza, gradua seus misturamentos, faz sua fotogênese anímica e também sua fotólise (desbaste, poda) neuronal, transforma a luz do mundo em áureo interior, em brinquedo de amor, quando gira sua flor para o sol. O bebê é um girassol sabedor de que suas águas devem tigrar-se nos fios da luz. Sucede uma espécie de sequenciamento, a criança, totalmente misturada com a mãe, começa a realizar simbioses novas, agora com o mundo. Ela sai do lago materno para a correnteza dos padrões na natureza, padrões infinitos que caracterizam todas as formas de vida. Continua o bebê, saído da nascente materna, em direção ao rio de linhas, à continuidade intercomunicada de tudo, à contiguidade de todos os seres.

Os padrões de linhas nos seres do planeta advêm dos padrões da criação; no entanto, nos seres vivos da Terra, a via basal (a matéria-prima) onde se elaboram essas matrizes do campo morfológico é o elemento água. A água é a matéria do processamento da informação cósmica que desenhará, numa intrincada cadeia metamórfica, todas as linhas dos seres vivos. O próprio bebê já foi gestado na inscrição desses padrões. Seus ossos e músculos têm o desenho dessa mimese vital que perpassa a forma. É possível ver as helicoidais do movimento das águas nas microestruturas ósseas e nos músculos, como nos revela Theodor Schwenk[95].

Mas o bebê cresce, faz-se criança, e sua motricidade começa a se ordenar e se expressar por brincadeiras que trabalham na malha padronal, que se orientam pela mutação das linhas. As inúmeras brincadeiras de palmas de mão são sequenciamentos de mutações num tecido em constante mudança. Se pudéssemos grafar, ou abstrair só as linhas dos movimentos dessas brincadeiras, teríamos motivos para tapeçarias, vitrais e inscrições de minaretes. As brincadeiras de grupos, de filas, que se desenvolvem formando caracóis, círculos, ondas e arredondamentos, são os sonhos das linhas atuando no corpo das crianças. São os desejos da expressão formal da vida criando rítmicas brincadas. É o contínuo modelador que subjaz à matéria moldável.

As crianças, quando brincam com essas linhas virtuais, desenham com seus corpos numa brincadeira de elástico ou palma de mão ou roda, concentram-se é na contínua mutação do movimento. Elas sintonizam sua atenção na mudança, na metamorfose que ali acontece. Os picos rítmicos da brincadeira são metamórficos. São as mãos que têm de mudar de posição, são os pés que têm de saltar, são os giros e a direção do círculo que devem se inverter.

As formas são diversas e as possibilidades corporais contidas nelas, maiores ainda. O que importa nesses brinquedos é que eles impõem à atenção da criança a percepção da culminância dos instantes, o momento preciso em que todo o movimento muda seu curso, as linhas se reconfiguram, uma nova coisa nasce, um novo estado gestual surge. Comumente, consideramos essas brincadeiras

---

95. Theodor Schwenk, *El caos sensible*, p. 24-26.

como desafios motores, ou repertório corporal, ou mesmo entradas em tradições musicais e semânticas tradicionais das culturas da brincadeira. Sim, isso compreende e integra o universo corporal e cultural desse modo de brincar. Mas, do ponto de vista da matéria profunda, do ponto de vista da plástica que sustenta todo o campo formal de expressões corporais, o que concentra as crianças numa tensão de encantamento é a pulsão metamórfica evocada pela brincadeira. O terreno fractal das linhas desse brincar se move na liquidez das metamorfoses, chama a criança para ver a mudança, para se ater a ela, para aprender a se ritmar nas transformações. Aqui, as crianças movem-se na infinitude de traçados dos padrões geométricos, a tarrafa hospedeira de toda a forma possível.

Há sempre uma graça e uma alegria coletiva quando um dos participantes erra o movimento seguinte. A ondulação movediça sempre pega um de surpresa, sempre joga um fora das linhas, sempre flagra o instante daquele que não se manteve no mar de redes, nas alternâncias da composição, nas forças de desenhamento gestáltico em cercania, em fiação, em tapeçaria. As brincadeiras de gestos coletivos e cumulativos são rítmicas de um imenso macramê de nascimentos. Nelas, as crianças se misturam ao profundo do mundo, à ciência das formações, permitem-se na tessitura que compõe o conjunto simbiótico da natureza.

Simbiose é o fenômeno que não nos separa de nada, é a absoluta e contínua contiguidade, o radical misturamento de todos os tecidos, peles, membranas, tessituras, fios e nós que entrelaçam todos os seres. A brilhante bióloga Lynn Margulis diz que

> a simbiose, o sistema em que os membros de diferentes espécies vivem em contato físico, nos parece ser um conceito misterioso e um termo biológico especializado, uma vez que não temos consciência de seu predomínio. Não apenas nossos intestinos e cílios estão infestados de bactérias e simbiontes animais, mas, se você observar seu quintal ou um parque, os simbiontes não estarão evidentes, mas eles são onipresentes. O trevo e a ervilhaca, ervas daninhas comuns, têm

pequenas bolas nas raízes. São as bactérias fixadoras de nitrogênio, essenciais para o crescimento saudável em um solo pobre em nitrogênio. Depois observe as árvores, o bordo, o carvalho e a nogueira. Mais de trezentos diferentes simbiontes fúngicos, a micorriza que observamos como cogumelos, estão entrelaçados em suas raízes. Ou olhe um cachorro, que geralmente nem percebe os vermes simbióticos presentes em seu intestino. Somos simbiontes em um planeta simbiótico e, se prestarmos atenção, podemos encontrar a simbiose em todos os lugares. O contato físico é um requisito inegociável para muitos tipos diferentes de vida[96].

 A simbiose é um fenômeno que entrelaça, tece a vida. Ela, a olho nu, só nos deixa ver formas animais e vegetais ingerindo ou processando algo. À medida que o olho se aprofunda pela extensão do microscópio, ela se revela em digestões e sínteses mais complexas que entrelaçam os reinos mineral, vegetal e animal. Mas não só, entrelaçam também o reino cósmico, como a luz do sol e das estrelas e a matéria profunda da escuridão. Ainda mais etérica, a simbiose acontece no reino da mente, da subjetivação, da imaginação, da vidência xamânica.

 No território microscópico, a simbiose se mostra em linhas, em geometrias, em tecido de fios naturais. No território da mente, ela se revela no nascimento da linguagem escrita, nas representações de padrões pelas pinturas corporais, nos adornos, nas arquiteturas, nos gestos das danças, nas brincadeiras das crianças, em que o corpo é implicado em ordens rítmicas e musicais.

 Lynn Margulis sustenta que o processo de desenvolvimento dos seres na natureza, suas metamorfoses e evolução, dá-se pela hospedagem, recepção e entrega de seres dentro de seres, de cruzamentos de espécies as mais diversas, de entradas e saídas de criaturas umas dentro das outras. De mortes, nascimentos e apodrecimentos sobre, sob e em formas proliferantes de vida.

96. Lynn Margulis, *Planeta simbiótico*, p. 21.

Esse aparente caos pode ser abstraído pela visão geométrica das linhas. Com as linhas da natureza, uma visão posta na superfície da forma – linhas, a olho nu, só se veem na superfície –, conseguimos ter alguma percepção desse entrelaçamento profundo: a forma narrativa do vital. As linhas são narrativas da vida acontecendo em cada corpo da natureza. Inclusive no corpo das crianças. As linhas se expressam no organismo da criança e transbordam nos gestuais das brincadeiras de linearizar. As brincadeiras de linhas são o corpo da criança dando seguimento ao comportamento simbiôntico da criação, seguindo além, adiante do corpo da criança, e se misturando ao corpo da terra, sarapintando o corpo da manhã, geometrizando os corpos uns dos outros. A criança, na malha de movimentos lineares das brincadeiras, está em estado rítmico germinativo, em contato com potencialidades rítmicas, prontas a nascer ou a provocar nascimentos.

Essa corporificação coletiva de ritmos brincados, de linhas traçadas em fruição de sentimentos, graça e risos, de alta frequência, produz estados embrionários de consciência, cria condições de estabilidade na intuição metamórfica, novas possibilidades de transformação e modificação dentro do grande tecido regente. Tais ritmações, que contiguam a criança inteira à geometria profunda, são essenciais à sua organização interna, à pontuação dos sentidos do tempo, à prevenção contra o cristalizante, o não pulsativo, o não cíclico, o não miscigenante, o monocromático, o amedrontado, o que se nega à morte (transitório), ao medo da transformação.

O tecido comum de várias mãos dadas, de mãos umas nos ombros dos outros, de fileiras de pés que precisam se inserir no tempo do passo do outro adiante e detrás, de cantos conjuntos, e comandos de modificação de todo o movimento que muitas vezes se guardam secretos e de que não se sabe de onde partem, são especulações brincadas sobre a forma e seu desejo contínuo de se desfazer em outra forma, ou de seguir se enformando no outro, no adiante, na duração, ali.

Quando o trabalho educacional se faz consciente de tais premissas e as induz no sistema pedagógico, bem como as faz durar em contínuos ciclos, ele está colocando as crianças na corrente formadora da vida aquática. O educador poderá perceber processos de maleabilidade nascendo no grupo, liberação de cristalizações, reordenamento de padrões enodoados para padrões fluidificados. A confiança em seguir e não se atravancar se move em todos. O desejo de inserção numa malha maior, mais comunitária, em propósitos mais coletivos, portanto mais simbióticos, quebra as couraças familiares da superproteção, da hiperprivatização, da intimidade autocentrada, do narcisismo de grupos sociais. Alinhavos do corpo na horizontalidade participativa e misturativa do elemento água, na horizontalidade descendente que desenha linhas rugando, digitalizando, cinzelando marcas, amadurecimento do tempo na face da comunidade.

Tim Ingold, em sua incursão antropológica pelas linhas, conta desse intento de alguns povos de se cobrir e viver pelas linhas:

> [...] o povo Shipibo-Conibo defende que cada indivíduo é marcado com desenhos que são conferidos, desde a mais tenra infância, no decorrer das sessões de cura xamânicas. Esses desenhos, permanentes no entendimento desses povos, permeiam, saturam o corpo vivo inteiro, e permanecem depois da morte com o espírito da pessoa (Gebhart-Sayer, 1985, p. 144-145). Na cerimônia de cura, o xamã, que, geralmente, mas não invariavelmente, é um homem, "canta" o desenho; contudo, à medida que o som vocal meandra pelo ar, ele o vê transformado em um padrão que *afunda para dentro* do corpo do paciente. É uma transformação que, todavia, só é visível para o próprio xamã. [...]
>
> "Linha" é derivada do latim *linea*, que originalmente significava um fio feito das fibras da planta chamada linho, *linum*. [...] E se a "linha" começou com um fio em vez de um traço, assim também o "texto" começou como uma malha de fios entrelaçados em vez de traços inscritos. O verbo "tecer", em latim, era *texere*, do qual são derivadas as palavras "têxtil" e "tecido", que significam um pano delicadamente trançado composto por uma miríade de fios entrelaçados.[97]

Na sequência de sua argumentação, Ingold evoca o anatomista e sua visão iluminadora das tramas profundas de nossas carnes. O trabalho artesanal do médico fazendo translúcida a matéria, indo além da opacidade carnal, revelando a luz conjuntiva das linhas:

> Os anatomistas, posteriormente, adotariam essa metáfora de composição para descrever os órgãos do corpo, ditos como compostos por tecidos epiteliais, conectivos, musculares e nervosos. Eles escreveriam sobre como as superfícies desses órgãos, iluminados pela visão anatomista habilidosa, ficam transparentes, revelando a sua estrutura linear fundamental. [...]
> Desse modo, o olhar anatômico, não diferente daquele do xamã, desmembra as superfícies corporais nos seus fios constituintes. No entanto, enquanto o xamã cura impondo linhas para dentro do corpo, o cirurgião ocidental procede na direção oposta, suturando as linhas que ele já encontra dentro do corpo e cujas rupturas são a causa do mal-estar, de forma a reconstituir as superfícies do todo.[98]

Podemos, portanto, buscar a compreensão – a partir da tessitura, do tecido, do texto que se inscreve e do desejo de regeneração do corpo buscado pelo xamã e pelo cirurgião – de que as linhas são o epitelial, o conjuntivo, o muscular e o nervoso da natureza em trabalho contínuo de sutura, de reintegração. A operação de costura, a *nornearia* (nornas: anciãs nórdicas, tecelãs do destino) ritmada dos acontecimentos, inclusive os traumáticos e degenerativos. Traços padronais, tecidos da vida são composições a partir de apinhamentos de microsseres, de células, de moléculas e proteínas. São vidas dentro de vidas suturando, alinhavando, umas às outras.

***

---

97. Tim Ingold, *Linhas,* p. 87, 88.
98. Ibid., p. 89.

As linhas produzem uma afinidade de adensamento, imbricamento, hospedaria e imitação entre os seres, entre as coisas. Logo, numa visão do conjunto, percebemos todas as coisas com um parentesco inseparável. Seriam as imagens antiquíssimas do labirinto, em tantas culturas e regiões do mundo dito pré-histórico, a anunciação de que a geometria das linhas é o intrincado reino de vidas apinhadas umas nas outras? Vidas sem poder sair umas de dentro das outras? Vidas condenadas a ser devoradas umas dentro das outras? Vidas se costurando umas às outras?

Ariadne e seu fio seria o ato metafísico nascendo de um sentimento claustrofóbico entre os gregos? Haverá uma saída desse labirinto de metamorfoses inextricavelmente simbiótico? Estamos fechados no mundo senciente? Nossa perpétua pena é o mero sentir e a terapêutica osmótica das suturas? Dédalo (o criador de labirintos) só sabe engendrar dobras? Ele só sabia criar, mas não sabia sair de suas linhas complexas, do labirinto em que guardou o minotauro.

Ariadne mais parece um código novo, um órgão novo de cognição. Sua imagem é das simplicidades cirúrgicas da consciência. Talvez ela contenha uma dica para nossos estudos da infância. Quiçá ela indique uma ligação peculiar do pensamento com o impulso da energia formativa, o ritmo.

O novelo de Ariadne pode ser entendido como um limiar de consciência, quando a criança deveria se iniciar na escrita. Escrever nasceu dos nós e dos fios. Não nasceu de desenhos e traços. Escrever nasceu da artesania, e não dos grafismos. Nasceu de um gesto escultórico, em três dimensões, do mesmo modo que a natureza escreve, como a criação escreve, com perfeição, por meio de linhas poucas vezes retas. Escrever é um gesto da vida através das linhas da metamorfose, uma dança, uma arte. O corpo de qualquer ser, quando em gestação, está inteiro se enlinhando, sendo inscrito.

Na língua espanhola, quando a mulher engravida, diz-se *embarazada*: algo ali se enovelou intensamente, linhas sutilíssimas, muitas vezes terços, rosários de vidas em forma de estruturas inteligentes, enfileirados como gotículas, se espessam em tecidos membranosos, gelatinosos, cartilaginosos, líquidos, escrevendo um novo nascimento, uma forma nova. A escrita da vida produz formas, e não letras. Portanto, letras nasceram de corpos gesticulando, de nós e laços, do urdume dos teares. Escrever nasceu do corpo. O sofisticado *quipo* dos incas era um mecanismo com fios coloridos e diversos nós dados com a finalidade de contagem (números) e de comunicação e mensagem (letras).

Para escrever, dobrar as linhas, embaraçá-las, enosar seus cursos, necessário é arredondar-se, psicologizar-se. A escrita é uma urdidura na linha, uma complicação, um fio se fazendo labirinto. Escrever é entrar no labirinto dos sentimentos e córregos das emoções. É uma trama que exige labor interior. Pode ser um recurso de energia dado a uma criança, assim como uma draga extraindo sua força. A arte de *embarazar* linhas precisa encontrar uma criança se instalando nos sentimentos, já mais amadurecida, superando a unilateralidade da percepção binária que constrói a base das emoções, integrando regulações puramente corpóreas (ação e reação) do mundo emocional, com operações mais complexas de significados do mundo dos sentimentos.

Os sentimentos não se dissociam das emoções, mas são mais complexos e conduzem a criança para faixas mais existenciais da linguagem. As emoções acontecem inteiramente na "paisagem corporal", podem ser detectadas sucedendo no corpo, sabe-se mais visivelmente o que se passa com a criança. Já os sentimentos acontecem num grau mais fundo de interiorização, e sua elaboração pode ser maturada cada vez mais distante da topografia corporal, pode migrar inclusive para campos distantes, terrenos mais imagéticos. Dificilmente se saberá o que se passa.

É nesse transcurso, nesse limiar entre atitudes emocionais, repetidas e marcadas um tanto de vezes e a elaboração de significados sobre essas experiências marcantes somaticamente, que a existenciação começa a acontecer. Nesse período, os sentimentos passam a ter preponderância, a criança mais os observa, põe-nos em relevo, descola-os da topologia feliz (vitalidade corporal) e os leva para regiões muito particulares de imagens. A criança começa a elaborar para si mesma seu destino. Nesse período (entre os sete e os nove anos), segundo Sidarta Ribeiro, os sonhos adquirem importante fase de maturação, as crianças alcançam "plena competência onírica"[99].

Quando a criança começa a intuir menos certezas sobre seu lugar de afirmação própria, sente-se mais vulnerável perante o mundo. Quando seu ninho de linhas familiares e de horizonte definido principia a deixar de ser o único universo, o mundo do outro, os parceiros de escola, os corpos dos demais dão início a uma trama sem fim de emaranhados. A criança, aí, na porta do labirinto, estará mais apta a encontrar Ariadne.

É certo que as crianças, hoje, permanecem mais tempo em estabelecimentos educacionais, para onde vão já desde os três meses de idade. Portanto, muito precocemente, são postas à força diante dos emaranhados de tantos, de muitos outros, em relação a si mesmas. A intimidade das crianças é um tecido fino, que não se compra, não se paga a uma instituição, mas se tece pela força do espírito de uma família. Também se teceria, se ainda tivéssemos espírito comunitário, nas práticas de nossos terreiros.

Mas, observando com cuidado, poderemos ver que, mesmo esses hóspedes perpétuos de instituições, atirados ainda natalícios nos labirintos, só realmente banem parte das certezas de que seus corpos são poderes, claves mágicas, lá pelos seis ou sete anos de idade. Até o final da primeira infância, a natureza luta para manter as crianças em preservação de seus sonhos, a natureza (pela própria estrutura neurológica humana) trabalha para que a criança não dê entrada de imediato na autoanálise, na autopercepção analítica, nas ansiedades psicológicas. A natureza, com seu sonar de frequência placentária, emite um nível de preservação da vida sonhada, vida imaginária, vida cosmicizada, e, mesmo que as crianças, aos tran-

---

99. Sidarta Ribeito, *Oráculo da noite*, p. 112.

cos e barrancos, estejam expostas a toda sorte de exteriorização institucional, ainda as mantém num idílio, de algum modo longe da psicologização de si mesmas.

Suponhamos um rito da educação: um labirinto arquitetado na medida das crianças, e a iniciação primeira da alfabetização deveria ser percorrê-lo. Ao final da travessia, e não na entrada, a criança receberia um novelo de linha. Crianças de três, quatro, cinco anos raramente teriam coragem de entrar e realmente se perder num ambiente labiríntico. Mas uma de seis, sete anos certamente aceitaria, não sem temor, receber a tarefa de Teseu. O novelo a esperaria do outro lado, após a saída do percurso tortuoso, pois agora se iniciaria no verdadeiro labor interior: fazer da escrita um fio de Ariadne. Organizar o pensamento numa trama de complexidades. Fazer das linhas do pensar uma grafia e, ao mesmo tempo, escrever para criar novas linhas no pensar. A materialização da interioridade no espaço cardiográfico das letras. Assim como, no curso contrário, a abstração das letras e palavras escritas para os modos de sentir se dará, doravante, de forma mais pensada, com mais tons de refino. Aprender a escrever é um trabalho de Ariadne, uma entrada na densidade labiríntica da alma, justamente para o aprendizado de aprimoramento da luta interior. Melhor com os sonhos maturados, com alguma elaboração dos sentimentos, com o mais pleno descolamento umbilical da matriz familiar.

Os sentimentos, agora se querendo assentes nessas fases de vida, se pretendendo mais receptivos à duração da criança, já se fazendo portas mais largas à percepção, são uma qualificação do trabalho do coração. O coração já é menos impactado pelo reativo emocional, por um emocional mais precariamente distinguível. Ele agora pode examinar, deter-se mais, já tem campo linguístico mais bem formulado e, ao mesmo tempo, ainda livre e não acabrunhado na escrita. A linguagem da criança teve tempo de se fartar na mitopoética para, a partir desse tempo, incandescer a escrita com luz anímica. A consciência, ainda em repouso, não foi colonizada brutalmente pelo conceito das letras e seus significados

– os métodos –, pois teve tempo de vida silvestre, selvagem, nos significantes, nos étimos, tanto vocabulares quanto estéticos, das palavras. Assim, a criança poderá entrar nessa lenta metamorfose de sua oralidade interior, de sua audição grande, para a escrita, também interior. Alfabetização é, antes de tudo, despertar para uma escrita interna, um labor intro.

Ariadne apresenta a tecnologia das linhas para Teseu na hora mais dramática. A criança, ao sair da oralidade, deixará de ser uma fascinada narradora, contadora de seus fascínios, devoradora de bioluminescências simbólicas, multicolorista, autogenitora. Aprenderá agora a ser autora, alinhavadora de caminhos, agrimensora de rotas, sensora da atmosfera dos encontros. O cordão umbilical é rompido, enrolado num novelo e entregue à criança. Sua busca, sua entrada no labirinto, se instaura efetivamente a partir dali. Os primeiros vislumbres da autoração de si.

Aprender a escrever é um passo significativo em direção à autonomia, em que surgem cruzamentos muito mais intrincados do que os personagens gestálticos e expressionistamente arquetípicos. Personagens que percorrem um circuito mais definido, deixando claro que ou são do bem ou do mal, ou são fortes ou fracos, ou alegres ou tristes. Escrever se fará um laborioso processo de solidão em direção aos novos tons, não tão definidos, de cada acontecimento. A escrita pode ser pensada antes de ser dita, e se pode apagá-la do papel e reescrevê-la. A fala, a narração livre sai sem controle e ponderações estilísticas. Iniciar a ser autor é emaranhar-se, embaraçar-se. Um trançado impreterível que colide e fragiliza as fronteiras das seguranças aninhadas, uma solidão já não tão cósmica como a da criança menor, mas uma solitude psicológica.

Dar a escrita a uma criança, esse fio de fazer metamorfoses, gera um novo trabalho da consciência, muito diferente daquele em que a palavra da criança está numa volição sonhada, livre dos parâmetros de inscrição. Com as linhas tecnológicas do escrever abertas, possíveis a todas as direções, com o mundo de mundos da leitura, a criança adquire uma tecnia exploratória de grande objetividade e eficácia relacional com seu entorno. Agora, ela poderá, inclusive, encetar rotas de fuga de seu próprio mundo, de seu próprio corpo, ou mesmo do corpo da trama da vida: o imenso labirinto.

Antes, na primeira infância, a criança, em seu mar onírico, não necessitava de um leme, pois era canoa fiada à popa da embarcação matricial, do pai, da mãe, da casa e da professora do jardim infantil. Agora, aquela corda que a ligava ao barco materno lhe é entregue e lhe servirá de âncora para os atracadouros. Ela aprenderá a remar sozinha e terá de perceber que o rio e seus infinitos afluentes e igarapés é corpo labiríntico, e a escrita lhe será um dos remos, um dos meios de destino, um dos maneios de aderência à trama.

Os fungos trazem uma imagem auxiliar para discutirmos essa psicologização gerada, pela escrita e pela leitura, na criança. Merlin Sheldrake mostra a forma de vida labiríntica dos fungos e a atuação deles na base de toda a teia.

> Pode-se colocar hifas em labirintos microscópios e observar como elas se deslocam ao redor. Quando obstruídas, elas se ramificam. Depois de desviar de um obstáculo, as pontas das hifas recuperam a direção original de crescimento. […] Uma ponta se torna duas, depois quatro e oito – ainda assim, todas permanecem conectadas em uma rede micelial.
>
> O micélio é uma estrutura ecológica conectiva, a costura viva que estabelece grande parte das relações do mundo. Se fizéssemos conjuntos […] de diagramas para retratar o ecossistema, uma das camadas mostraria o micélio que o atravessa. Veremos teias entrelaçadas espalhadas pelo solo através de sedimentos sulfurosos, centenas de metros abaixo da superfície do oceano, ao longo dos recifes de coral, atravessando o corpo das plantas e animais vivos e mortos, em lixões, carpetes, piso de madeira, livros antigos em bibliotecas, partículas de poeira doméstica e telas de pintura de antigos mestres penduradas em museus. De acordo com as estimativas, se alguém separasse o micélio em um grama de solo – cerca de uma colher de chá – e o esticasse juntando as pontas, ele se estenderia de cem metros a dez

quilômetros. Na prática, é impossível medir até que ponto o micélio permeia as estruturas, sistemas e habitantes da Terra [...].
Escapar de labirintos e resolver problemas complexos de rota não são exercícios triviais. [...] os fungos miceliais vivem em labirintos e evoluíram para resolver problemas espaciais e geométricos. Escolher a melhor forma de distribuir seus corpos é uma questão que os fungos enfrentam a cada momento.[100]

Não seria a cognição escrita um micélio por excelência, "a costura viva que estabelece grande parte das relações do mundo" da consciência com o mundo? O micélio que a quase tudo atravessa não tem parecenças com a profunda mudança perceptiva que acontece com a criança que começa a se apropriar da escrita? A escrita *micelia* o pensamento. Em um grama de atenção começam a existir dez quilômetros de teias e linhas de pensamentos na criança quando ela começa a habitar a escrita com as primeiras desenvolturas – e não sem um tanto de embaraço. A escrita se transforma em pensamento, em fios conectivos de intenção, de abertura de rotas. A escrita, como os micélios, é uma dimensão da consciência que vive "em labirintos" e evoluiu "para resolver problemas espaciais e geométricos"[101]. Problemas esses, geométricos e espaciais, da ordem de um aspecto ordenativo da consciência. É uma sofisticação da intencionalidade. Mesmo que boa parte dessa intencionalidade seja ainda sonhada na criança maior, há um claro trabalho aberto pela escrita de duplicação, triplicação, quadruplicação, exponenciação das possibilidades de resposta e atuação em toda a rede de padrões já desenhada pela vida, ou seja, em todo o labirinto. A escrita é uma tecnologia de fiação que se alinhavará nos fios da trama ou, no mínimo, que guiará pelos padrões da trama. Alinhavar-se-á ao labirinto. Complexificar-se-á nele, pois terá a chance de se enredar, testar possibilidades impedidas, ler seus códigos ou, pelo menos, se aproximar deles.

100. Merlin Sheldrake, *A trama da vida*, p. 56, 58, 59.
101. Ibid., p. 59.

Mas, à medida que desenovelar e voltar a se enovelar, e dar nós, e *ariadnizar* sua consciência, à medida que entrar no labirinto e se coser nele, saberá rastrear os pontos de volta para sair? Desejará um dia sair? Será lembrada de que existe uma saída? O fio de Ariadne tem um dispositivo de memória para relembrar ao enredado de que ele pode sair? Há sentido em pensar em sair?

A escrita e sua recitação, quando chegam à vida de uma criança, devem trazer consigo, em seu fio, a recordação própria a esse novelo de Ariadne: ele é uma técnica de saída. O espírito da escrita é uma contração da consciência, ela precisará trabalhar, autorar, metodologizar sua expressão, nomear conceitos e, inclusive, exaurir, em muitos pontos, a condição onírica do mundo mantido na primeira infância. A alfabetização é já uma metamorfose da alma da palavra, uma espécie de interdição masculina, ou um descolamento da consciência placentária, em estado de imersão, na criança. A palavra escrita é um corte, uma extroversão a mais da palavra oral, que vivia no útero sonhador da linguagem. Começa a se inscrever sob a força ascensional da especulação. É uma lei, uma ruptura, um discernimento do paraíso cósmico da primeira infância.

Walter J. Ong diz que a palavra "alfabeto" provém do grego, com referência às letras alfa /*a*/ e beta /*b*/. A palavra "alfabeto" já remete a um encadeamento que se inicia, que subentende um ordenamento, uma sequência recitativa que começa com o /*a*/ e depois o /*b*/ e depois o /*c*/ e segue adiante pelas outras letras. Mas também Ong cita o hebraico e a relação dessa palavra com a palavra "pai" (imagem essa especialmente atrelada ao ordenamento). A palavra "alfabeto" sintetizada por /*ab*/ que desemboca em pai (*abba*, אבא) ou paizinho. O pai é um ato de fora, interveniente, e, para muitas crianças – segundo as intuições freudianas e de tantas mitologias –, o pai é um intrometido. Um transcendente.

Portanto, essa metamorfose da alma da palavra que agora ganha a eficácia de nomear e novos aparatos de intencionalidade encadeia transformações da consciência, da percepção sensória e da relação com a natureza. Diz Walter J. Ong[102] acerca da grafia:

> *En este sentido global de escritura o grafía, las marcas codificadas visibles integran las palabras de manera total, de modo que las estructuras y referencias sutilmente intricadas que se desarrollan en el oído pueden ser captadas en forma visible exactamente en su complejidad específica y, por ello mismo, pueden producir estructuras y referencias todavía más sutiles, superando con mucho las posibilidades de la articulación oral. En este sentido ordinario, la escritura, era y es la más trascendental de todas las invenciones tecnológicas humanas. No constituye un mero apéndice del habla. Puesto que traslada el habla del mundo oral y auditivo a un nuevo mundo sensorio, el de la vista, transforma el habla y también el pensamiento. Las muescas en las varas y otras aides-mémoire conducen hacia la escritura, pero no reestructuran el mundo vital humano como lo hace la verdadera escritura.*[103]

As marcas codificadas, grafadas, impregnam-se do sentido sutil, complexo e profundo do pensamento. O modo de pensar ganha refinamentos, aproxima-se de realidades ainda mais etéricas e transcendentes do espírito, "reestruturam o mundo vital humano". Ganha mesmo possibilidades de tessitura com tais realidades. Inclusive, ganha as asas de Ícaro para fugir por cima, acima das linhas intrincadas da arquitetura prisional, quase sem saída, de Dédalo.

Os fios da trama migram dos tecidos de nosso corpo, dos tecidos da natureza, também dos tecidos de nossa consciência, para ganhar ainda mais impulso espiritual sendo grafados em alfabetos. A letra, a escrita, não poderia ter nascido a não ser dos fios, dos

---

102. Walter J. Ong, *Oralidad y escritura*, p. 87.
103. Tradução nossa: "No sentido global de escrita ou ortografia, as marcas codificadas visíveis integram completamente as palavras, de modo que as estruturas e referências sutilmente intrincadas que se desenvolvem no ouvido possam ser captadas visivelmente com exatidão em sua complexidade específica e, portanto, ao mesmo tempo, podem produzir estruturas e referências ainda mais sutis, excedendo em muito as possibilidades de articulação oral. No sentido ordinário, a escrita era e é a mais transcendental de todas as invenções tecnológicas humanas. Não é um mero apêndice da fala. Ao transferir a fala do mundo oral e auditivo para um novo mundo sensorial, o da visão, transforma a fala e também o pensamento. Os entalhes nas hastes e outros *aides-mémoire* conduzem à escrita, mas não reestruturam o mundo vital humano como a verdadeira escrita faz".

padrões da vida. Padrões arquitetando uma saída deles próprios. A consciência empunhou mais uma forma de se estender, de se deslocar, de sair. Assim, os alfabetos, aos poucos, foram tecendo novas linhas, mais incremento, mais possibilidades de investigação da teia, da trama, do tear da vida. Linha produzindo linha.

Portanto, a alfabetização das crianças deveria ter como premissa a relação com a vida dos padrões na natureza, na arte, no comportamento dos seres. A alfabetização começaria com uma investigação mais profunda das linhas, com uma linguagem inerente e universal, com o labirinto da vida. Justamente para saber, no uso do novelo palavra, entrar e sair do labirinto, com o mundo das linhas. Entrar e sair do pulsante mundo, todo ele interligado, da imanência. Pois só nesse estado sistêmico, sacral (encarnado), é que a criança começará a perceber que o labirinto tem linguagens e códigos de diálogo, de interiorização, de exteriorização e, especialmente, de transcendência, de distanciamento, de saída de sua malha repetitiva que, quando adoecida (o que é comum), cria as cristalizações mais ósseas da ilusória e convicta ideia de *eu*. Essa tenacidade e defesa desesperada de um *eu* é a perdição, sem possibilidades de saída, o enfraquecimento do cordão, a perda do conselho de Ariadne.

Estudar as linhas, brincar com as linhas, trabalhar com urdiduras e teares, inscrever traçados nos muros e paredes, criar grafismos, pesquisar padrões nos seres e na natureza, nos vegetais, nas formas minerais, nos cascos de animais, nas nervuras das folhagens. Todas essas ações são iniciações à mais importante escritura, à escrita de força, ao alfabeto do Pai (*abba*). São modos de trabalhar a autoração antes da automática reprodução de grafias e códigos mortos, "letra morta".

As flores têm gestos, as árvores têm tramas posturais, o riacho é um sentir de linhas corredias, as pedras têm uma psicologia. Nas medicinas das flores, nas fitoterapias, alquimistas e médicos aprendizes de florestas, herbaristas, naturalistas estudaram fundamentalmente os gestos (o modo de se posicionar com suas linhas, o modo de se *embarazar*) das flores, das árvores, das sementes, a vida das cores de cada pétala e casca de árvore.

A vida mineral também é um alfabeto geométrico, um complexo de linhas vinculadas ao alicerce, ao estrutural, ao basilar; contém um psiquismo perene, é uma simbólica da concreção segura, um porto para as inseguranças afetivas de uma criança.

Françoise Dolto, por uma perspectiva das etapas da vida, mostra-nos o valor das pedras para uma criança. Nosso objetivo aqui não é trabalhar com fases de vida, mas com a inter-relação profunda de linguagens, com a alfabetização contida nas linhas dos seres, nas formas oferecidas à criança pela natureza. Dolto se aproxima do interesse da criança pelo mundo mineral para demonstrar

> que, de uma pedra, pode-se estar seguro. Quando é acompanhada da ideia de que ela vai ser boa, de que vai curar mamãe, ajudar você a estudar, então essa pedra assume um valor mágico e imperecível. Nada mais no mundo é imperecível para a criança: um papel rasga-se, ela tem prazer em rasgá-lo; uma flor murcha, um alimento se come; os pais, estes mudam o tempo todo, não se sabe o que pensam, um dia dão um tapa, no dia seguinte, pela mesma coisa, não fazem nada. Só as pedras é que não mudam.
>
> Essa etapa mostra a provação que é para a criança aceitar a morte e todos os graus do duradouro ao perecível. Quando vocês veem uma criança de três anos fixar-se de modo eletivo em pedras, vocês podem ter certeza de que ela começa a compreender o perecível e de que o aceita dificilmente porque se sente visada, tocada. Ela necessita então amar certas pedras para ter certeza de que pelo menos alguma coisa dela não desaparecerá, mesmo que ela evolua.[104]

Dolto nos demonstra a irradiação valorativa transmitida por uma pedra a uma criança de três anos. Essa irradiação pode adquirir um amplo espectro de comunicantes para crianças ainda maiores,

---

104. Françoise Dolto, *As etapas decisivas da infância*, p. 252-253.

especialmente as que podem se alfabetizar num tempo mais propício de suas consciências. Pois, antes de entrar propriamente nas letras, a criança, dos seis anos em diante, deveria ter a oportunidade de conhecer o gesto, o terreno escultórico que move as linhas da natureza, conhecer o alfabeto da vida. Assim, a perenidade e a impavidez de um mineral terão talvez valores muito mais consonantais do que vocálicos. Suas qualidades de atrito, seus estalos opacos, as estalactites de suas presenças agudas e suas potências de trincamento guardam os valores combativos e construtivos das consoantes. Apenas os seixos, depois de muitas rolagens, talvez se vejam mais aptos a alguma fluidez vocálica. O mundo geométrico dos cristais, a magmática implícita em seus tecidos, essa eternidade de gestação, seu tempo venerável têm uma matemática, uma grafia do belo, uma linearidade arquitetônica de inigualável impressão na composição dos traços, no impulso de construção das letras e seus sons, na doação de alma para o aprendizado da escrita. Na imitação dos corpos dos cristais, nos cruzamentos de suas linhas, em suas transparências onde se veem feixes de tons e de vetores em supensão quase inefável, pode-se debulhar todo e qualquer alfabeto.

***

A infinita fímbria fractal das formas é a arquitetura do labirinto. Subjaz às suas linhas um pulso, uma sustentação, um irrigamento de impulsos mantenedores. Complexificar-se em palavras tecidas, mentalizar-se pelas obras da alfabetização deve ser um meio de entrar no labirinto buscando o ritmo sustentador da trama, ir pelos seus fios, seguir os sussurros de Ariadne e, portanto, ter aí o segredo de saber sair de volta, por onde entrou, pela porta da linguagem, e não na língua metrificada em alfabeto, para não se perder no mental, na secura abstracional da escrita, mas encontrar a saída na rítmica de suas significações.

Os padrões na natureza são as rítmicas que revelam o sentido da arquitetura. Preciso é encontrar seus percursos e ver que eles são feixes em espelho, estão em tudo, se repetem, encontram-se nos ciclos todos, são reprodução e transformação. Inclusive, nos ciclos de nossos comportamentos e, fundamentalmente, nos ciclos que podem ser alçados ao desenvolvimento da consciência. Desvelado isso, revelam-se pistas para a saída de volta. Criam-se possibilidades de acessar de volta a totalidade da linguagem, quando ela ainda não se estreitou na grafia e no significado cultural; oferecemos às crianças modos de encontrar-se nas coisas, e não, ao contrário, taxidermizar as coisas.

Portanto, para uma criança que esteve livre nos campos da palavra, sem lei, sem gramática, sem a sequência programada do /a/ e depois o /b/ e depois o /c/, aprender a escrever não pode ser precoce, nem um assalto conceitual à linguagem sonhadora. Precisa acontecer de mãos dadas com o sonho das palavras, com seus animismos, com a água da palavra.

Tradições antigas semítica, grega e indiana, que chegaram, em alguns períodos, a alfabetizar crianças ainda na primeira infância, vale dizer (como advertência), mais por necessidade de sobrevivência do que por pressa de levá-las a passar em exames, faziam-no imergindo o método alfabético no líquido mitológico, sustentando as palavras numa cosmovisão, dando às letras entidades e espíritos da natureza, entendendo a fonética como profundidade ontológica. Isso muito dista de alfabetizar as crianças atando-as à porta (letra P), à casa (letra C), à mesa (letra M) e à árvore (letra A). Ou, ainda mais trágico, escrevendo a palavra "porta" na porta, "mesa" na mesa. Atirando-as, sem novelo, no labirinto. Fazendo-as inconscientes, meras obedientes, ignorantes do espírito imanente das letras. Espírito esse já não existente, já sem ente, miasmático, apresentado como mero traço, mero conceito, mero grafema imposto à criança por método sonâmbulo.

Assim, o projeto da escrita, o oferecimento à criança de uma mais desperta consciência, de alinhavá-la a um tecido consciencial do real, já nasce incauto da origem, da cosmicidade, do "*punctum remotum* do devaneio"[105] sobre as coisas. Desse modo, a máxima universal, reconhecida nas psicanálises, nas espiritualidades, nalgumas formulações de psiquiatria, nas práticas terapêuticas tradicionais, nas cosmovisões, compreendendo a palavra como criadora de realidades, é totalmente ignorada, displicentemente, irresponsavelmente abandonada no trabalho prolífico de aproximação das crianças à artesania, ao fazer, ao construir, ao arredondar, ao dar a ver, ao *embarazar* no espaço da forma, ao desenhar, ao alinhavar palavras. A operação mágica de junção desses seres-letra, sons-sentido, ondas-imagem condensa o espírito à forma, aloja a força da criança no destino. Dessa junção, da forma com o espírito, nascem as palavras, forma-se o rio de fazer viver, forma-se a tecnologia gráfico-sonora por onde corre alma, técnica fluídica onde a criança medra dos poros da linguagem e se faz ribeiro. A criança é o ribeiro da pessoa.

---

105. Gaston Bachelard, *Estudos*, p. 23.

8

Redemoinhos, piruetas e a bússola de marear

*Para a Alma o centro é a fonte – a Inteligência –
de onde deriva a outra natureza; e para o corpo,
o centro tem um sentido espacial – é o meio
do mundo.*

Plotino, *Enéada II*

Ao volver as cavas da terra por gigantescos precipícios encobertos pelos oceanos – profundidades maiores que as altitudes das cordilheiras do mundo –, ao correr pelos sulcos dos cânions, ao ascender ao vapor de mares e rios, mas também dos esporos das árvores e espécies vegetais, ao se condensar nas nuvens, desaguando novamente, encontrando obstáculos geográficos, geológicos, a água vai intensificando sua substância, imantando-se de mais vida mineral e orgânica.

Diante dos obstáculos, ela os circunda, envolve-os, transpassa-os. Não se atém, segue entregue à força gravitacional, inquiridora dos planos mais baixos. A massa da água é puro movimento. Melhor dizendo, é o movimento puro. Livre de rigidez, totalmente adaptável, maleável, entregue. Nada na vida material do planeta tem tanta capacidade de mobilidade e fluidez como a água. Os seres mais móveis, os orgânicos, encontram sua mobilidade na mobilidade que a água lhes oferece. Não teriam latejos, respiração e permutas, em seus corpos e subjetividades, sem a água. Não teríamos órgão transmutativo em nossa subjetividade, não imaginaríamos, sem a água.

Esse movimento tem uma forma arquetípica, é redondo. As permutas, os fagocitantes, os simbiotizantes, as extensões e contraimentos têm uma morfologia, um corpo, um comportamento de movimento metamórfico. A forma adquirida nesse comportamento é redonda, quase sempre tende a arredondar-se. A base para todas essas operações é o estado líquido. O redondo é um estado de disponibilidade para as operações da forma. Mesmo quando corre, a água quer-se arredondada. Mesmo num fio d'água, ela cria formas helicoidais, dá-se a um gestual esférico. As paredes internas das artérias têm marcas helicoidais, as cavidades dos órgãos por onde o sangue trabalha são falésias de escavas esferificadas. O estado mais descontraído de um amanhecer, mesmo sob o implacável peso gravitacional, produz, em minúsculas teias de aranha sobre pedregulhos, uma milagrosa miríade de orvalho esférico, um cristalino de milhares de micro-olhos, uma vida de maravilhamento ocelado.

Antes de entrarmos na natureza esférica da água, vejamos a natureza própria do esférico. O redondo é uma sensibilidade captativa. Para melhor examinar tal sensibilidade, quero apresentar uma grandeza fenomenológica problematizada por uma criança. De um livro constituído por inspirações cósmicas, cujo título é *Casa das estrelas,* do professor e pesquisador Javier Naranjo, cito um precioso fragmento, um autêntico documento fenomenológico trazido à tona, à problemática filosófica – acerca da cosmicidade e sua morfologia – por um menino, Lucas García, de onze anos. Ele diz que "a Terra é um sentimento do espaço"[106]. Uma fala enigmática, ela enuncia o corpo esférico da Terra como imagem flutuante, sustentada de forma sensível, sentida, pelo espaço que a abraça, a nucleia, a mantém num cerne, num centro, numa profunda introversão de eixo.

Nossa percepção é um estado de contato com a atmosfera das coisas, dos corpos. Os objetos da cultura, a interminável tecnologia de ferramentas, artefatos, instrumentos de ação, são formas da atuação de uma consciência trabalhadora, objetiva. São vestígios do humano, como quando, por exemplo, encontramos objetos arqueológicos. Os artefatos, os objetos à minha volta, segundo Merleau-Ponty, contêm uma "atmosfera de humanidade"[107]. Cada objeto contém uma linguagem específica do trabalho humano para o qual ele serve. Guarda um campo gestual, ou cria a representação de gestos, de atitudes, e, portanto, de desejos e projeções sobre o mundo. Uma atmosfera cultural se manifesta através desses conjuntos de técnicas originadas pelo espírito objetivo.

Se corpos humanos (gestos) e os objetos são conjuntos linguísticos que emanam halos de significados, estaturas de sua atuação, então, as formas pré-humanas, os sólidos geométricos não seriam ainda mais atuantes como conjuntos pré-linguísticos constitutivos de nosso pré-consciente território sensorial? Formas pré-humanas,

---

106. Javier Naranjo, *Casa das estrelas*, p. 116.
107. Maurice Merleau-Ponty, *Fenomenologia da percepção*, p. 465.

como, por exemplo, o redondo. Os corpos principais, os de maiores marés gravitacionais, do vasto sistema solar, são redondos. Não teriam essas formas milagrosas uma impressão metafísica, metalinguística, metassensorial em nossa percepção? Uma astrologia da forma.

Por qual motivo o esférico é a pátria dos bebês? Por que diz respeito ao *eu* de uma criança? Quando foi cunhado como a grafia primordial da unidade? Por qual motivo é relacionado à natureza do ser? Há alguma coesão que não seja esférica? Há alguma reunião em si que não se arredonde? Quantos raros embriões biológicos germinam e gesticulam sua formulação por alguma forma outra que não seja o redondo?

Se "um Espírito Objetivo habita os vestígios"[108], como resultado da atuação humana na construção da cultura, qual tipo de espírito habita a forma redonda contida nos corpos cósmicos nascidos da atuação do universo na construção da natureza? Mesmo os céticos, se quiserem psicanalisar a forma e dizer que não há um Espírito na geometria metaconsciente do redondo, e sim um símbolo de inconsciência, uma imagem de sono amniótico, de primitividade inascida ou de totalidade indistinta, ainda assim estarão atribuindo ao redondo uma distância tal de suas racionalidades que lhes caberá apenas metaforizar, psicologizar, criar representações para acalmar seus receios em trabalhar além das fronteiras, para não serem acusados de religiosos, não parecerem antiquados perante o devoramento inevitável da cognoscência mística. E o espírito nada objetivo do redondo não lhes parecerá uma problemática filosófica, especialmente se apresentada por uma criança.

Se "a Terra é um sentimento do espaço", segundo a criança, essas imagens nascidas "de chofre", com "a marca de uma primitividade"[109], não têm passado, não nascem de associações, gravuras ou impressões sensoriais anteriores, capazes de gerar uma resposta

---

108. Maurice Merleau-Ponty, *Fenomenologia da percepção*, p. 466.
109. Gaston Bachelard, *A poética do espaço*, p. 236.

comparativa, metafórica, que se instala a partir da relação como uma imagem ou informação prévia acerca da Terra ou do espaço. Elas são um estado de meditação, um fulgor, um agora, uma expressão do próprio redondo falando na criança. Essas expressões da criança

> não vêm de uma intemperança de linguagem, nem tampouco de uma inabilidade de linguagem. Não nasceram de uma vontade de espantar. [...] já estão concluídas [...] essas expressões são maravilhas da fenomenologia. Obrigam-nos, para julgá-las, para amá-las, para fazê-las nossas, a assumir a atitude fenomenológica[110].

Tal afirmação da criança, inaugurando a grandeza do redondo planetário como fruto de um profundo sentimento da amplidão, um sentimento cósmico, nos leva a um silêncio inevitavelmente côncavo. Instala-nos numa sensação de esfericidade. Leva-nos a um dentro afetuoso capaz de holografar densíssimos corpos redondos. Impõe-nos uma meditação na curvatura do espaço, em sua circularidade, em sua tendência à nucleação.

A Terra, proveniente de um sentimento do espaço, denota um sentir maximamente centrado, interiorizado, com suas voltas, suas curvas, para si, arredondado. O espaço é redondo. Nosso olho, quando em mirada para o horizonte, acostumou-se a ver o espaço como abobadado. A cosmologia neoplatônica de Plotino demonstra um universo redondo voltado para um centro Alma. A Alma de tudo é um centro que produz retorno, é a inteligência, a circularidade em todos os movimentos, que a tudo circulariza, que a tudo faz querer voltar a si, como tendência de encontrar a Alma. Ela se move atraindo os corpos, os sistemas planetários, para si. Não atua num outro espaço fora de si ou sequer atua no espaço, mas move toda a periferia espacial ao seu redor, (com) cêntrica, criadora de esferas[111]. As "regiões" celestiais emanaram

---
110. Gaston Bachelard, *A poética do espaço*, p. 236.
111. Plotino, *Enéada II – A organização do cosmo*, p. 19.

da pura ideia o redondo, um corpo exato, uma geometria perfeita do maior dos movimentos, do movimento do universo.

É evidente que a afirmação da criança não fala do redondo, do esférico, do circular. Talvez por ser uma criança, ele, Lucas García, apenas traz o sentimento espacial como origem da Terra. A primitividade de sua imagem, enquanto instante poético, transfere à nossa consciência um centro, recua-nos para uma contemplação inevitável do redondo, faz-nos admirar as cúpulas do abraço atmosférico, ou do aconchego etnosférico, ou, mais meditativo ainda, leva-nos à escuridão de negro azul das regiões cósmicas, sem lugar, em busca do sentimento gerador da bola terrestre. O menino fala do lugar da redondeza sem se dar à consciência de que está redondo, mas possuído da psicomagia capaz de arredondar o leitor, propagar a redondeza da Terra, em toda a sua coesão, até a alma do leitor. A Terra é miniaturizada dentro de nós, fica muito coesa, vista inteiramente.

O menino só cometeria tal ato arquetípico da consciência geométrica se voltado sobre si, numa interioridade de sua própria imagem, numa coesão, na "região" mais central, redonda, de sua alma. Só o redondo imaginal lhe diria que a esfera terrestre é filha de um sentimento, provém de uma afetividade toda ela redonda também.

No mesmo livro, *Casa das estrelas,* há outra expressão de uma criança, de quatro anos, José Pablo Betancur, que diz que espírito "é Deus, é uma coisa redonda e grande de ouro", e se pergunta: "Quanto deve custar isso?"[112]

A metafísica do pequeno José Pablo é inteiramente substancial, de alta concisão, maciça de valoração e brilho. Desconfio que tal cerne esférico tenha força suficiente para concorrer com qualquer imagem platônica acerca da ideia. O filosofema de José Pablo é um instantâneo que absorve tudo em seu centro. Não há mais nada diante dessa imagem. Não é propriamente uma imagem, mas um impacto mítico, uma percepção de intensa substancialidade mítica.

---

112. Javier Naranjo, *Casa das estrelas,* p. 53.

Não veio de um poeta e sua escavação linguística ou paralelismos metafóricos, emanou de um menino de quatro anos. É uma ideia de pureza espacial, pois acorre todas as coisas para uma infusão na esfera. Nada mais pode coabitar com a imponência mineral da imagem. É também uma ideia de pureza temporal, pois se instaura impávida e perene no instante de seu surgimento e dura e reivindica eternidade. Não encontra posterioridade, não pode existir sem ser primeira, uma força inaugural, um Todo, uma unidade absoluta e inquebrantável, não se pode medi-la nem abarcar sua qualidade valorável. É o que é. Totalmente interiorizada no poder de sua existenciação. Emana inteiramente de si e, por isso, faz tudo à sua volta se arredondar; numa imensa imagem "arredondada, tudo parece repousar"[113]. Totalmente nova e muito jovem, uma imagem criança, eternamente criança, não será nunca velha, nunca madura, nunca sistema filosófico. Portanto, uma imagem de "desamadurecer", de "desfilosofar", de se "despsicanalisar"[114].

Se ousarmos encantar tal material fenomenológico acrescendo-lhe imagens mitológicas acerca do ovo primordial, do nascimento do ser, da origem de tudo, da matéria áurea e seu brilho solar, certamente perderemos sua luz prístina, sua virgem emanação nascendo da alma de uma criança. O autor de tal propedêutica do ser é uma terra pura. Não foi atingido de todo pelo mundo, não se psicologizou ainda. Uma criança de quatro anos é a concavidade perfeita, o cálice, a cuia ideal para emanar a bola de ouro, espargir o tudo como redondo. Existe uma cabaça mais redonda que uma criança de quatro anos? Nela, o ser é só redondeza e só em si. Não se fez raios. O brilho dourado de sua esfera é todo em direção ao centro. Ainda não foi às periferias, não projetou raios. Toda a sua luz é interior, constitui intenso centro, doura-se, ilumina-se, silenciosamente se fulgura.

---

113. Gaston Bachelard, *A poética do espaço*, p. 241.
114. Ibid., p. 239.

Portanto, o redondo, tendo um ser melindroso, é uma inteligência, uma postura arquetípica do estado vital; sua presença se dá pelo modo de ser central, de intensificar as atividades num núcleo, de apreciar a substância e o aumento de sua entropia (categoria de organização), energia homeostática.

O redondo é também uma imagem embriológica, desde que compreendamos que os embriões se aspergem no mundo desde a interior redondeza. E, nesse caso embriológico, o elemento água é o meio amigo para o gesto arredondado dos nascimentos. O elemento água aprendeu a esculpir esferas, com e em seu próprio corpo. Aprendeu as lições do elemento ar. O ar, o espaço, é um ser redondo, assim como a água ou, talvez, antes mesmo da água. Uma parte do movimento redondo da água se dá pela ação circundante do ar.

O redondo é uma geometria embriológica preferencial no comportamento da água. A sensibilidade captativa do elemento água se dá devido à sua redondez. Todo o seu movimento de ondas, hélices, nas corredeiras, redemoinhos, gotejamento e orvalhamento esférico permite ao elemento líquido a captação de maior vitalidade para si, de maior recorrência sobre si, uma contínua dinamização de suas propriedades, um permanente gesto de voltar-se ao centro. O redemoinho é um gesto embriológico do esférico.

***

O redemoinho cria uma espécie de órgão individual no corpo líquido. Os grandes redemoinhos no mar são espécies de unidades dentro do todo oceânico. Vórtices que criam ritmos e velocidades próprias em relação ao todo da água e, no entanto, continuam comunicantes com esse todo. São expressões do movimento líquido que se assemelham ao curso dos planetas no sistema solar, aos deslocamentos embrionários na matéria orgânica. A invaginação na embriologia é um dobramento que ocorre dentro da célula; ela cria um bolso, vórtice para dentro, vórtice de destacamento de uma nova forma sendo gerada dentro do corpo celular. Nascerá ali um indivíduo. Processo de morfogênese, o embrião começa a ser uma forma.

Imensos redemoinhos nos oceanos formados pelo encontro de grandes correntes, por exemplo, gestam imagens fetais, gesticulam o giro cósmico, espelham a forma do embrião e do universo.

Os redemoinhos são retornos sobre si, um volver criador de espaços internos, vagas. As ondas e suas formas tubulares perfazem esse gesto de criar uma vaga interna antes de arrebentarem na orla. A esfera celular denominada gástrula, o embrião na fase de gastrulação, preparando-se para receber a instalação da primeira linha da vida, a linha primitiva – a inscrição por onde se desenvolverá a coluna vertebral, o tubo neural, o cérebro e o tubo digestivo –, faz várias voltas sobre si, invaginando tecidos, criando espaços internos para a construção dos órgãos do bebê.

A invaginação está na embriologia de quase todos os seres. Essa dobra de um tecido que se descola, se desdobra de outro, esse bolso, essa curva sobre si, cria um recipiente, uma protoforma uterina, um lugar para nascimento, para engenharia química, para metamorfoses. O redemoinho é uma plástica, um gesto morfogênico, a mimese da embriogênese executada, no reino biológico, pela infraengenharia do elemento água. Tal dobra é um resguardo para a formação de outra vida, um folheado membranoso que se desprega um do outro, girando, curvando-se, formando bolsas de intimidade dentro do todo orgânico. É um sistema orgânico, que separa, dentro de si próprio, o espaço para a preparação de outro sistema. É a construção de um novo suporte de consciência[115], uma nova arquitetura cognitiva se elabora dentro e a partir de uma outra que o hospeda.

Nascer, portanto, é esquecer-se. O redemoinho, antes de tudo, é um movimento de esquecimento. O ser que ali se elabora se faz

---

115. Theodor Schwenk, *El caos sensible*, p. 41.

no corpo de uma genitora, mas não será a genitora. Provém de seus tecidos, de suas células, de seus nutrientes, mas se faz esquecido dessa matéria constituinte para nascer outro. É preciso, em algum âmbito, livrar-se desse outro – mesmo sendo esse outro, desde as entranhas –, para ser algo próprio. O redemoinho, o giro, é sempre um si que advém de outrem, mas reivindica autonomia, quer-se estação nova para todo um passado ancestral que o formulou até aqui. Tal inspiração de Emanuele Coccia leva-nos ao *eu* como um "veículo", algo tão ancestro, o resultado da metamorfose de tantos outros, "que transporta sempre outro que não ele mesmo".

> Como todas e todos, eu esqueci tudo. Eu não poderia ter feito diferente. Tive que esquecer tudo para tornar-me o que eu era. Nascer significa esquecer o que já fomos antes. Esquecer que o outro continua a viver em nós. Nós já o éramos, mas de outro jeito: o nascimento não é um começo absoluto. Já havia alguma coisa antes de nós, já éramos alguma coisa antes de nascermos, já havia eu antes de mim. O nascimento é apenas isso, a impossibilidade de estar fora de uma relação de continuidade entre o nosso eu e o eu dos outros, entre a vida humana e a vida não humana, entre a vida e a matéria do mundo.[116]

A forma da metamorfose é o redemoinho, é o giro, o rodopio, o movimento circular que promove a possibilidade de uma transição de algo existente para uma coisa que carrega parte constitutiva desse algo existente, mas que já não será ele, mas, sim, outro. Esse gesto de pirueta, de cambalhota, é a prefiguração de uma nova consciência.

A matriz esférica de tal dança é o sentimento de ser o *eu* redondo, pois o primeiro movimento executado pela vida para que ele se formulasse foi arredondar-se, criar giro envolvente, amalgamar uma curvatura. As imagens da consciência provêm da forma e seu movimento. A imagem nasce do corpo. O corpo primordial é o arredondamento; portanto, a alma é redonda, o espírito é uma

---

116. Emanuele Coccia, *Metamorfoses*, p. 24.

"bola de ouro" imensurável em seu valor de vida, em sua força de originação. Assim diz a biopoética de Coccia:

> Olhamos nosso.a.s filho.a.s: uma parte de nosso corpo virou outra. Primeiramente, uniu-se a um corpo estranho e concebeu uma vida diferente, autônoma e separada de nós. Poderíamos dizer a mesma coisa do ponto de vista da consciência. Uma parte de nosso eu escapou de nós e tornou-se outra, indisponível. Nosso eu existe agora fora de nós, de uma forma diferente de nós, para sempre inapropriável por nós. Essa outra vida que já foi nossa diz, exatamente como nós, "eu", e é literalmente o mesmo pedaço de matéria e espírito que era seu "eu" e o do seu parceiro. E, no entanto, essa vida desdobra-se em outro lugar, sobre, dentro, através de um outro corpo: ou melhor, no nosso corpo e espírito que viraram outros.[117]

Essa vida que se desgarra de nós segue por um bom período ainda rodopiando, procurando o giro, piruetando, invaginando-se para um corpo consciente elaborar. As crianças mostram, nas linhas de seus desenhos, esse rodopio da consciência. Algumas dessas figuras mostram mesmo uma blastulação, a criação de intimidades internas ao invólucro para a preparação de uma nova vida. Nova vida consciencial. Blastulação da consciência, embriologia do ser, preparação para se relacionar como um *eu* agora no mundo, entre outras pessoas. A figura 4, desenho de uma criança de três anos, mostra novelos de redemoinhos ainda vertiginosos, longe de uma estabilização, buscando uma *gestalt* que ainda não encontrava condições de se inteirar no seu primeiro trabalho de se distinguir do *eu* hospedeiro.

---

117. Emanuele Coccia, *Metamorfoses*, p. 25-26.

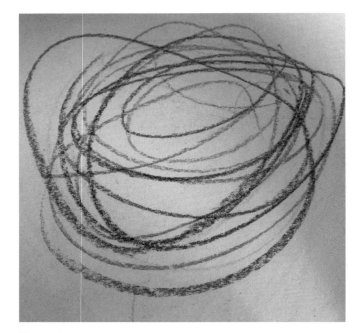

Figura 4

Linhas fortes e velozes, rodopios de uma correnteza rápida, com qualidades de determinação, tonalidades, talvez, de liderança, força e desejo ardente. Linhas com anseio e necessidade urgente de libertação. Recursos de forte individualidade com a pressa do individualismo. Linha enovelada que não se ampara em flutuações vagarosas, que ainda está em elíptica (incompletude) peregrinante, não tocou o seu começo, não vislumbrou o ponto inicial, não se deu a um fechamento do casulo para preparar metamorfose, o novo nascimento, o primeiro nascimento para pôr-se mais tranquilamente fora do hospedeiro.

Tal embriologia do sujeito no mundo traz para o corpo da criança gestos como a cambalhota, os rodopios, e os primeiros sensos de orientação espacial mais autônoma e as primeiras excitações da motricidade fina. As quedas começam a arredondar-se em rolamentos e o aprendizado dos impactos já exige a descoberta da fluidez. Os impactos começam a ser duras lições que ressentem o corpo e lhe ensinam a importância da liquescência.

À medida que intensifica seus estudos dos rodopios e lida com o redondo das bolas (desajeitadas de jogar e pegar) e das difíceis cambalhotas, com grande admiração, como algo ainda a ser alcançado com maior propriedade, a criança transforma essa invaginação de novelos emaranhados em uma circularidade mais harmônica e mais ela se estabelece no movimento redondo do elemento água. Movimento que só deságua nos outros, nos espaços, nas matérias de brincar. Tudo do entorno, agora mais ao seu alcance exploratório e reacional, apresenta uma nitidez nova, sonhos começam a se tornar narráveis, palavras, mais concatenadas; surge assim o desejo de se espalhar, ir ainda mais.

Depois de intensos rodopios para voltar a si e reconhecer-se, ousando ensaios de desacoplagem da esfera materna, do corpo familiar, depois de re-voltar suas membranas para criar espaço interno próprio, vão gestacional de si, a criança deseja irradiar. Nascem assim as operações da luz. A "bola de ouro" do espírito, mais dona de si, volta seu brilho para fora. Em torno dos corpos redondos e circulares nascem os raios.

O desenho de uma criança, quando começa a representar redemoinhos desde os dois anos e, a depender de sua intensidade vinculativa, continuar até os quatro, cinco anos, em determinado momento, testemunhará uma transição. E aqui não importa se a criança tem recursos estéticos dados por alguma pedagogia para expressar a invaginação. O que interessa é o elemento água em movimento embriológico, é ele que dá os recursos. Talvez, menos colonizada por modos de desenhar, a criança ainda melhor expresse o fenômeno esférico da água.

A transição pode se dar graficamente, como é o caso do desenho da figura da página seguinte. Um círculo grande, uma célula, um corpo esférico, com novos espaços que se dobram em seu interior. E, ao lado, uma figura menor, como uma cabeça sustentada por um corpo. Em torno dessa suposta cabeça, vários raios abrindo-se em diversas direções. O concêntrico, aquilo que a si voltava, se dobrava em gestação própria, agora prepara-se para nascer, irradiar, espraiar possibilidades de aproximação.

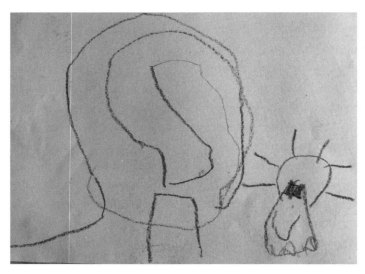

Figura 5

Nesse tipo de desenho, alguns raios nascem mesmo dentro dos círculos. Não respeitam margem, partem de dentro. Ou em profusão, de modo vertiginoso e excitado. Células do sistema excitável, sensibilidades de contato. Sensibilidade que muitas vezes se vê impedida. Como se pode ver no desenho da figura 6, de uma criança de três a quatro anos, incandescendo sua bola de ouro para a vida, mas se sentindo com dificuldade de acompanhar esse fulgor por algum impedimento relacional, por aqueles conflitos com colegas de turma ou outros familiares. A bola de ouro cheia de raios, com nítidas intenções expressivas, disponibilidade de encontro, confronta-se com o olhar em direção a um nada no chão. O corpo, quase se arrastando numa densidade paralisante, diluente. O corpo, num peso regressivo de autocomiseração – as primeiras autoanálises, psicologização –, volta sobre si mesmo, a cabeça pesa, há uma dobra, uma curvatura, uma forçação para o redemoinho, agora já anacrônico, pois o trabalho embriológico se deu (mesmo que prematuro), o casulo foi rompido, a força para se dar junto aos outros *eus* já se instalou, não há o que voltar, o que se dobrar, o órgão está pronto.

Figura 6

Agora para fora, nascida para uma exosfera, desacoplada do cosmos materno, familiar, luta por achar um espaço, pois seu desejo de realizar pulverização, polinização, já se instalou com vivacidade, é brilhante, quer fazer luz. Então, ser um *eu* entre tantos agora começou. E, na maioria das vezes, nunca começa fácil, há sempre impeditivos; fora do mar da mãe, do corpo dos pais, da proteção da casa, a vida impõe a esse *eu* uma personalidade muito própria, uma metamorfose que esqueceu do corpo materno, que nasceu. Tais testemunhos de transição, essas embriogêneses da vida consciente, contidos nos grafismos primitivos de crianças, são primícias fenomenológicas, pedagogias da atenção, guardadas em seus silêncios.

Não por acaso, os suportes materiais utilizados para a expressão das crianças são verdadeiros acervos de linguagens, são possibilidades de aprimoramento para o nascimento de imagens. As tintas mais líquidas podem dar mais qualidade e impulso ao movimento de liquidez no interior das crianças. Aparecem então formas muito precisas de invaginação, ou milagres imagéticos que instauraram um movimento sofisticado sem qualquer controle da criança ou de quem quer que a acompanhe; imagens neurais, ou talvez imaginais, nascidas de seu oceano celular. A imagem abaixo, feita por uma criança de quatro anos, mostra o nascimento de uma vaga dentro do todo cor-de-rosa, uma bolsa se forma, começa o trabalho da vida, uma esperança de nascimento se prepara, um novo mundo se organiza. Não importa em que tempo se organize. Para alguns, é mais cedo, para outros, mais tardio; o que interessa é que tenhamos olhos para vê-los se organizando, saibamos admirar essa organização, possamos nos pôr na discreta condição de cúmplices atentos às milagrosas embriogêneses da alma de uma criança.

Figura 7

***

O giro é uma força de nascimento. O giro promove uma abertura, um espaço interno de natureza mimética, pois reproduz uma ordem cósmica, acontece na mesma esteira do giro dos planetas em torno do Sol, giro esse de que a água é discípula e inigualavelmente o reproduz na manutenção da vida na Terra. A água é força de gira. O rodopio, em tradições como o sufismo e as práticas de terreiro, é uma gira ampliadora da consciência. A gira é uma forma de prefiguração de novos estados. Girar, no brinquedo das crianças, é sempre forma de extasiar o corpo, transborda em tontura, em desafios alegres de conseguir achar de volta seu próprio eixo em meio à confusão da tontura. Uma confusão que ainda permanece rodando depois que a criança para. Mesmo parado, o corpo ainda rodopia em torno de si uma constelação confusa de sensações estonteantes. O desafio é atinar para o eixo interno e firmar-se nele. Que centro é esse? O que acontece quando ele é ativado pela percepção, quando a criança busca encontrá-lo?

O aparelho perceptivo do corpo da criança, em *test drive*, é o labirinto. Essa bússola líquida é realmente experimentada, o senso de equilíbrio é inteiramente alvoroçado para que haja um esforço de reunião dos sentidos e se encontre um equilíbrio em meio à convulsão do redemoinho. Essa é a graça das brincadeiras de rodopio. Quando o corpo encontra a máxima velocidade de eixo, a criança está no centro do redemoinho. Ela então diminui o ritmo do giro, até parar o corpo. É aí que começa a procura interna, totalmente internalizada, de seu senso de direção, de seu eixo que ficou mareado, tonto. Uma verdadeira meditação do centro. Pois, internamente, o labirinto continua em rodopio, buscando a orientação no espaço, lutando para informar a posição espacial da grande esfera sensitiva da criança: a cabeça.

Os movimentos que estimulam os receptores (as células sensoriais) do equilíbrio dinâmico nos canais semicirculares do labirinto são o giro em torno do próprio eixo. O equilíbrio dinâmico é a busca pelo posicionamento do corpo diante de movimentos rotacionais e repentinos. O órgão do labirinto também é chamado de vestibulococlear. Esse órgão, muito sensível, é protegido por uma cápsula labiríntica, um osso do crânio chamado também de "rochedo". O labirinto é formado por labirinto ósseo e labirinto membranáceo. O labirinto ósseo é uma camada protetora que forma os tubos, os canais; o labirinto membranáceo, um tecido de membranas que contém os receptores. O espaço entre os dois é preenchido pela perilinfa, um líquido rico em sódio. O labirinto membranáceo contém a endolinfa, líquido de natureza intracelular. Na parte responsável pelo nosso equilíbrio, os canais semicirculares, estão as cristas ampulares, que abrigam as células sensoriais (células ciliadas) encarregadas do movimento de rotação. Essas células se ligam ao nervo vestibulococlear.

As células ciliadas fazem a transmutação do movimento mecânico da água (nos canais labirínticos). A agitação do corpo em rotação move a água contida (endolinfa) nos canais semicirculares e excita as células receptoras, que, por sua vez, transmutam essas ondas fluídicas de linfa, com concentração de potássio, em energia elétrica. A seguir, os sinais elétricos são enviados para o sistema nervoso central, especialmente o cerebelo (parte do cérebro que controla o equilíbrio corporal e mantém o tônus muscular), para os músculos (prontidão e postura) e para o córtex visual (bússola imagética), bem como para o tronco encefálico, aquele entroncamento, aquela desembocadura do grande rio medular, do qual já falamos. Essa grande desembocadura é a formação fulcral nascida da linha primitiva que se instala na blastulação, ou na embriogênese.

As brincadeiras giratórias são buscas de um centro, uma linha primeira, um eixo equalizante. Talvez a linha primitiva do tubo neural, instalada no primeiro grande impulso do embrião para se transformar em feto, seja o ímpeto arquetípico da brincadeira de gira. Girar é um parafuso para baixo e também um parafuso para cima: o redemoinho da água e o ciclone do ar. São possibilidades, segundo Theodor Schwenk, de "diferenciação" e "especialização"[118]. Não à toa, as crianças, ao final de sua primeira infância e por toda a adolescência de águas turbulentas, testarão formas cada vez mais velozes de redemoinhos em brinquedos, parques de diversão ou no próprio corpo. Experienciarão o movimento de diferenciação, a plástica de especificação, o corpo sensitivo da vertigem formadora. São estudos mecânicos de uma embriologia da alma.

Todo esse mecanismo de orientação do corpo em giro se inicia com a água, ou o fluido linfático, dentro dos canais semicirculares do labirinto. A forma desses canais é em redemoinhos, esferas, círculos. Algumas de suas câmaras de líquido linfático contêm sódio (equilíbrio da distribuição de água), e outras, potássio (eletrificação, transformação dos movimentos líquidos em força neurotransmissora). Portanto, nosso equilíbrio provém, antes de tudo, da mecânica de ondas líquidas.

A gira no brincar imita a água em sua forma esférica. É quase uma devoção dervixe, rodopiante. Pois o efeito profundo da gira concentra a energia da criança no seu núcleo proprioceptivo, no centro sistêmico de seus nervos, na base de instalação de nossa forma e força, nossa neuromatriz, nossa embriogênese, na nossa pista de pouso neste mundo. Quando a linha neural, a linha primitiva, se inscreve no embrião, começa nosso pouso, principia o diálogo da consciência com o corpo, inicia a metassimbiose, o vital fazendo-se carne. Nós começamos como linha.

Mas essa aproximação rodopiante do ato embriológico é mais um gestual evocativo, uma cultura arquetípica do corpo, do que uma psicomotricidade. Um rito gestual embriagante, estonteante, mareante, que prepara novas embriologias na criança, novas condições de compreensão do mundo, evoluções de sua corporeidade, aberturas de sua cognição, aprimoramento de sensitividades, especificações imaginárias. É um gestual simbólico, é o corpo formando imagens, dando flexo, anunciando, pela pirueta, pelo

---

118. Theodor Schwenk, *El caos sensible*, p. 47.

redemoinho, a dobradura do corpo para si em busca de um novo espaço, um novo feixe de significados. Não se trata de cristalizar essas brincadeiras, apontar suas predominâncias em determinadas idades da criança, pois elas se dão em diversas etapas. Mas, sim, dar-se a ver tais acontecimentos como fatos da alma, matéria filosófica digna de espiritualidade obstetrícia.

O corpo tem seus ritos, opera para que a alma encontre suas imagens. O redemoinho rodopiado pela criança é um gesto para dentro, uma espécie de retorno, um voltar a si anímico, uma intenção para um começo. As imagens, por si, na alma, também cumprem função de redemoinho. O retorno contido nas imagens é movimento circular. Quando a criança entra em contato com uma origem, por exemplo, quando ouve sobre o dia do seu nascimento, sobre o parto e os fatos da sua origem, as imagens aí contidas a levam de volta a si mesma; não por uma linha reta de recuo, mas por uma circularidade, uma volta, um gesto de sua memória que se arredonda. Ela não perfaz um caminho reto de volta, trilhando a experiência em marcha a ré, como uma rememoração, pois essa memória não é consciente na criança, ela não a tem como uma experiência lembrada. Portanto, ela perfaz uma dobra sobre si, cria uma vaga e ali preenche de imagens novas, de novo nascimento narrado por sua mãe.

O retorno à origem, contido nos quatro elementos da natureza, adquire a peculiaridade de circularidade no elemento água. As histórias da origem das coisas cumprem também função telúrica, ígnea e aérea. Mas, no elemento água, elas ganham ciclicidade, instauração de novos recursos a cada rodopio de volta a si próprias. A ritmação dos rituais e contos cosmogônicos redobra, implica a criança num contínuo trabalho de recriação, refundação, reinstauração de algo perdido, rompido, morrido. A água, mais do que todos os elementos, contém a química religante da imaginação. Religa mantendo fluidificação, morfogênese, condição fecundante de uma nova possibilidade. As concavidades na matéria, no elemento terra, as formas uterinas, só se deram pela maleabilidade e dobradura da água ou por sua escavação, feita sem dentes ou garras, mas pela roçadura redonda, esfrego esférico.

Oferecer à criança um começo é levá-la a experimentar um bailado de redemoinhos. Contatar as funções da centralidade, os ocos preparatórios, as forças axiais de eixo. Uma escuta interna se abre. Não é à toa que o nervo vestibulococlear, em uma de suas ramificações, tem como átrio esse pequeno caracol, a cóclea, pequeno torvelinho que cuida de nossa função auditiva. O labirinto, estrutura responsável por nosso equilíbrio, é também ligado à nossa escuta. Seria um mero acaso da biologia, esse complexo de segredos, que a escuta e o equilíbrio sejam um mesmo órgão para nossa navegação, comunicante da região axiforme (coluna vertebral, tronco encefálico, cerebelo) de nosso corpo?

Reviver imagens de origens é auscultar nosso eixo conceptivo, auditar regiões de nosso alicerce topológico, certificar as agulhas da bússola. Portanto, as histórias de criação, as cosmogonias, os mitos iniciantes já podem ser inseridos como atividades, rituais ou repetições ritualizadas, desde o começo da vida de uma criança. O rito é uma função líquida da cultura, uma função inseminativa, fluidificadora do trânsito da criança, preparadora de seus processos embriológicos, de sua própria percepção do todo. É nosso dever conduzir as crianças para a intensidade do tempo, para seu nascedouro.

Mircea Eliade ajuda a ilustrar tal argumentação sobre os atos rituais cosmogônicos oferecidos às crianças, como recursos de instauração da consciência nas fontes, na condição cosmogênica, na dimensão criadora da realidade, na embriogênese do mundo:

> O fato de o mito cosmogônico ser considerado modelo exemplar de toda "criação" é admiravelmente bem ilustrado pelo seguinte costume de uma tribo norte-americana, os Osage. Quando nasce uma criança Osage, convoca-se a presença de "um homem que falou com os deuses". Ao chegar à casa da parturiente, ele recita diante do recém-nascido a história da criação do Universo e dos animais terrestres. Somente

depois disso é que o bebê é amamentado. Mais tarde, quando o bebê quer tomar água, chama-se novamente o mesmo homem ou um outro. Mais uma vez ele recita a Criação, completando-a com a história da origem da Água. Quando a criancinha atinge a idade de ingerir alimentos sólidos, volta o homem "que falou com os deuses" e recita novamente a Criação, mencionando também desta vez a origem dos cereais e de outros alimentos. [...] a criança que acaba de nascer é colocada em face de uma série de "começos".[119]

Eis o exemplo de uma pedagogia comunitária, uma escola de pais. O "homem que falou com os deuses" recita para a criança por considerá-la pessoa desde seu nascimento. Mas, fundamentalmente, o homem está instruindo a alma dos pais que ali o ouvem e, por ouvirem devocionalmente, mimeticamente (qualidade das consciências da oralidade), propiciam a atmosfera mítica de tal ato de retorno para seu bebê. O estado anímico dos pais, dos educadores, da comunidade pedagógica é fundamental para a criação de um campo. Nesse caso, um campo de imagens cíclicas, esféricas, rodopiantes, líquidas por excelência, fecundantes por natureza. Eis um complexo gestual de estados de alma para novas alegrias, novos ensejos inventivos, entrega simples às curvas para dentro, vontades de nascer de si.

A comunidade, a família, o núcleo pedagógico devem, portanto, garantir uma qualidade térmica do meio. Esses trabalhos com as crianças, essas imagens dos nascimentos, imagens de origens, especialmente com as crianças pequenas, não podem se dar em grandes aglomerados ou em festas de encenação para as famílias, mas numa prática etnosférica, íntima, com a proximidade calórica, com o compartilhamento quase sussurrado, num ambiente de textura imaginante. Todas essas formas de cuidado constroem uma biota de crianças imersas na têmpera amniótica. O calor amniótico propicia ao embrião um estado de saudável comunicação com o meio.

---

119. Mircea Eliade, *Mito e realidade*, p. 28.

Não é estado de exposição, vulnerabilidade, assédio, mas de confiança comunicante, entrega feliz pela distensão provocada no calor da água mãe.

9

A lisura, os barquinhos e a flor do sal

Naveguei vertiginosamente, arrebatado pelo dilúvio da paixão. Não tinha tempo para ver, sentir ou deixar que o mundo entrasse em meu ser.

Rabindranath Tagore, *Poesia mística*

Deslizar é a tecnologia mais próxima do milagre de caminhar sobre as águas. É um estado soberano de superar a massa densa do corpo líquido. É um estado de superação das pregagens do envolvimento pesado das águas. Mas um estado de superação especial, pois não só se desprega, mas se desprega veloz. Eleva-se de dentro do líquido para a sua superfície e, com quilhas, pranchas, proas e tábuas, adquire-se flutuação e impulso. O uso da energia do próprio rio ou mar, suas ondas, ou dos pés, permite o estado fluídico por excelência. Encontra-se a expressão da energia da água, sua força, sua capacidade de deslocar grandes quantidades de massa em pouco tempo. A superfície deslizante é o diálogo com a força própria da fluidez, com a força de deslocamento, com o rápido preenchimento, engolimento dos obstáculos.

No mergulho, nosso corpo não flui com a mesma fluência da água. Não se estabelece um diálogo equânime com a intensidade material da água. O mergulho é uma flutuação fisgada, achatada, com pouco deslocamento. Não somos cartilaginosos como os tubarões e as arraias. Nossos tecidos ósseos são muito mais duros, com pouca maleabilidade, comparados ao esqueleto gelatinoso do tubarão. Essa estrutura mais líquida do esqueleto cartilaginoso tem metade do peso dos esqueletos ósseos. Muito mais agilidade e leveza permitem à arraia se deslocar de modo adequado à fluidez do elemento água. Arraias e tubarões não têm as bolsas de flutuação que ajudam no equilíbrio da maioria dos peixes ósseos. Os cartilaginosos são mais aquosos, mais transitórios, portanto. Seus esqueletos duram menos, diluem-se mais rapidamente. Nasceram em maior conluio com a água, têm escorrência em seus corpos e em seus tempos. Depois de mortos, suas matérias duram pouco. A quantidade de espinhas de cartilagem das abas da arraia oferece-lhe a possibilidade de criar voo no elemento líquido. Um voo que se evola na massa d'água. Como se a água voasse a arraia.

Nossos esqueletos são muito mais dados ao incrustamento, ao entrevamento. A rigidez é uma constante ameaça ao nosso peso e à nossa postura. A rigidez é uma malgrada reação à represão da não flutuação gravitacional. Se fôssemos cartilaginosos debaixo de toda essa força atrativa, seríamos amassados. Já esqueletos de cartilagem se formam satisfeitos na força de suspensão, empuxo, da água – é só vê-los sendo bailados pela fluidez para compreendermos a satisfação da ondulante flutuação. Para nós, humanos, o saco d'água placentário é o único e primeiro refúgio para nos formarmos com algum alívio, flutuando. Caso contrário, nos formaríamos com a cabeça achatada, esfregando o rosto, a boca nalguma superfície óssea da mãe.

Buscar uma fluidez deslizante, mais leve, é um sonho de desgarramento; quem sabe, uma lembrança óssea do empuxo amniótico, de quando nossos esqueletos em formação se faziam no cartilaginoso, antes de serem ossos, quando ainda eram mais água. Menos densos, menos estruturais, menos edificantes, mais abertos à opção de ficar por ali mesmo, na água, na salinidade marinha de nossa mãe, quando ainda tínhamos dúvidas se realmente queríamos encarnar, nos enfurnar na forma.

Fluir, voar pela superfície da água, com menor atrito, é um estado de sensibilíssimo equilíbrio, ou uma suspensão que se sustém na impressionabilidade das películas d'água. É um laboratório do entre: entre o empuxo e a gravidade. À flor da pele d'água, à flor do sal da praia.

O sonrisal é um desses brinquedos do entre, um desses estados metafóricos que interessam muito à nossa humanidade, mas aos quais não costumamos dar o devido tempo. A brincadeira do sonrisal não gosta das coisas encasadas, não aprecia os sentidos retidos, não adere sua vontade a nada que se incruste, não é chegada às locas e aos umbigos na areia. O brinquedo de deslizar na "poeira d'água" (termo usado pelas crianças em praias do Ceará), na flor do sal, no espelho da areia, é um gosto para a atenção delicada, quer o desejo em folga, quer a vontade numa direção extensiva, ao longe – um pouco – de tudo.

O sonrisal é um brinquedo feito de uma tábua, um compensado naval, em formato de disco, de uns 40 centímetros de diâmetro.

A brincadeira, fluída e fruída na beira do mar, consiste em arremessar a prancha na fina película de água formada depois que as ondas quebraram na areia e escorreram de volta para o mar. A criança, então, corre atrás do disco, pula em cima dele, fica de pé, com as pernas afastadas, ou sentada, e desliza livre. Um brinquedo do raso e da superfície ensolarada. Uma liberdade para o corpo não preocupado com a queda, pois a areia, molhada e macia, amortece qualquer tombo, e, mais ainda, uma liberdade para toda a criança, pois o que há a fazer é estar em flutuação, deixar-se. O sonrisal é uma inocência do brincar. Poucos brinquedos propiciam a suspensão fluida como o sonrisal. Ele é um ajuste da sensibilidade da criança para a flutuação. O disco de madeira precisa encontrar a lisura do terreno banhado pela água que escorre. O corpo da criança precisa se sintonizar, perceber, num relance, o momento em que se forma a superfície apta a absorver o impacto da prancha circular e, ainda assim, mantê-la em suspensão na fina lâmina líquida.

Um salto no escape. Uma prontidão que lança a fuga, para, em seguida, capturá-la, montar em suas costas, aproveitar suas asas para deslizar. O elemento fogo atua nessa perspicácia muscular da criança que se lança junto com sua prancha; ele incendeia o sódio, a floração salina da praia, eletrifica o sonho em saltar para o descolamento da paisagem. O fogo queima as ligas, as fixações, os ligamentos que atam a criança ao mundo. O sonrisal não quer a aderência da vontade. Quer uma vontade disposta – sem leme – à amplidão. "Mas, ai!, quão difícil para a vontade é sumir-se no Nada, nada atrair, nada imaginar! [...] Quem quer que, tendo introduzido sua vontade no Nada, tiver ali encontrado todas as coisas, alcançará essa porta [...]."[120] Haverá na força elemental da água um sonho do nada? A criança, em sua sensorialidade sensitiva, saberá captar essa finalidade última da liquidez elementar?

Na lisura do sonrisal, o elemento água não se quer empoçado, parado, alagado. Ele promove escorregos, furtivos estados de

---

120. Jacob Boehme, *A sabedoria divina*, p. 96, 97.

dissolvência do chão, tapeçaria em corredeira. O sonrisal é um plano suspenso. É uma subversão do plano estável que estabiliza a paisagem. As mesmas células ciliadas do órgão auditivo, o labirinto, são excitadas pelo sonrisal, agora em suas funções preponderantes de movimento para a frente. E, de vez em quando, também para o giro. Fundamentalmente, o senso de equilíbrio adere para a proa do movimento e se põe a emitir sinais de delicada postura não aderente, de intensa passagem do espaço em torno, de escorrimento do mundo. Não é a criança que escorre em sua prancha, mas o mundo que escoa à sua volta. O corpo encontra em sua fluidez um centro fluido. Centra-se no estado dinâmico e feliz da lisura. Portanto, o corpo não se sente escorrer, mas, ao contrário, ele gelatiniza e escorre o entorno. Quem passa é o entorno da paisagem, e não o corpo da criança. O corpo se centra, aproveitando interiormente o estado não impeditivo da fluência.

O sonrisal é uma fluidez muito simples. Ingênua. Uma fluidez na medida da criança e seus sonhos de se fazer líquida. Por isso mesmo, o sonrisal é uma autêntica brincadeira que nasceu do elemento água. Não foi a brincadeira do sonrisal que escolheu a água e uma prancha circular para brincar, mas a água que elegeu a forma da prancha e desejou-se na criança brincar, deslizar. É uma brincadeira da água no seu estágio mais leve, mais puro, mais feliz, cheia de calor, na beira do mar.

**

A flor do sal, para além do sonrisal, é um brinquedo de sensorialidade escoante e ao mesmo tempo vaporosa. Junta-se ao sol, ao sal no corpo, ao brilho da luz cristalinizada, espelhada na beira, à areia granulosa e empapada, ao cheiro salino expectante, excitante (feromônios das algas), erotizante, exteriorizante. Nela, as crianças se sentam por horas, escavando e fazendo poços, castelos, moradas de adornos barrocos com gotejamentos de areia, regiões de viver muito amplas e sem feudos. A flor do sal é o lugar de casas que se derretem, que passam, que podem ser levadas. É um fazer de abrigos prontos a derreter. Uma formulação de cercaduras que escoam, não demoram, são do mar. A flor do sal é um terreno para brinquedos de saber que o "é meu" e o "de novo" são todos do mar, são da maré, da passagem, não se fixam em nada, devolvem-se – sem temer – ao nada.

A flor do sal leva a criança a um firmamento cristalino. Purificante. Cada cristal de sal nos poros da criança, essa salga da pele à luz, compõe uma legião de microflechas translúcidas ativando, restaurando, despertando a saúde diante do mar. A água de brincar da praia salina é aérea, ascende, faz-se em flor, é um enlevo do brincar, inspira os olhos, inspira o tato, favorece ao corpo a grande alegria da presença. O cheiro do mar de feromônio das águas é uma espécie de hormônio exócrino volátil, gerador de respostas poético-fisiológicas, uma olfativa atenção subliminar sorvedora de prazer canforeiro, prazer metabólico, amplificador do paladar e da fome, inspiração do espírito pacífico do extenso. Há uma qualidade de presença nos brinquedos da beira do mar. São projetos de luz, em que mais facilmente a criança clarifica seu amor pelo presentificar. As argamassas de grande moleza levam o presente a se amontoar. As crianças elevam a presença. Casas feitas de uma argamassa abundante, uma matéria mole de terra e água, uma indicação para construir no acúmulo, em montanha, em cumes, em montes, em altos. Construções de miradas. Vontade de altear como resposta à evocação altaneira da paisagem. A arquitetura das areias úmidas do mar requer das crianças mirantes, sempre se põe à luz e ao horizonte. Tais arquiteturas de minaretes, torres e miradouros privilegiaram o presente, o prazer em ficar, o desejo contente de estar. Estar onde se possa demoradamente ver. Mais do que ver, contemplar. O horizonte é um arquiteto de mansardas. As construções da beira do mar são ensaios de elevação, evaporantes, alçam-nos ao espaço, à extensão e ao elemento ar.

***

Para não evaporarmos de todo a nossa fenomenologia das águas no brincar, voltemos à delicadeza das películas, à tensão superficial da água. Na imagem abaixo, vemos a rabisca. Esse é um brinquedo ainda mais delicado para a suspensão líquida. Ela é feita de uma palha inteira de coqueiro. As crianças preservam parte da folha para servir de vela a ser soprada pelo vento e deixam a outra parte da palha só com o talo. Dobram a vela e a prendem com uma linha de costura para que fique arqueada. Um traço elegante de arquitetura náutica. Um barquinho que é só vela e quilha. Pois o talo serve de quilha e contrapeso à força do vento. A medida de sua sutileza é a medida da delicadeza no brincar. A criança a pega, pelo talo, com a ponta dos dedos, e a pousa na superfície fina de água sobre a areia.

Figura 8

Figura 9

Uma sensibilidade nos toca só de ver os gestos desse brincar. As crianças procuram os ventos que passam rente à membrana da água. Assim como a corrente que escoa a água, para deslizar suas rabiscas. Um brinquedo que pede que fiquem de cócoras, atentas aos movimentos delicados desses resvalos de ondas que vêm visitar a praia mais adentro. Muitas vezes, crianças inábeis e pequenas não conseguem o equilíbrio para fazer deslizar a rabisca. Não encontram a afinação entre a gravidade e o empuxo, entre a mobilidade da água e a inércia de seus gestos ao pousar o brinquedo no corredio. Mas basta um acerto certeiro para que fiquem despreocupadas por um bom tempo, até que haja precisão de nova regulagem dessa dinâmica, pois cada acerto é uma interiorização de aperfeiçoamento, um aguçamento dos limiares que se ajustam, uma espécie de diapasão corpóreo que vibra para a fluidez, reconhecendo sua desconcertante e desafiadora lição de equilíbrio dinâmico. Assentar a rabisca na superfície da lâmina que flui é um estado entre dois estados elementares. Entre o estado da água em movimento e o sopro do ar que impulsiona o brinquedo. Tudo isso a partir do corpo estático da criança. Não é como no sonrisal, em que a criança explode seus músculos para saltar na fluidez e flutuação da prancha.

Portanto, agachar com a rabisca e realizar o evento da lisura é voltar o corpo para uma sensibilidade de diálogo muito melindrosa. Algo que facilmente se rompe, em que facilmente perdem-se o controle e o equilíbrio; dificilmente se mantém uma boa margem de êxito. Comumente frustrante. A exigência é de uma afinação motriz. Uma atenção corporal. Até de suspensão da respiração, para alcançar o lugar instável da lâmina móvel de água. O corpo realiza aqui a percepção do entremeio das coisas. Pois nenhuma superfície aqui é equilibrada ou estável. Nem a água, nem a ponta dos dedos que segura o brinquedo. Tudo se move e treme com a presença do vento, esse excitador arruaceiro que açoita a rabisca. A criança se põe ao meio. Coloca-se logo acima da película, sente seu toque e, logo após, sua própria pele. Salta de si para o meio, com vontade de alcançar o limiar daquele encontro, a mínima estabilidade dada pela capa fina de água e pela calma do vento como sinal para soltar seu brinquedo. Ou, melhor dizendo, soltar a si. O barquinho de palha, vela e quilha atrai a criança ao desprendimento que está fora dela. Agora, aqui, ao contrário do sonrisal, a criança desliza de si. Deixa seu corpo, os pés fincados na areia mole, para trás. A criança desce toda para a tênue e delgada afinação. Afina-se, sensibiliza-se na preparação do movimento. Escorre-se nele. Ela não afina mais o brinquedo na lâmina, mas a membrana de água afina, pelo seu tato sensível, a criança no brincar. A criança já não se quer fincada no movediço da areia, ela se posta no encontro entre a água e suas mãos. Sua intenção pressente a partida da elegante e levíssima arquitetura de flutuar. Está a criança, por alguns segundos, suspensa de si, no entre do brincar. Nem na água, nem no brinquedo em sua mão, mas no pouso, nessa transparência do toque da magra rabisca com a lamínula líquida.

Eis uma problematização do *entre* no brincar. Tais estados de suspensão na brincadeira são faixas de captura da energia da criança, põem sua alma nem nas coisas (o brinquedo e seu corpo), nem na matéria de brincar (água). Uma vaga diáfana, um espaço novo, intermédio, de encontro. Emanuele Coccia traduz essa vitalidade pelo nome de "sensível":

> É apenas reconhecendo a origem não psicológica da imagem que se chega a perceber a potência do sensível sobre a vida humana e animal. Vivemos tendidos para o sensível e não para a linguagem. Há conhecimento, há sensível, além, ou melhor, aquém do sujeito, circulando e existindo independentemente dele. Conhecer, perceber, significa chegar a se apropriar desses pequenos seres que conduzem uma existência espectral. Tornando-se sensível, o real se torna da mesma natureza dos sonhos, dos fantasmas e de todas as imagens que animam a experiência. O sensível – a existência das formas nos meios, derivada diretamente dos objetos ou produzida pelos sujeitos – é a realidade da experiência em uma forma não psicológica e não objetiva.[121]

Quando os sentidos da criança coincidem com sua atenção, posta entre a lâmina da água e o corpo fino da rabisca, quando essa sensação ainda não é um efeito na alma, quando ainda se encontra no território lá fora, no sensibilizar do acontecimento, lá no estreito espaço entre a água e o brinquedo, ela está em contato com uma qualidade de conhecimento que ainda não é propriamente conteúdo seu, de sua alma. A criança ainda não interiorizou aquela experiência como algo relaxante, ou brilhante, com uma luz em sua vida interior, ou como um prazer e uma memória que remete à sua avó que mora na beira da praia. Não há ainda associação da sensibilidade com um valor, um bem, em sua vida. A sensibilidade ainda não se transformou em significado, está ainda naquele entre,

---

121. Emanuele Coccia, *A vida sensível*, p. 51.

naquele exíguo e volátil território em que seu *eu* se encontra, lá fora, no ato de pôr a rabisca na água, em favor do deslizar.

O sensível é um quase imponderável para uma sociedade e uma pedagogia do efeito prático das coisas. Mas ele é a forma de restabelecimento de nossa humanidade. Jamais uma suposta inteligência artificial, que rouba, através de seus imensos bancos de recolha de dados, as idéias humanas, encontrará o sensível. Uma inteligência talvez, mas meliante, de artifício intrujo. O desprestígio de nossa humanidade em prol do petulante fascínio em criar algo de nossa exclusiva autoria, de uma natureza totalmente nova que nos supere enquanto humanos (semideuses), é o responsável por abandonarmos o ato sensível. O sensível está no artesanal, no tátil, no contato perceptivo com as realidades, é daí, desse átimo de segundo, cada vez que pousamos o ser num entre, que advém a ideia, nossas intuições do imanente. É dessa qualidade de conhecer que se aprimora a inata potência metafísica da criança. É nesse território, não interior em nós, que aprendemos a interiorizar a natureza, a linguagem.

A primeira ciência, o matricial estudo sobre tudo – tão praticado pelas crianças –, o estudo que abriu todos os campos do saber, veio do ato de nomear as coisas do mundo. Quem nunca conheceu pelo menos uma criança (mesmo que seja a si) que reinaugurou as coisas dando-lhes nomes novos? Essa foi a ciência mãe de todas as outras. O nome dado às coisas nasce no espaço entre a coisa e nossa consciência. Não nasce na coisa e não nasce em nossa consciência. Nasce no sensível. Nossos mais antigos antepassados não se atiraram com sua consciência na coisa toda (mesmo porque não podiam) e, conhecendo-a toda, deram o seu nome. Antes, o halo das coisas (qualidade), em diálogo com o halo da consciência (intenção), se mimetiza num entre. Os dois estavam fora de seus corpos, eram projeções no espaço. Produziram uma metamorfose, um sentido, um nome da coisa, uma entidade dinâmica e (trans)formativa. O nome das coisas é um entre que habita um espaço entre a coisa e a consciência. Evidentemente, esse nome, também, muitas vezes, em muitas épocas, passa a se hospedar na coisa ou, por uma mudança transitória de valores, pode passar a se hospedar na consciência. Mas seu nascimento e operação se dão no entre.

A criança, no sensível, quando encontra o entre, antes da coisa, entre a matéria água e seu brinquedo, ou a coisa e seu corpo, ela trabalha de modo aberto, empático, com potências de conhecimento. A criança, portanto, nesse entre, estabelece relação com a coisa e sua capacidade de aflorar de si um aspecto (gesto) de consciência e, ao mesmo tempo, eclode em sua consciência um aspecto (gesto) de coisa, de vida material, de densidade substancial. Esses dois halos se encontram no meio. Eis a raiz de todo animismo. Depois dessa simbiose transcendente, a possibilidade de maturar sentidos, valores e significados está posta de modo duradouro, de modo filosófico, está vinculada pelo estado colaborativo, cocriante, de conhecer.

***

Na busca pela lisura atuando na alma da criança ou da criança atuando na alma da lisura, podemos encontrar, nos barquinhos, uma matéria de mesurar (acalentar) alívios. São eles – os barquinhos – as argonáuticas do brincar. Uma errância que se traveste de objetivo, de frota, de boas companhias, de técnicas e ferramentais. Uma industriosa preparação para a errância. Uma artimanha material de arquitetar flutuações que culminem nas águas e saibam a ela velozmente singrar. Para que serve esse brinquedo tão elaborado pelas mãos da criança, não se sabe. Sabe-se bem que é para brincar. É a única e mais pedagógica resposta. É para brincar. Pois dizer que é para errar no mar, isso não convence ninguém. Isso não tem propósito. Isso não é matéria a se pedagogizar.

No entanto, o melhor material fenomenológico sempre é uma errância. O vírus racionalista não gosta disso. Criança não deve ser educada no errar. Preciso é algum acerto. É preciso dizer no fim da errância – para fins de moralismo educacional – que ela, a errância, ensinou algo, ensinou a acertar. Mas, com barquinhos a vela e no mar, não tem acerto. A alma da criança é arquitetada, é atraída pela lisura, com anseio de se aliviar, se desbragar, se perder, se lançar sem rumo no mar. Quantos meninos perderam para sempre, para o vento e para as águas, seus barquinhos mar adentro. Já ouvi alguns desses depoimentos nas tardes de beira de praia. O barquinho era tão veloz, tão equilibrado, de casco tão liso, com velas grandes e fortes, que o vento o carregou para o horizonte.

Figura 10

Figura 11

Figura 12

Figura 13

Um dia, reunimo-nos para fazer essas naus, esses alisamentos de madeiras e talos para deslizar. Estavam vários meninos. Naqueles lugares, era coisa de menino. As meninas não vieram, não sabiam, não quiseram, ou ficaram observando. Todos os meninos tinham o olho na carpintaria naval de jangadas e botes advinda de avós, tios, pais e de práticas comunitárias de pescadores artesanais de praias do Ceará. As ferramentas, "os ferros", eram essenciais, pois os barquinhos eram esculpidos em troncos de coqueiros, timbaúba e outras madeiras mais leves. Serrote, enxó, facão, faquinhas, lixas, plainas, martelos, tintas e pincéis para a pintura. O fundamental do trabalho se concentrava em esculpir o casco. Meninos de seis anos desbastavam um tronco de coqueiro com um enxó e davam forma à sua nauzinha.

O casco necessitava ser bem *shapeado*, pois ele garante parte da destreza e equilíbrio da nave. Esculpir o barquinho é se pôr numa engenharia burlesca, num trabalho de drible do corpo das águas tensionando a polpa do brinquedo. É um lento trabalho; às vezes, dependendo da destreza do menino, leva um dia inteiro, ou dois. Um trabalho de entalhe com uma ferramenta de corte que se dobra para dentro. Uma ferramenta de corte para abaular à medida que esculpe. Um lento arredondamento da peça de madeira. Arredondamento adequado à corpulência esférica da água que absorve e, ao mesmo tempo, empurra para cima o corpo do barco, mantém-no com algum equilíbrio, na superfície. O barquinho se move arredondadamente na esfericidade do líquido e, assim, se sustém "de pé". Verifica-se aqui um estudo instintivo, ou melhor, uma mimese arquitetural – ver os pais e avós e outros carpinteiros e outros meninos maiores –, que leva em conta o peso do casco, sua espessura, comprimento, tamanho da quilha e grau de arredondamento desde a proa até a polpa. Essa gestualidade dos carpinteiros mais velhos, capturada pelas crianças, é trazida para um único desejo no brincar: fazer um barco deslizante e veloz.

É evidente que o brinquedo feito pelas crianças, especialmente as menores, ainda é uma rusticidade para o desafio especializado, imposto pelo elemento água, de alcançar lisuras. Mas elas se empenham, se atêm, observam os maiores e lutam por sua autonomia e autoria na qualidade de esculpir. São empenhos corporais em torno do redondo e do esguio. A redondeza bruta é uma banheira de flutuar, é motivo de piada entre eles, admitida, muitas vezes, apenas entre os meninos de cinco anos para baixo. Muitos meninos de seis anos em diante já se afincam no equilíbrio entre o esguio leve e o redondo liso. Já especializaram o olho para o momento certo das curvas de uma polpa que se estende e afila-se em direção à quilha, pois ali mora a medida do menor atrito, do menor combate, para flutuar livre da pegajosa densidade da água.

Uma engenharia aeronáutica, de superfície, um habilidoso contato com sólidos geométricos, elaborados em simetria, à mão e ao olho, para a finalidade vitoriosa de ser livre, veloz, ileso, sagaz, sobre a matéria perecedora de corpos. Para onde quererá escapar o menino? Quanto mitologema do escape e da fuga! O barquinho se quer sobrevivente de rajadas.

O brincar de barquinhos ao vento, à vela, não tem as mimeses da vida cultural do pescador. Os barquinhos de brincar não têm porões para armazenar peixes, são simplificações máximas, enxutos dos tantos órgãos existentes na embarcação do pescador, não têm imitação de canções em alto-mar, nem abrigam instrumentos de bolinar e marear. Os barquinhos são síntese da busca da criança, com finalidades muito específicas: correr à solta, despregar-se – se possível, flanar na lisura, ao vento, errar.

Figura 14

Figura 15

O aspecto complementar dos sonhos do menino em navegar – o sumo da obra, a arte final, a excelência arquitetônica, a virtuosidade do barquinho – altiva-se nas velas, nas conchas de vento, nos buchos de ar. É para onde progressa a alma da criança. O barquinho a vela é uma sublimação dos sonhos no deslizar. Ele aventa, em sua limitação de não voar, a possibilidade do descolamento. São testes, em tormenta, dos desejos de voar. O barquinho a vela é uma pipa atada à lisura do mar. Os meninos se empinam quando brincam de velejar. Não à toa, o momento de fazer os mastros e hastes das velas parece ser o derradeiro pedaço da sobremesa, a hora mansa e calma de saborear, devanear, raspando lenta e delicadamente as cascas dos talos de madeiras flexíveis – bem conhecidas entre as crianças velejadoras – para fazer seus mastros e lemes.

Depois de um dia, sentados no chão, esculpindo cascos, eles se levantam lentamente, preguiçosamente, espreguiçadamente, e saem à procura – no mato em volta do terreiro – das plantas que dão talos longilíneos, de madeira fibrosa e flexível. Nessa hora, as habilidades se revelam em todos, até nos mais miúdos. Já vêm dos hábitos de fazer pipas. Mas não só da arte de delicadeza das pipas, mas do cotidiano de calçadas e praças (especialmente os homens) em alinhavar redes de pesca, coser tarrafas, cerzir sacos e partes das grandes velas de botes e jangadas. Assim como, e não menos, da habilidade nos bordados (especialmente as mulheres) de bilros e outros tipos de requinte com as rendas. O nó é uma constante nas comunidades de pescadores. As crianças brincam com e por sobre muitos tipos de nó. São hábeis em dar ponto. São precisas em fixar. Conhecem o nó como uma precisão, uma ferramenta de força. Não se excedem nos apertos nem nos pontos, pois sabem o tipo e a força do nó, veem essa força no enorme mastro de um barco, emendado ao meio e fixado apenas com voltas de linha de *nylon* e pouquíssimos mas precisos nós.

A arte do nó é também um estudo elementar de forte relação com a consciência da criança. Vamos vê-la, num outro estudo, quando chegarmos aos fenômenos de sublimar, desatar, flanar.

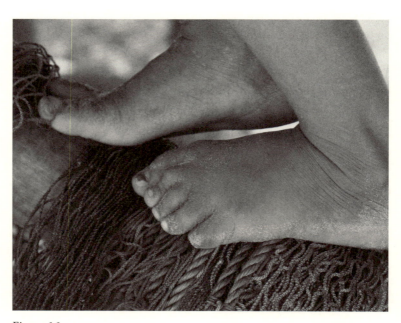

Figura 16

Figura 17

Os barquinhos a vela existem também, até hoje, nas comunidades de pescadores artesanais, pela finalidade da competição. As regatas criadas entre meninos e meninas, ou organizadas por adultos, mantêm esse brinquedo vivo. Certamente, perdendo, muitas vezes, as características de brinquedo, pois alguns adultos já fazem os barquinhos com características de competição. O competitivo cumpre uma função. Mas o barquinho como brinquedo construído pelos meninos em seus terreiros traz sua forte alma de errância. Os principais relatos de meninos que perderam barquinhos para o mar se dão no contexto da brincadeira livre, sem regras de regatas, sem objetivos. São nas explorações do brinquedo, nos ajustes de lemes, velas e contrapesos que acontecem os laboratórios de horizontes. É neles que os meninos mais ousados deixam escapar suas naus para nunca mais. As crianças moradoras das praias do Brasil têm muitos brinquedos de horizontes.

O horizonte como paisagem do brincar é uma extensão inaudível às topografias ou circunscrições culturais. A figura 18 sugere dimensões só aproximativas pela investigação da extensão. Um estudo da extensão no brincar requer modos próprios de aproximação da criança. Os litorais são desses territórios por excelência. Muita matéria ampliativa podemos neles encontrar quando se trata do fazer das crianças. Isso também veremos num próximo estudo e, então, poderemos melhor discorrer sobre os fenômenos da liberdade na brincadeira.

Figura 18

Por ora, concluímos essa pequena jornada pelas águas dizendo que há também o brinquedo de navegar construído – o que é óbvio – dentro da grande simbólica cultural, com os artefatos e linguagens do pescador, com curralinhos de pesca e barquinhos que navegam nas areias e não no mar. A fartura de areia para as crianças é também outro mar. Elas brincam por horas, especialmente as menores, em torno dos artefatos de pesca, incluindo em seus sonhos os sons dos motores dos barcos, fazendo dos bancos suas embarcações com lemes. Impostam seus corpos junto ao leme, altivos, sonhando estar num grande e bravio mar. Vão aos bancos de pesca, fundeiam âncoras. Também narram o palavreado da água, as recolhas de redes de pesca, os ancoramentos, as partidas e içamentos de velas. Num terreiro de praia, vemos muitas crianças à milanesa se arrastando, fazendo sulcos na areia fofa, com seus barcos de casca de coco, tocos de pau, pedaços de isopor, com cordinhas para finalidades de ancoramento, ativando uma vida inteira de trabalhadores do mar.

Tais aspectos, não tivemos interesse de abordá-los, pouco nos são atrativos, pois o cultural é um detalhe nem tanto relevante no estudo das águas, e sua vasta alma a se mostrar e revelar na criança. Uma fenomenologia do elemento água no brincar nos convida, antes de qualquer coisa, ao pré-consciente, ao pré-linguístico, ao profundo líquido corporal, ao seminal, aos estados da linfa e do líquor, às emoções da sobrevivência, às fonações primárias da consciência, às metamorfoses auditivas dos seres lacustres, à gaia se formando, às linhas da vida nos ingerindo, digerindo.

Na calmaria dos laguinhos e poças, encontramos barquinhos mansos com cavinhas para guardar mantimentos, pedrinhas e cascalhos de conchas. Barquinhos de assoprar mesmo à boca, ao vento brando. Barquinhos muito mais dados às preparações e falatórios do cais. Barquinhos que vão ali e logo voltam, em cujos casquinhos calmos as crianças guardam sementes, flores, talinhos e cordinhas. Brincar na calma por entre rochedos empoçados ou mesmo açudes e lagoas. Esses barquinhos sempre estão de olho na margem, gostam de pegar os sopros que os levam a encalhar na areia, são os barquinhos das crianças pequenas, quase bichinhos, amigos, precisam de afeto para desejar navegar. Nesses barquinhos, muitas vezes as mães e os pais entram juntos, compõem a tripulação, são chamados a ver e participar.

Pela qualidade material, podemos ver uma fartura de sensibilidades nas formas dos barquinhos. Muitos tipos de concavidades encontradas nas frutas, nas sementes, em pedaços de brinquedos, nas cascas de árvores são feitas efêmeras poesias de navegar. Pequenas *ikebanas* de flutuar. O corpo da criança dentro da água, até o pescoço, vendo com os olhos quase dentro da conchinha de quenga flutuando, observando o ambiente interno da nauzinha tremelando e boiando. Essa bonança escuta e internaliza uma irradiação que advém de todos os lados da praia e da água. Os sons da larga ambiência exposta à luz, das outras crianças brincando, da voz das pessoas, dos marulhos do mar, dos pássaros, do vento, o cheiro do sal, a imersão na água são um tecido conjuntivo para o nascimento das abstrações, irradiações penetrando nos corticais. O lobo parietal do cérebro é uma espécie de intercomunicador da recolha de dados de diversas estruturas cerebrais. As abstrações talvez nasçam dos elos do lobo parietal, por sua sensibilidade à qualidade extensiva do espaço. Conceber e desenvolver conceitos passa pelo trabalho do lobo parietal. Os conceitos são feições do sensível. Eles afloram por uma acuidade periférica de relação com os ambientes, a linguagem, os sabores, os aromas, a visão, o contato.

Há quem afirme, entre os linguistas, como Walter J. Ong, que o alfabeto grego, por ter sido o primeiro a ser criado completo com vogais – esse aprimoramento extensivo do som e da imagem –, deu aos gregos um berço da formulação filosófica[122]. Permitiu uma qualidade abstrativa no trabalho de concatenação entre o imaginar, o sentir e o pensar. As vogais são fundamentalmente extensivas, estrelares, sua luz se irradia para todos os lados.

Portanto, os brinquedos de praia, de horizontes, de amplas espacialidades, integradores de muitos aspectos da paisagem, tendo o corpo imerso em água e os arredores com as investidas de amplitude da luz, dos sons e do ar, são matérias de estado abstracional, de aguçamento das coisas como coisas que se dão a conhecer.

---

122. Walter J. Ong, *Oralidad y escritura*, p. 92.

Figura 19

A chuva nas paisagens vastas do brincar são águas como campos de ampliação. As fortes chuvas na praia ampliam muito a praia e o mar. Atravessar uma praia, da água a um abrigo na areia, debaixo de forte chuva, é uma alegria muito mais demorada no brincar. A água vertical chicoteia e faz mais pesado o corpo, convida a criança a se atirar na areia assim como ela o faz caindo do céu. Empurra o brincar para cair e rolar, para derrubar os outros, se embolar, escorrer, uns por cima dos outros, de volta ao mar. Debaixo de chuva, os abrigos sempre estão mais longe. A distância se amplia perante o olho e tudo fica mais lento, menos o peso do impacto veloz no corpo da criança.

A chuva, quando chicoteia sua dança ao alto, não desce, ela sobe o olhar. A criança para e ascende, admira ao longe a quantidade furtiva de água no ar. A chuva, quando exsuda os aromas das plantas, da areia, do telhado, também amplia os espaços. Amplia-os pela via pulmonar. Os aromas exsudados pela chuva são transpirações para a extensão, são hortelãs exalando na memória, ambiências da alma com potência diáfana que insistem em permanecer, em realizar o transporte do sentimento a lugares distantes. Praticamente, não detectamos tais realidades, mas são elaborações espaciais, inscrevem uma espacialidade redentora. Pequenos embriões de formulação sobre o tempo morando no espaço, visões abstrativas, conhecimentos indizíveis do viver. O espaço guardado nesses aromas que a chuva desperta dos seres (especialmente os vegetais) é uma qualidade de ampliação, uma categoria de valor profundo do território que não o define, apenas o configura como uma intensidade em nossa construção própria, em nosso bem-estar. Um dado, talvez para a criança, inqualificável em suas ideias de repouso, em suas intenções de espera, em seu modo de se portar num lugar, numa peculiaridade de devaneio que ela ainda não sabe aproveitar de todo, que ainda não consegue presentificar em sua máxima qualidade, que ela almeja, mas pouco toca, uma procrastinação sonhada. Mas é potência viva, está recolhida nalgum lugar amplo da criança, um lugar de refrigério, e que, numa hora filosófica, quando o tempo afrouxa seu laço, seja possível encontrá-la, exercitá-la. A respiração é parte desses sentimentos da extensão, mora nela uma qualidade diáfana da sublimação.

 Nas águas claras existem sempre os descolamentos para a luz. Deles aparecem anseios de voo muito particulares, como os dos pássaros pescadores e nadadores. Na luz e no voo, encontraremos a criança mais livre. Nessa matéria alta, pousaremos mais adiante. Por aqui atracamos nosso percurso, talvez mais redondos pelo macerar desgarrado das águas.

10

Referências

ALIGHIERI, Dante. *A divina comédia* - Inferno. 5. ed. São Paulo: Editora 34, 2019.

ANDRADE, Carlos Drummond de. *Fazendeiro do ar*. Rio de Janeiro: Record, 2023.

AREOPAGITA, Pseudo-Dionísio. *A hierarquia celeste*. Campinas, SP: Ecclesiae, 2019.

ASSMANN, Aleida. *Espaços da recordação:* formas e transformações da memória cultural. Campinas, SP: Editora da Unicamp, 2011.

BACHELARD, Gaston. *A água e os sonhos*: ensaio sobre a imaginação da matéria. São Paulo: Martins Fontes, 1997.

_____. *O ar e os sonhos:* ensaio sobre a imaginação do movimento. 2. ed. São Paulo: Martins Fontes, 2001.

_____. *A poética do espaço*. 2. ed. São Paulo: Martins Fontes, 2008.

_____. *Estudos*. Rio de Janeiro: Contraponto, 2008.

_____. *A poética do devaneio*. 3. ed. São Paulo: Martins Fontes, 2009.

BERRY, Patricia. *O corpo sutil de eco*: contribuições para uma psicologia arquetípica. Petrópolis, RJ: Vozes, 2014.

BOEHME, Jacob. *A sabedoria divina*. São Paulo: Attar, 1994.

_____. *A aurora nascente*. 3. ed. São Paulo: Polar, 2011.

BOSI, Alfredo. *O ser e o tempo da poesia*. São Paulo: Companhia das Letras, 2000.

BRETON, David Le. *Antropologia dos sentidos*. Petrópolis, RJ: Vozes, 2016.

_____. *Rostos*: ensaios de antropologia. Petrópolis, RJ: Vozes, 2019.

BRUNO, Giordano. *Os vínculos*. São Paulo: Hedra, 2012.

BÜHLER, Karl. *Teoria da linguagem*. Campinas, SP: Kírion , 2020.

CAIRUS, Henrique F.; RIBEIRO JÚNIOR, Wilson A. *Textos hipocráticos*: o doente, o médico e a doença. Rio de Janeiro: Editora Fiocruz, 2005.

CALASSO, Roberto. *O ardor*. São Paulo: Companhia das Letras, 2016.

CALVET, Louis-Jean. *Tradição oral e tradição escrita*. São Paulo: Parábola, 2011.

CAMÕES, Luís de. *Sulcando o mar*: poemas de Os lusíadas. Lisboa: Instituto Português do Patrimônio Arquitetônico/Mosteiro dos Jerónimos, 2001.

CASCUDO, Luís da Câmara. *História dos nossos gestos*. São Paulo: Melhoramentos, 1976.

_____. *Contos tradicionais do Brasil*. 8. ed. São Paulo: Global, 2000.

_____. *Superstição no Brasil*. 5. ed. São Paulo: Global, 2002.

CASSIRER, Ernst. *A filosofia das formas simbólicas*, v. 1. A linguagem. São Paulo: Martins Fontes, 2001.

_____. *Linguagem e mito*. São Paulo: Perspectiva, 2003.

_____. *A filosofia das formas simbólicas*, v. 2. O pensamento mítico. São Paulo: Martins Fontes, 2004.

CAVALCANTI, Anna Hartmann. *Símbolo e alegoria*: a gênese da concepção de linguagem em Nietzsche. São Paulo: Annablume; Fapesp. Rio de Janeiro: DAAD, 2005.

CHEETHAM, Tom. *El mundo como icono*: Henry Corbin y la función angélica de los seres. Girona, Espanha: Ediciones Atalanta, 2012.

COCCIA, Emanuele. *A vida sensível*. Florianópolis: Cultura e Barbárie, 2010.

_____. *Metamorfoses*. Rio de Janeiro: Dantes Editora, 2020.

COLASANTI, Marina. *A moça tecelã*. São Paulo: Global, 2004.

CORBIN, Henry. *La imaginación creadora en el sufismo de Ibn Arabi*. Barcelona, Espanha: Ediciones Destino, 1993.

DAMÁSIO, António. *O erro de Descartes*. São Paulo: Companhia das Letras, 1996.

_____. *O mistério da consciência*. São Paulo: Companhia das Letras, 2000.

_____. *Em busca de Espinosa*: prazer e dor na ciência dos sentimentos. São Paulo:

Companhia das Letras, 2004.

_____. *A estranha ordem das coisas*: a origem biológica dos sentimentos e da cultura. São Paulo: Companhia das Letras, 2018.

DETIENNE, Marcel. *Mestres da verdade na Grécia arcaica*. São Paulo: WMF Martins Fontes, 2013.

DOLTO, Françoise. *As etapas decisivas da infância*. São Paulo: Martins Fontes, 1999.

DOSTOIÉVSKI, Fiódor. *Memórias do subsolo*. 6. ed. São Paulo: Editora 34, 2009.

DURAND, Gilbert. *As estruturas antropológicas do imaginário*. 3. ed. São Paulo: Martins Fontes, 2002.

DYSON, Freeman. *Infinito em todas as direções*. São Paulo: Companhia das Letras, 2000.

ECO, Humberto. *Arte e beleza na estética medieval*. Rio de Janeiro: Globo, 1989.

_____. *História da feiura*. Rio de Janeiro: Record, 2014.

EDINGER, Edward F. *Anatomia da psique*: o simbolismo alquímico na psicoterapia. São Paulo: Cultrix, 2006.

EHRENZWEIG, Anton. *A ordem oculta da arte*: a psicologia da imaginação artística. Rio de Janeiro: Zahar, 1969.

_____. *Psicanálise da percepção artística*: uma introdução à teoria da percepção inconsciente. Rio de Janeiro: Zahar, 1977.

ELIADE, Mircea. *Mito e realidade*. São Paulo: Perspectiva, 1972.

_____. *Tratado de história das religiões*. 3. ed. Porto, Portugal: Edições ASA, 1997.

ELIOT, T. S. *Poemas*. São Paulo: Companhia das Letras, 2018.

GASPAR, Eneida Duarte. *O organismo humano e os ritmos da natureza*. Rio de Janeiro: Pallas, 1995.

GIL, José. *Monstros*. Lisboa, Portugal: Relógio d'Água, 2006.

GOETHE, Johann Wolfgang von. *Doutrina das cores*. São Paulo: Nova Alexandria,

2013.

_____. *A metamorfose das plantas*. São Paulo: Edipro, 2019.

HAN, Byung-Chul. *O desaparecimento dos rituais*: uma topologia do presente. Petrópolis, RJ: Vozes, 2021.

HESÍODO. *Os trabalhos e os dias*. 4. ed. São Paulo: Iluminuras, 1989.

_____. *Teogonia:* a origem dos deuses. 7. ed. São Paulo: Iluminuras, 2007.

HILLMAN, James. *Cidade & alma*. São Paulo: Nobel, 1993.

_____. *O código do ser:* uma busca do caráter e da vocação pessoal. Rio de Janeiro: Objetiva, 1997.

_____. *O pensamento do coração e a alma do mundo*. Campinas, SP: Verus, 2010.

_____. *O sonho e o mundo das trevas*. Petrópolis, RJ: Vozes, 2013.

_____. *Pã e o pesadelo*. São Paulo: Paulus, 2015.

_____. *Anima:* a psicologia arquetípica do lado feminino da alma no homem e sua interioridade na mulher. São Paulo: Pensamento Cultrix, 2020.

HOMERO. *Odisseia*. São Paulo: Nova Cultura, 2002.

IANELLI, Mariana. *Canções meninas*. Porto Alegre: Ardotempo, 2019.

INGOLD, Tim. *Linhas:* uma breve história. Petrópolis, RJ: Vozes, 2022.

_____. *Fazer:* antropologia, arqueologia, arte e arquitetura. Petrópolis, RJ: Vozes, 2022.

JANSEN, José Manoel; LOPES, Agnaldo José; JANSEN, Ursula; CAPONE, Domenico; MAEDA, Teresinha Yoshiko; NORONHA, Arnaldo; MAGALHÃES, Gerson (org.). *Medicina da noite:* da cronobiologia à prática clínica. Rio de Janeiro: Editora Fiocuz, 2007.

JECUPÉ, Kaká Werá. *A terra dos mil povos*. 4. ed. São Paulo: Peirópolis, 1998.

_____. *Tupã tenondé:* a criação do universo, da terra e do homem, segundo a tradição oral guarani. São Paulo: Peirópolis, 2001.

JOÃO DA CRUZ, São. *Poesias completas*. Lisboa: Assírio & Alvim, 2008.

JUNG, Carl Gustav. *Psicologia e religião oriental*. Petrópolis, RJ: Vozes, 2011.

_____. *O livro vermelho*. Petrópolis, RJ: Vozes, 2015.

KANDINSKY, Wassily. *Ponto e linha sobre plano*. São Paulo: Martins Fontes, 1997.

KRAMER, Chaim. *Anatomia da alma*: ensinamentos do Rebe Nachman de Breslav. São Paulo: Sêfer, 2008.

LISBOA, Henriqueta. *Obra completa - Poesia*. São Paulo: Peirópolis, 2020.

LOUREIRO, João de Jesus Paes. *Obras reunidas*. São Paulo: Escrituras, 2000.

LUCRÉCIO. *Sobre a natureza das coisas*. Belo Horizonte: Autêntica, 2022.

MACHADO, Silvia de Ambrosis Pinheiro. *Canção de ninar brasileira*. São Paulo: Edusp, 2017.

MAFFESOLI, Michel. *Elogio da razão sensível*. 4. ed. Petrópolis, RJ: Vozes, 2008.

MANCUSO, Stefano. *Revolução das plantas*: um novo modelo para o futuro. São Paulo: Ubu, 2019.

_____. *A planta do mundo*. São Paulo: Ubu, 2021.

MARGULIS, Lynn. *Planeta simbiótico:* um novo olhar para a evolução. Rio de Janeiro: Dantes Editora, 2022.

MELVILLE, Herman. *Moby Dick*. São Paulo: Editora 34, 2019.

MERLEAU-PONTY, Maurice. *Fenomenologia da percepção*. 4. ed. São Paulo: WMF Martins Fontes, 2011.

_____. *O visível e o invisível*. São Paulo: Perspectiva, 2012.

MIRANDA, Evaristo Eduardo de. *Corpo*: território do sagrado. 2. ed. São Paulo: Loyola, 2000.

NARANJO, Javier. *Casa das estrelas*: o universo contado pelas crianças. Rio de Janeiro: Foz, 2013.

NIETZSCHE, Friedrich Wilhelm. *Ecce homo:* como alguém se torna o que é. São Paulo: Companhia das Letras, 1995.

____. *Genealogia da moral.* Rio de Janeiro: Bestbolso, 2016.

NOGUEIRA, Judith. *Do movimento ao verbo.* São Paulo: Annablume, 2008.

NOVALIS. *Os hinos à noite.* 2. ed. Lisboa, Portugal: Assírio e Alvim, 1998.

____. *Pólen.* 2. ed. São Paulo: Iluminuras, 2021.

ONG. Walter J. *Oralidad y escritura:* tecnologías de la palabra. Buenos Aires, Argentina: Fondo de Cultura Económica, 2011.

OVÍDIO. *Metamorfoses.* São Paulo: Editora 34, 2017.

PANOFSKY, Erwin. *Idea:* a evolução do conceito do belo. São Paulo: WMF Martins Fontes, 2013.

PERON, Marcelo. *Caixa vazada:* uma cartografia afetiva da modernidade. São Paulo: @multidão, -00/+00.

PLOTINO. *Enéada II:* a organização do cosmo. Petrópolis, RJ: Vozes, 2010.

PRANDI, Reginaldo. *Mitologia dos orixás.* São Paulo: Companhia das Letras, 2001.

QUIGNARD, Pascal. *Marco Cornélio Frontão:* primeiro tratado da retórica especulativa. São Paulo: Hedra, 2012.

RIBEIRO, Sidarta. *O oráculo da noite:* a história e a ciência do sonho. São Paulo: Companhia das Letras, 2019.

ROBINSON, Thomas M. *As origens da alma*: os gregos e o conceito de alma de Homero a Aristóteles. São Paulo: Annablume, 2010.

RODES, Apolónio de. *A argonáutica.* Sintra, Portugal: Publicações Europa-América, 1989.

RODRIGUES, João Barbosa. *Poranduba amazonense Ou Kochiyma-Uara Porandub.* 2. ed. Manaus: Editora Valer, 2018.

ROOB, Alexander. *O museu hermético:* alquimia & misticismo. China: Taschen, 2006.

RUMI, Jalal ud-Din. *Poemas místicos.*

SANTANA, Nelson Rufino de; FERREIRA, José Luiz Costa. Todo menino é um rei. In: RIBEIRO, Roberto. *Roberto Ribeiro*. Rio de Janeiro: EMI Records, 1978. LP.

SAUSSURE, Ferdinand de. *Curso de linguística geral.* São Paulo: Parábola, 2021.

SCHAFER, Murray. *O ouvido pensante.* 2. ed. São Paulo: Editora Unesp, 2011.

SCHILLER, Friedrich. *A educação estética do homem.* São Paulo: Iluminuras, 2010.

SCHWENK, Theodor. *El caos sensible:* creación de las formas por los movimientos del agua y el aire. Madrid, Espanha: Editorial Rudolf Steiner, 2009.

SERRES, Michel. *Os cinco sentidos:* filosofia dos corpos misturados. Rio de Janeiro: Bertrand Brasil, 2001.

SHELDRAKE, Merlin. *A trama da vida:* como os fungos constroem o mundo. São Paulo: Fósforo/Ubu, 2021.

SHELDRAKE, Rupert. *A física dos anjos:* uma visão científica e filosófica dos seres celestiais. São Paulo: Aleph, 2008.

____. *Uma nova ciência da vida:* a hipótese da causação formativa e os problemas não resolvidos da biologia. São Paulo: Cultrix, 2013.

SILVA, Lucilene Ferreira da. *Música tradicional da infância:* características, diversidade e importância na educação musical. Campinas, 2016. 200p. Dissertação (Mestrado em Artes) - Instituto de Artes, Universidade Estadual de Campinas.

SIMAS, Luiz Antonio; RUFINO, Luiz. *Fogo no mato:* a ciência encantada das macumbas. Rio de Janeiro: Mórula, 2018.

SIQUEIRA, Zaida. *Padrões.* 2. ed. São Paulo: Editora do Autor, 2013.

SLOTERDIJK, Peter. *Esferas I* - Bolhas. São Paulo: Estação Liberdade, 2016.

STEINER, Rudolf. *O mundo dos seres elementares.* São Paulo: Antroposófica, 2017.

STERN, Arno. *A expressão.* Barcelos, Portugal: Companhia Editora do Minho, 1974.

TAGORE, Rabindranath. *Obras selecionadas:* O jardineiro, Lua crescente, Gitanjali, O cisne. 2. ed. Rio de Janeiro: Livros do Mundo Inteiro, 1974.

____. *Poesia mística.* São Paulo: Paulus, 2003.

TANIZAKI, Junichiro. *Em louvor da sombra.* São Paulo: Penguin-Companhia, 2017.

TERRIN, Aldo Natale. *O rito:* antropologia e fenomenologia da ritualidade. São Paulo: Paulus, 2004.

TOMÁS DE AQUINO, São. *Comentário sobre "A memória e a reminiscência" de Aristóteles.* São Paulo: Edipro, 2016.

VERGER, Pierre Fatumbi; Carybé. *Lendas africanas dos orixás.* 4. ed. Salvador: Corrupio, 2011.

WILKES, John. *Flowforms:* o poder rítmico da água. São Paulo: Editora Senac, 2008.

YATES, Frances A. *A arte da memória.* Campinas, SP: Editora da Unicamp, 2007.

Sobre o autor

Gandhy Piorski nasceu em 1971 no município de Codó, Maranhão. Artista plástico, teólogo e mestre em Ciências da Religião, é pesquisador nas áreas de cultura e produção simbólica, antropologia do imaginário e filosofias da imaginação. No campo das visualidades, dedica-se às narrativas da infância e seus artefatos, brinquedos e linguagens, a partir dos quais realiza exposições e intervenções. É curador e consultor de diversos projetos relacionados com a criança nas áreas de cinema, dança, teatro, literatura, arquitetura e educação. Publicou, pela Editora Peirópolis, os livros *Brinquedos do chão:* a natureza, o imaginário e o brincar (2016) e *Anímicas:* a criança, o tempo e o íntimo (2023).

Adriana Elias / Divulgação

© 2024 J. Gandhy M. Piorski Aires (texto e fotos)

EDITORA
Renata Farhat Borges

REVISÃO
Mineo Takatama

PROJETO GRÁFICO E CAPA
Estúdio Arado
Leo Passos

ILUSTRAÇÕES
Bruno Brito (Estúdio Arado)

FOTOS
Gandhy Piorski
(Acervo documental de pesquisa)

Dados Internacionais de Catalogação na Publicação (CIP)
de acordo com ISBD

P662c	Piorski, Gandhy

A criança e as águas: do ritmo, da forma e da transformação / Gandhy Piorski ; ilustrado por Bruno Brito. - São Paulo : Peirópolis, 2024.
336 p. : il. ; 15cm x 22,5cm.

Inclui bibliografia.
ISBN: 978-65-5931-312-9

1. Educação. 2. Infância. 3. Imaginário. I. Brito, Bruno. II. Título

2024-702	CDD 370
	CDU 37

Elaborado por Vagner Rodolfo da Silva - CRB-8/9410

Índice para catálogo sistemático:
1. Educação 370
2. Educação 37

Editado conforme o Acordo Ortográfico da Língua Portuguesa de 1990

1ª edição, 2024

Disponível na versão digital no formato ePub (ISBN 978-65-5931-311-2)

Editora Peirópolis Ltda.
R. Girassol, 310F – Vila Madalena
São Paulo – SP – 05433-000
tel.: (11) 3816-0699 – cel.: (11) 95681-0256
vendas@editorapeiropolis.com.br
www.editorapeiropolis.com.br

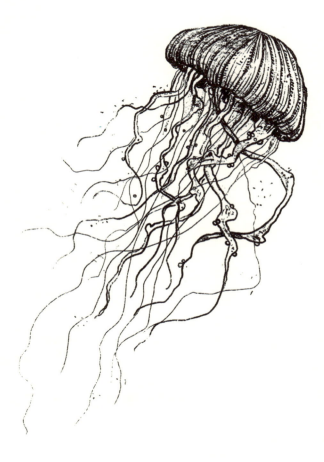

Este livro foi impresso no outono de 2024 nas oficinas da Gráfica Eskenazi.